权威·前沿·原创

皮书系列为

“十二五”“十三五”“十四五”时期国家重点出版物出版专项规划项目

智库成果出版与传播平台

河南省社会科学院哲学社会科学创新工程试点项目

河南经济发展报告（2023）

ANNUAL REPORT ON DEVELOPMENT OF HENAN ECONOMIC (2023)

精准发力稳经济

主　编 / 王承哲　完世伟　高　璇

社会科学文献出版社
SOCIAL SCIENCES ACADEMIC PRESS (CHINA)

图书在版编目(CIP)数据

河南经济发展报告.2023：精准发力稳经济／王承哲，完世伟，高璇主编.--北京：社会科学文献出版社，2022.12
（河南蓝皮书）
ISBN 978-7-5228-1026-3

Ⅰ.①河… Ⅱ.①王… ②完… ③高… Ⅲ.①区域经济发展-研究报告-河南-2023 Ⅳ.①F127.61

中国版本图书馆CIP数据核字（2022）第205549号

河南蓝皮书
河南经济发展报告（2023）
——精准发力稳经济

主　　编／王承哲　完世伟　高　璇

出 版 人／王利民
组稿编辑／任文武
责任编辑／张丽丽
文稿编辑／赵熹微
责任印制／王京美

出　　版／社会科学文献出版社·城市和绿色发展分社（010）59367143
地址：北京市北三环中路甲29号院华龙大厦　邮编：100029
网址：www.ssap.com.cn
发　　行／社会科学文献出版社（010）59367028
印　　装／天津千鹤文化传播有限公司

规　　格／开　本：787mm×1092mm　1/16
印　张：20.75　字　数：311千字
版　　次／2022年12月第1版　2022年12月第1次印刷
书　　号／ISBN 978-7-5228-1026-3
定　　价／98.00元

读者服务电话：4008918866

河南蓝皮书编委会

主要编撰者简介

王承哲　河南省社会科学院院长、研究员。中宣部文化名家暨“四个一批”人才，中央马克思主义理论研究和建设工程重大项目首席专家，中国社会科学院大学博士生导师，河南省和郑州市国家级领军人才，《中州学刊》主编。主持马克思主义理论研究和建设工程、国家社科基金重大项目“网络意识形态工作研究”“新时代条件下农村社会治理问题研究”两项以及国家社科基金一般项目两项。出版《意识形态与网络综合治理体系建设》等多部专著。参加庆祝中国共产党成立100周年大会、纪念马克思诞辰200周年大会中央领导讲话起草工作及中宣部《习近平新时代中国特色社会主义思想学习纲要》编写工作等，受到中宣部嘉奖。主持省委、省政府重要政策的制定工作，主持起草《华夏历史文明传承创新区建设方案》《河南省建设文化强省规划纲要（2005-2020年）》等多份重要文件。

完世伟　河南省社会科学院经济研究所所长、研究员，博士。郑州大学、河南工业大学、华北水利水电大学兼职教授。享受国务院特殊津贴专家、中原文化名家、河南省优秀专家、河南省学术技术带头人、河南省宣传文化系统“四个一批”优秀人才，中国区域经济学会常务理事。长期从事宏观经济、区域经济、产业经济、技术经济及管理等方面的研究工作。主持或参与完成国家级、省级研究课题30余项，荣获省部级优秀成果奖10余项，公开发表理论文章60多篇，主持或参与编制区域发展、产业发展等各类规划30余项。

高　璇　河南省社会科学院经济研究所研究员，博士。郑州大学、华北水利水电大学兼职教授。河南省百名优秀青年社科理论人才。长期从事区域经济、产业经济、城市经济等方面的研究工作。主持承担国家级、省部级课题 10 余项，荣获省部级优秀成果奖 5 项，公开发表理论文章 30 余篇，出版学术专著 4 部，参与编制各类规划 20 余项，10 余项应用对策研究得到省委、省政府领导批示。

摘 要

本年度《河南经济发展报告》由河南省社会科学院主持编撰，全书系统深入地分析了2022年河南经济运行的主要态势以及2023年河南经济发展的走势，全方位、多角度地研究和探讨了河南稳住经济大盘的举措，并对新阶段河南锚定“两个确保”、全面实施“十大战略”提出了政策建议。全书深度融入了习近平总书记重要讲话和指示批示精神，以期为省委省政府和社会公众提供高质量的决策参考依据。全书分为总报告、调查评价篇、分析预测篇、专题研究篇四部分。

本书的总报告之一是关于河南经济运行的年度分析报告，由河南省社会科学院课题组撰写，代表了本书对2022~2023年河南经济形势分析与预测的基本观点。报告认为，2022年，全省上下按照“疫情要防住、经济要稳住、发展要安全”重大要求，主动而为、迎难而上，坚定扛起“经济大省要勇挑大梁”的使命担当，高效统筹疫情防控和经济社会发展，落实落细稳经济一揽子政策和接续措施，全省经济运行企稳回升，总体呈现“加速恢复、企稳向好”发展态势。2023年，国内外经济环境更加复杂，河南经济增长面临的积极因素和不利因素并存，但宏观经济环境总体有利，预计全省经济将继续恢复，总体呈现稳中向好的态势。面对新形势、新任务、新要求，全力以赴稳增长促发展，续写中原更加出彩的绚丽篇章，建议抓好以下工作：一是聚焦“稳”字，全力稳经济保增长；二是突出“新”字，强化科技创新支撑能力；三是着眼“准”字，提升调控政策整体效能；四是落实“优”字，打造优质营商环境；五是抓好

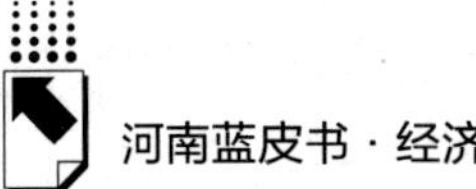

“活”字，激发改革开放新动力；六是重在“保”字，着力增进民生福祉。本书的总报告之二总结了党的十八大以来河南经济社会发展成就与经验，系统梳理了这十年河南在经济社会发展方面进行的实践探索、取得的辉煌成就、积累的宝贵经验。报告认为基于十年实践，在服务大局、创新驱动、对外开放、深化改革、党建引领等方面，河南探索积累了一系列富有价值的实践经验，为锚定“两个确保”宏伟目标，续写中原更加出彩的绚丽篇章提供了经验借鉴。

本书的调查评价篇，主要通过建立相关指标体系和量化模型，运用定量分析和定性分析相结合的研究方法，分别对2022年河南省辖市经济综合竞争力、市本级经济发展以及县域经济高质量发展进行综合评价。课题组认为河南省辖市应落实河南省第十一次党代会精神，锚定“两个确保”、实施“十大战略”，坚持发展是第一要务、创新是第一动力，坚定推动高质量发展，不断提升经济综合竞争力；课题组建议河南省辖市明确市本级经济定位、做大做强城市经济、拓展城市发展空间、集聚各类高端要素，强化市本级核心竞争力，打造宜居宜业发展环境；课题组指出河南县域经济高质量发展仍要锚定“两个确保”、实施“十大战略”，转结构、挖潜力、促改革、提效益。

本书的分析预测篇，主要对当前河南经济不同领域、不同行业、不同产业的发展态势进行了分析，并对2023年进行了预测展望，进而分别提出稳住经济大盘、加快高质量发展的思路及相应举措。

本书的专题研究篇，针对稳住经济大盘、加快现代化建设对各部门和各行业提出的不同要求，邀请相关科研院所和政府部门的知名专家学者，研究分析了稳住经济大盘、激发消费活力、提升经济韧性、发展民营经济等方面的问题，并从不同角度提出了推动全省经济企稳回升、加速恢复，朝着现代化河南迈进的政策建议。

关键词： 稳经济　现代化建设　河南省

目录

Ⅰ 总报告

Ⅱ 调查评价篇

Ⅲ 分析预测篇

Ⅳ 专题研究篇

皮书数据库阅读使用指南

总 报 告

General Reports

B.1

聚力新动能 发力稳经济

——2022~2023 年河南省经济发展分析与预测

河南省社会科学院课题组*

摘 要： 2022 年，河南省上下按照"疫情要防住、经济要稳住、发展要安全"重大要求，主动而为、迎难而上，坚定扛起"经济大省要勇挑大梁"的使命担当，高效统筹疫情防控和经济社会发展，落实落细稳经济一揽子政策和接续措施，全省经济运行企稳回升，总体呈现"加速恢复、企稳向好"的发展态势。在新冠肺炎疫情得到有效控制的基础上，2023 年，全省经济运行将继续保持稳定恢复态势，预计全省 GDP 增速将高于全国平均水平。面对新形势、新任务、新要求，河南将全力以赴稳增长促发展，

* 课题组组长：王承哲，河南省社会科学院院长，研究员。课题组成员：完世伟、高璇、唐晓旺、王芳、武文超、石涛、王摇橹。执笔：高璇，河南省社会科学院经济研究所研究员，主要研究方向为宏观经济；唐晓旺，河南省社会科学院改革开放与国际经济研究所研究员，主要研究方向为产业经济；王芳，河南省社会科学院经济研究所副研究员，主要研究方向为宏观经济。

续写中原更加出彩的绚丽篇章。本报告建议抓好以下六方面的工作：一是聚焦“稳”字，全力稳经济保增长；二是突出“新”字，强化科技创新支撑能力；三是着眼“准”字，提升调控政策整体效能；四是落实“优”字，打造优质营商环境；五是抓好“活”字，激发改革开放新动力；六是重在“保”字，着力增进民生福祉。

关键词： 河南省　经济运行　新动能

2022年以来，河南省上下按照“疫情要防住、经济要稳住、发展要安全”重大要求，主动而为、迎难而上，坚定扛起“经济大省要勇挑大梁”的使命担当，高效统筹疫情防控和经济社会发展，落实落细稳经济一揽子政策和接续措施。全省经济运行总体保持恢复向好态势，工业、投资、消费等主要经济指标增速明显加快且持续高于全国平均水平，为经济发展“全年红”奠定了坚实的基础。但面对复杂多变的内外部环境，河南经济持续恢复回稳的基础仍不牢固，不稳定不确定因素依然较多，这就要求河南做到稳字当头，主动作为、应变克难，全力以赴稳增长促发展，续写中原更加出彩的绚丽篇章。

一　2022年1~8月河南省经济运行态势分析

（一）从总体走势看：经济运行恢复回稳，呈现“加速恢复、企稳向好”态势

2022年以来，全省上下坚持稳字当头、稳中求进的工作总基调，高效统筹疫情防控和经济社会发展，经济运行中的积极变化明显增多。在供需两端共同发力下，第一季度经济运行持续向好，全省地区生产总值同比增长

4.7%，且工业、投资、消费等部分主要经济指标增速均高于全国平均水平。面对更加复杂多变的外部环境，面对疫情等超预期因素的影响，第二季度河南省经济运行迎来了艰难时刻，但全省上下按照“疫情要防住、经济要稳住、发展要安全”的重大要求，持续推进“三个一批”、“万人助万企”、“四个拉动”及“四保”管理等牵引性举措，2022 年上半年全省经济运行整体恢复向好，1~6 月地区生产总值同比增长 3.1%，高于全国 0.6 个百分点。进入第三季度，随着疫情防控政策的不断优化，稳经济一揽子政策和接续措施的落实落细，全省经济延续恢复态势，主要经济指标增速稳步回升。1~8 个月，全省固定资产投资增速 9.8%，高于全国 4.0 个百分点；规模以上工业增加值增速 5.7%，高于全国 2.1 个百分点；社会消费品零售总额增长 1.5%，高于全国 1.0 个百分点。整体来看，全省经济运行总体恢复回稳，并呈现“加速恢复、企稳向好”的态势。

（二）从产业发展看：农业生产稳中加固、工业生产稳中加快、服务业市场稳步复苏

农业生产稳中加固。河南省始终牢记习近平总书记的嘱托，千方百计抓好粮食生产，坚决扛稳粮食安全政治责任。2022 年，全省夏粮播种面积达 5683.8 千公顷，总产量达 762.61 亿斤，面积和产量均居全国首位。全省秋粮生产继续保持稳定势头，据统计全省秋作物总播种面积达 1.19 亿亩，粮食作物总播种面积达 7600 万亩，秋粮丰收指日可待。同时，猪、牛、羊出栏量持续回升，上半年分别达到 3221.65 万只、104.62 万只、938.72 万只，同比增长 8.6%、5.4%、3.6%，可以说，养殖业也在逐渐恢复。

工业生产稳中加快。随着稳经济一揽子政策的落地，助企纾困、保链稳链政策效应的显现，河南工业生产稳中向好、加速恢复。总体来看，2022 年 1~8 月全省规模以上工业增加值同比增加 5.7%，较 1~7 月增加了 0.3 个百分点，高于全国 2.1 个百分点，稳中加快的势头在持续（见图 1）。从行业发展态势来看，1~8 月，全省 40 个工业行业中有 24 个行业增加值实现同比增长，增长面达 60.0%；计算机、通信和其他电子设备制造业，电力、

热力生产和供应业，金属制品业等重点行业增加值增长较快，分别增长19.8%、14.8%、11.3%，行业正在整体恢复。从发展类型来看，1~8月，河南省国有控股企业、集体企业、股份制企业、外商及港澳台商投资企业的增加值分别增长了6.0%、11.5%、5.2%和6.5%，较1~7月分别增长了0.1个、0.2个、0.2个、0.6个百分点，全面增长态势持续。从产业构成来看，主导产业和传统支柱产业增加值保持稳定增长，1~8月分别增长6.2%和4.6%，产业结构在不断优化。

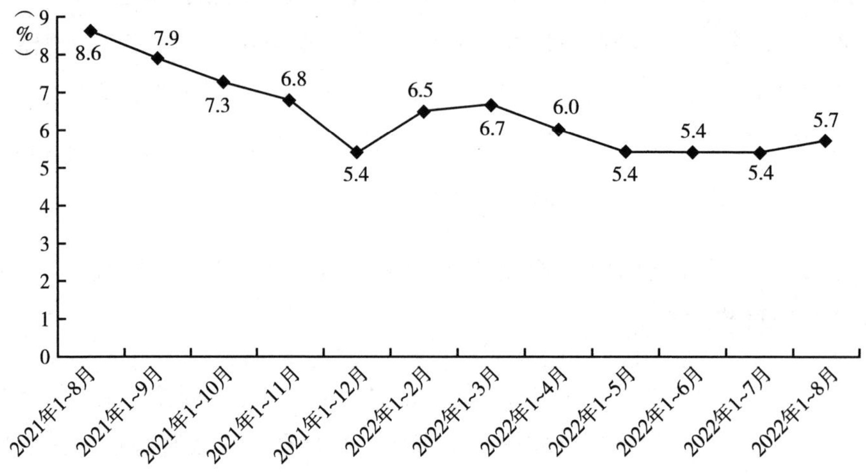

图1　2021年8月至2022年8月河南省规模以上工业增加值累计增速

资料来源：2022年8月《河南统计月报》。

服务业市场稳步复苏。随着疫情防控政策持续优化、促进消费20条政策效应显现，河南省服务业加速复苏。总体来看，2022年上半年服务业增加值增速实现了由负转正，达到2.2%。从规模以上服务业情况来看，全省规模以上服务业营业收入降幅逐渐收窄，1~7月，降幅为1.5%，较1~6月收窄了0.3个百分点（见图2）。从货运客运情况来看，货运增速持续加快，1~8月全省货物运输量、周转量同比分别增长2.5%、11.4%，较1~7月分别增加了1.0个、1.1个百分点；客运下降幅度收窄，1~8月全省旅客运输量、旅客周转量同比分别下降48.1%、35.9%，较1~7月分别收窄了6.7

个、8.9个百分点。从市场主体情况来看，生产经营向好带来市场主体活力增强，截至8月底全省实有市场主体906.2万户。同比增长5.9%，高于全国平均水平0.9个百分点。从新兴服务业情况来看，随着新一代信息技术的广泛应用以及新冠肺炎疫情发生后新型生产生活方式的出现，互联网和相关服务业、研究和试验发展业、软件和信息技术服务业、多式联运和运输代理业等新兴服务业的增长逐步加快。

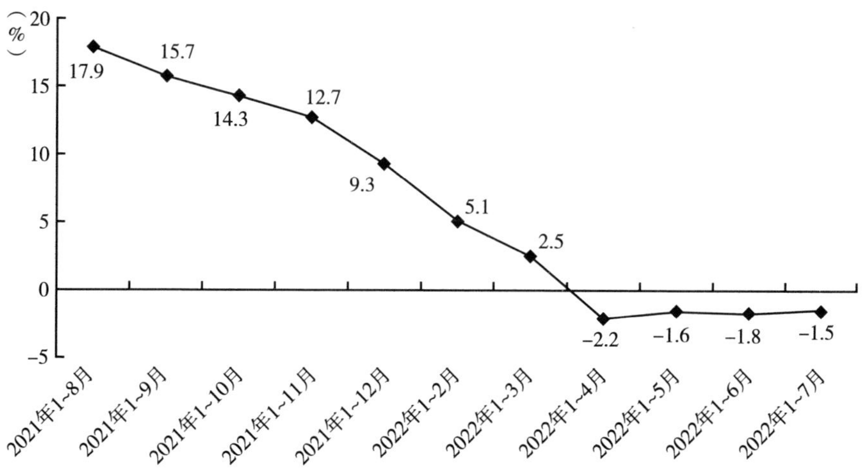

图2　2021年8月至2022年7月河南省规模以上服务业营业收入累计增速

资料来源：2022年8月《河南统计月报》。

（三）从市场需求看：投资保持较快增长、消费市场稳定恢复、外贸增长保持稳定

投资保持较快增长。2022年以来，全省上下牢固树立“项目为王”的鲜明导向，有效支撑了投资快速增长。总体来看，1~8月全省固定资产投资增速为9.8%，比1~7月回落0.3个百分点，但高于全国4.0个百分点，较快增长态势仍在延续（见图3）。其中，工业投资尤其是技改投资的表现抢眼，1~8月，全省工业投资增速为22.8%，高于全国11.9个百分点；1~8月制造业投资增速为25.4%，高于全国15.4个百分点；

1~8 月工业技改投资同比增长 34.9%，高于全省工业投资 12.1 个百分点。重点项目投资带动作用明显，1~8 月，全省亿元及以上项目投资同比增长 12.6%，全省新开工项目计划总投资、完成投资均增长 20.9%，高速增长态势仍在延续。民生领域投资保持高位运行，1~8 月全省社会领域投资增速达到 30.2%。

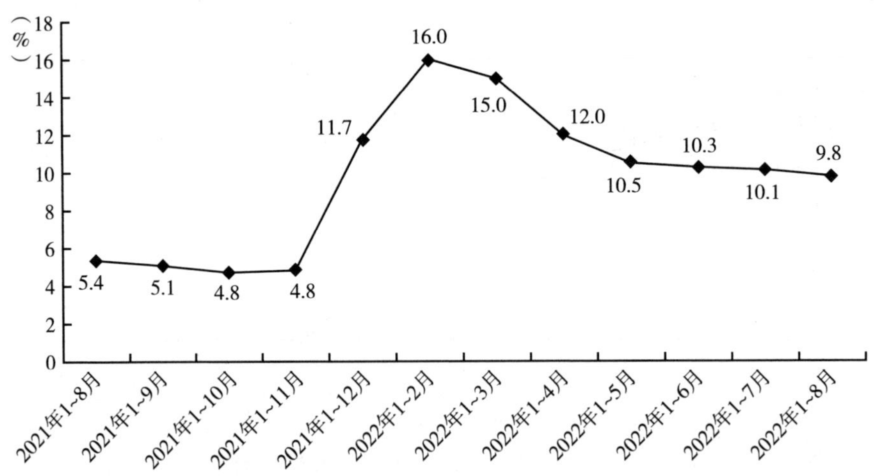

图 3 2021 年 8 月至 2022 年 8 月河南省固定资产投资累计增速

资料来源：2022 年 8 月《河南统计月报》。

消费市场稳定恢复。随着疫情防控政策持续优化、疫情防控形势渐趋稳定、生产生活秩序逐渐恢复以及一揽子促消费政策措施效应逐步释放，河南省消费市场加速恢复。总体来看，2022 年 1~8 月，全省社会消费品零售总额达到 15716.18 亿元，同比增长 1.5%（见图 4），较 1~7 月提高 0.9 个百分点；限额以上单位消费品零售额同比增长 6.4%，较 1~7 月高 1.4 个百分点。从消费领域来看，传统消费领域回升明显，新兴消费领域保持活跃。住宿餐饮业零售额大幅回升，1~8 月，全省住宿业同比回落 0.3%，较 1~7 月大幅收窄；1~8 月，全省餐饮业同比增加 1.5%，较 1~7 月大幅提升。1~8 月，全省限额以上单位通过公共网络实现的商品零售额增长 20.9%，比 1~6 月提高了 7.5 个百分点，高于全省限额以上单位消费品零售额增速 14.5 个百分点。从消费类别来看，传统类商品消费仍占主流，1~8 月全省限额以上单位建筑及装潢材料类、烟酒类、石油及制品类分别增长了 22.5%、16.2%、16.1%；升级类商品消费需求正在释放，8 月，全省限额以上单位通信器材类、体育娱乐用品类、金银珠宝类商品零售额分别增长 39.3%、26.2%、15.2%。

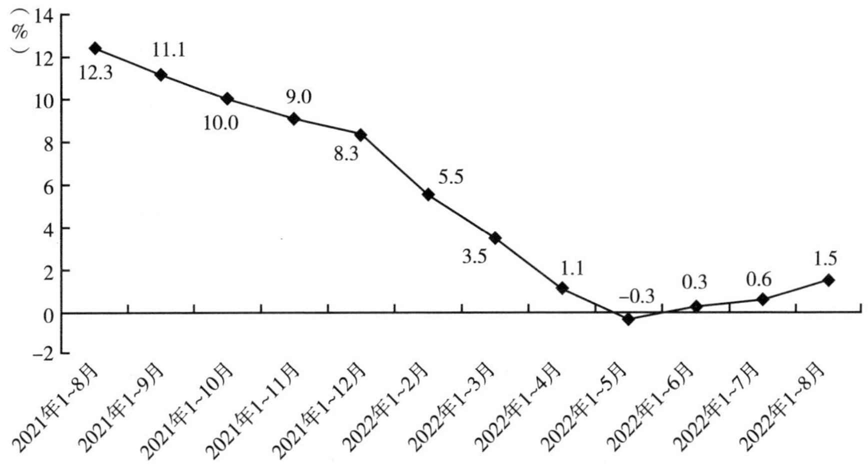

图 4　2021 年 8 月至 2022 年 8 月河南省社会消费品零售总额累计增速

资料来源：2022 年 8 月《河南统计月报》。

外贸增长保持稳定。面对复杂多变的外部环境，在 2021 年较高基数的基础上，河南省外贸仍保持了稳定增长态势。从总量上看，1~8 月全省外贸进出口总值达到 5175.6 亿元，同比增长 8.4%（见图 5），较 1~7 月增长了 1.9 个百分点；1~8 月，全省有进出口实绩的外贸企业 9688 家，有进出口业务的外贸主体新增 708 家；1~8 月，郑州机场国际货邮吞吐量达到 35.99 万吨，同比增长 7.4%，中欧班列（中豫号）开行班次、货值、货运量同比分别增长 9.7%、12.6%、11.9%。分商品来看，手机、劳动密集型产品、铝材和农产品仍是主要出口商品，其中手机出口额达到 144.8 亿元，占全省出口额的 45.5%；铝材出口额达 174.6 亿元，同比增长 94.5%；农产品出口额达 128.7 亿元，同比增长 61.5%。

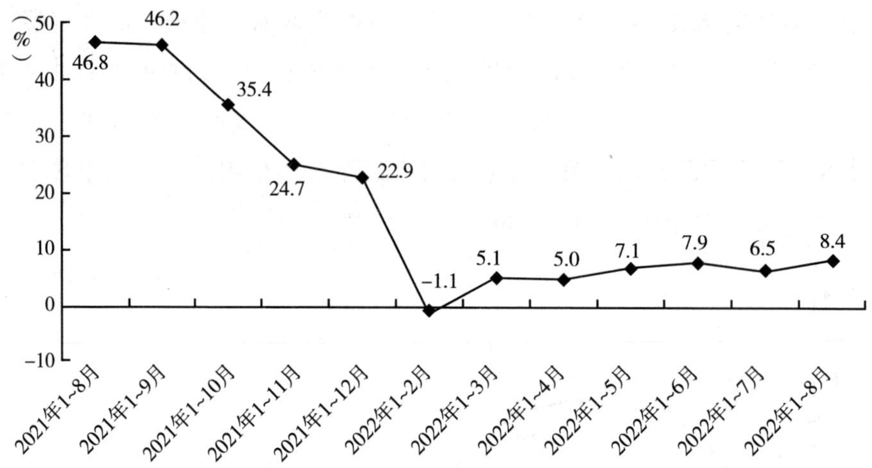

图5　2021 年 8 月至 2022 年 8 月河南省外贸进出口总值累计增速

资料来源：2022 年 8 月《河南统计月报》。

（四）从质量效益看：财政收入持续增长、重点支出保障较好、居民收入稳步提高

财政收入持续增长。在经济持续恢复向好、稳经济一揽子政策措施效应持续显现的基础上，河南省财政收入保持持续增长态势。总体来看，2022 年 8 月，全省一般公共预算收入增速由负转正，为 6.6%。1～8 月，全省一般公共预算收入 2988.2 亿元，扣除留抵退税因素后增长 10.9%，按自然口径计算下降 2.5%，相比 1～7 月下降幅度（-3.3%）有所收窄（见图 6），且高于全国地方级一般公共预算收入增速 4.0 个百分点，收入规模在全国排第 8 位，增速也排第 8 位。分类别来看，地方税收收入达到 1797.4 亿元，扣除留抵退税因素后增长 8.9%，按自然口径计算下降 11.4%；非税收入 1190.8 亿元，增长 14.9%；地方税收收入占一般公共预算收入比重扣除留抵退税因素后为 65.5%，财政收入结构较为合理。

重点支出保障较好。在全省“紧日子保基本、调结构保战略”导向下，河南省重点支出保障情况较好。总体来看，2022 年 1～8 月，全省一般公共预算支出为 7307.6 亿元，同口径增长 4.6%，增幅比 1～7 月提高 0.1 个百分

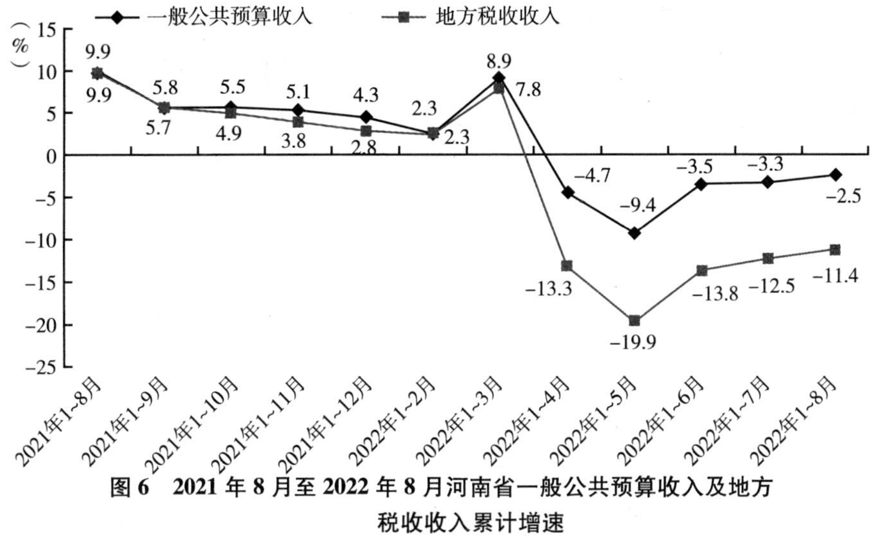

图6　2021 年 8 月至 2022 年 8 月河南省一般公共预算收入及地方税收收入累计增速

资料来源：2022 年 8 月《河南统计月报》。

点，按自然口径计算同比下降 1.2%，较 1~7 月提高 0.4 个百分点（见图 7）。分类别来看，科技、公共卫生、乡村振兴、金融等重点领域支出分别增长 49.7%、29.1%、2.0%、519.3%；灾害防治及应急管理支出增长 1.2 倍。

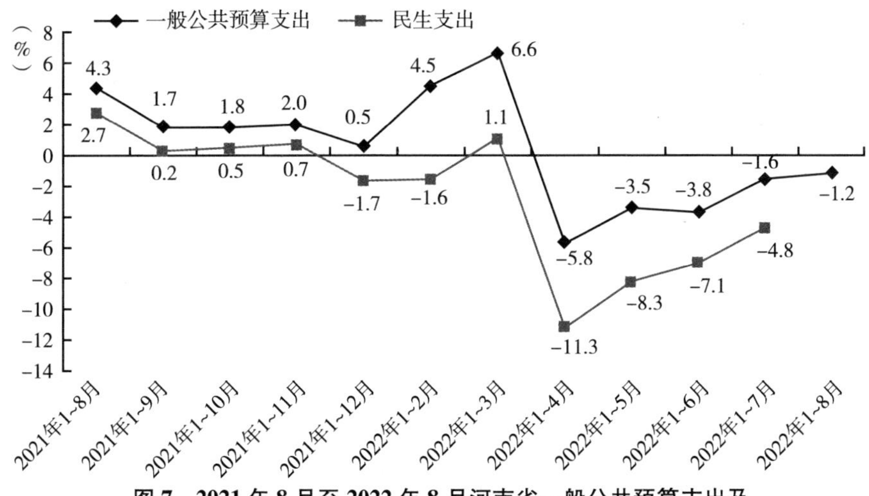

图7　2021 年 8 月至 2022 年 8 月河南省一般公共预算支出及民生支出累计增速

资料来源：2022 年 8 月《河南统计月报》。

居民收入稳步提高。随着疫情防控形势持续好转，在经济运行持续向好势头下，全省居民收入保持稳步提高，增速继续“跑赢”GDP。2022 年 1~6 月，全省居民人均可支配收入为 13322 元，同比增长 4.6%，比全省地区生产总值高出 2.1 个百分点。其中，城镇居民人均可支配收入为 19124 元，同比增长 3.4%，农村居民人均可支配收入为 8091 元，同比增长 5.1%。

（五）从稳经济看：新动能持续发力、保供稳价效应凸显、就业形势总体稳定

新动能持续发力。2022 年以来，河南省以敢为人先的魄力和胆识抓创新、谋创新，新动能持续发力。新产业保持高速增长态势，战略性新兴产业和高技术制造业保持较高增长，1~8 月分别增长了 8.5%和 16.8%。创新投入持续增长，1~8 月，全省工业技改投资、高技术制造业投资分别增长 34.9%、32.5%，比固定资产投资增速高 25.1 个、22.7 个百分点。绿色经济持续发展，1~8 月，高耗能工业和能源原材料工业保持低位增长态势，增速分别为 4.5%和 5.2%；1~6 月，全省规模以上工业水电、风电和太阳能发电等清洁能源发电量增长 18.8%；绿色产品产销两旺，1~6 月充电桩产量增长 7.8 倍，大气污染防治设备产量增长 20.4%，限额以上单位新能源汽车零售额增长 1.1 倍，能效等级为 1 级和 2 级的家用电器和音像器材零售额增长 19.1%。

保供稳价效应凸显。2022 年以来，河南省围绕保供稳价出台了一系列政策措施，保供稳价效应逐渐凸显。主要农产品供应稳定，1~6 月，蔬菜、瓜果、食用菌保持稳定增长，分别为 3.4%、5.6%、1.5%。能源产品供应稳定，1~8 月能源、能源原材料工业分别同比增长 9.5%、5.2%。居民消费价格实现温和增长，1~8 月居民消费价格指数同比增长 1.4%，较 1~7 月增长 0.1 个百分点。

就业形势总体稳定。随着疫情防控政策优化效应显现、一揽子就业措施的落地实施，“技能河南”建设深入推进，全省劳动参与率逐步回升，就业形势总体保持稳定。1~8 月，全省城镇新增就业 92.1 万人，已完成年度目

标的 83.8%；新增劳动力转移就业 43.4 万人，同比增长 16.9%。

总体来看，疫情等超预期因素不会改变河南省经济长期向好的基本面，随着一揽子稳经济政策的落地见效，2022 年全省经济持续恢复的劲头不会减弱，持续向好的态势不会改变。但同时，在更加复杂多变的内外部环境下，对一些深层次的矛盾和问题需要加以关注。一是经济下行压力仍存。当前河南经济仍处于恢复阶段，经济发展动力不足，不稳定不确定因素增多，经济下行压力居高不下。二是就业压力仍然突出。不断扩大的高校毕业生规模和增量，叠加疫情、经济增速放缓等影响，将使得河南就业压力进一步加大。三是中小企业经营困难仍在增加。消费乏力、疫情影响等，叠加原材料、物流、人工等成本上涨，使得全省中小企业经营困难正在增大。四是重点领域风险隐患仍然存在。失业潮、倒闭潮的现实约束，加之宏观杠杆居高不下，使得房地产风险、地方债务风险、企业信用违约风险等隐患依然存在。

二　2023年河南省经济发展环境及总体走势展望

（一）2023年河南省经济运行环境分析

1. 有利条件

（1）党的二十大提振全省精气神

党的二十大对全面建成社会主义现代化强国两步走战略安排进行了宏观展望，重点部署了未来五年的战略任务和重大举措。以此为标志，我国全面深化改革开放进入了新的阶段，以新发展理念推动高质量发展成为时代的主题主线。各地区各部门紧紧抓住解决不平衡不充分的发展问题，着力在补短板、强弱项、固底板、扬优势上下功夫，在更广泛领域、更深层次上推进各项改革。河南省地处内陆，无论是思想意识还是制度建设，都有着较大的封闭性和滞后性，需要深化改革的地方还有很多。党的二十大关于新一轮改革开放的重大部署，为河南省深化经济、政治、文化、社会、生态和党的建设等多领域、多方面的改革提供了机遇。2023 年是党的二十大召开后的第一年，全省人民在党的二十大精神的鼓舞下，干事创业的积极性会更进一步高涨，这将为 2023 年河南省经济稳定健康发展提供强大精神动力。

（2）财政货币政策更加积极主动

2022 年以来，世界经济进入了复杂多变的震荡周期，无论是发达经济体还是新兴经济体，都面临着俄乌冲突、能源危机、粮食危机叠加带来的巨大的经济下行压力。在国内，受疫情反复、外需不振等因素影响，经济增长面临较大的压力。在此背景下，加强跨周期的调节努力扩大内需成为 2023 年经济宏观政策的总体导向。就货币政策来说，按照跨周期调节的思路，2023 年我国将继续实施稳健的货币政策，可能会出台一系列降息和降准相关政策措施，市场流动性将会比 2022 年更加宽松，这就为 2023 年扩投资、促消费、保增长提供了有利条件。就财政政策来说，2023 年我国将继续实施积极的财政政策，其力度将比 2022 年更大，更加精准有效。在减税降费空间逐渐变小的背景下，2023 年中央将适当扩大专项债规模，保持对重点项目的支持力度，加快补齐医疗卫生等民生领域短板，以更好地服务国家战略。

（3）新发展理念激活增长新动能

“创新、协调、绿色、开放、共享”五大发展理念，集中反映了党对经济社会发展规律认识的深化，是全面建成小康社会、实现“两个一百年”奋斗目标的理论指导和行动指南，是我们破解发展难题、增强发展动力、厚植发展优势的战略指引。在此背景下，河南省积极贯彻新发展理念，并将之具体化为“十大战略”，形成引领河南未来发展的核心支撑。随着党的二十大精神逐步得到贯彻落实，新发展理念逐步引领形成新发展格局，河南省的“十大战略”将增添新的动能，为推动 2023 年经济发展提供新引擎。

（4）多重国家战略叠加释放新优势

近年来，在国家粮食生产核心区、中原经济区、郑州航空港经济综合实验区等国家战略基础上，河南省加快推进郑洛新国家自主创新示范区、河南自贸区、中国（郑州）跨境电子商务综合试验区等国家战略平台建设，以更加积极的姿态融入构建新发展格局、中部地区崛起、黄河流域生态保护和高质量发展等国家战略之中。随着多重国家战略叠加赋能，河南省的战略优势将进一步凸显，战略纵深将不断拓展，这有利于河南在更加广阔的空间内积极整合资源、放大优势、协同发展。2023 年，在党的二十大精神鼓舞下，这些国家战略将会焕发新的生机与活力，成为促进经济增长支撑全省经济高质量发展的重要依托。

（5）“十大战略”凝聚形成新引擎

河南省第十一次党代会提出，围绕“两个确保”的奋斗目标，深入实施创新驱动科教兴省人才强省战略、优势再造战略、数字化转型战略、换道领跑战略、文旅文创融合战略、以人为核心的新型城镇化战略、乡村振兴战略、绿色低碳转型战略、制度型开放战略、全面深化改革战略等“十大战略”。围绕实施“十大战略”，河南省列出了 28 项研究专题，并分解到各地各部门，要求它们明确年度目标任务，细化工作措施，找准载体抓手，推出一批变革性、牵引性、标志性举措。这些举措的落地见效，将形成 2023 年河南省经济增长的重要支撑。

2. 不利因素

（1）总体发展环境面临多重复杂调整

当前，受新冠肺炎疫情影响，各国经济复苏出现分化，俄乌冲突的爆发，使得全球经济面临新的挑战。美国在拜登政府经济救助政策的刺激下，尽管出现了经济复苏势头，但同时也出现了严重的通货膨胀。世界银行发布的综合研究报告《全球经济衰退迫在眉睫?》显示，随着多国央行纷纷加息应对通胀，2023 年可能出现全球性经济衰退，新兴市场和发展中经济体可能会出现一系列足以造成持久伤害的金融危机。为抑制日益加剧的通货膨胀，美联储持续推进的加息政策，带来了欧元、日元、英镑等主要货币较大幅度的贬值，给世界经济增长带来了新的挑战。2023 年，随着美联储加息政策逐渐走向尾声，世界经济将会面临新一轮的调整，世界经济形势也将面临新的不确定性。

（2）新冠肺炎疫情呈现多点散发的态势

当前，一些国家放松了对新冠肺炎疫情的管控，但全球新冠肺炎疫情并没有结束，仍呈现“多点散发”的状态。联合国卫生机构负责人警告说，尽管自奥密克戎感染浪潮见顶以来报告的感染病例数有所下降，但新冠肺炎疫情“肯定没有结束”。尽管国内外有一些预测认为新冠肺炎疫情有望2023年底结束，但这些预测都只是建立在对现有新型冠状病毒传播规律的认识基础上。事实上，由于新型冠状病毒的不断变异迭代，其传染性变得更强，传播速度也变得更快，现在讨论新冠肺炎疫情结束为时尚早。可以预测，新冠肺炎疫情仍将持续一段时间，形成2023年经济增长的制约因素。

（3）中美经济“脱钩”风险仍未解除

当今世界，全球化逆流涌动，孤立主义和保护主义肆虐，世界经济面临前所未有的不确定性。以美国为首的西方国家，以维护国家安全为由，拉拢其西方盟友，对中国进行打压。特别是将我国一批高科技企业加入“黑名单”，在全球范围内进行断供和封杀，对中国高科技产业链价值链形成较大冲击。美国一部分人士“鼓吹对中国进行脱钩断链”，更是在关税、科技等领域频频出招，将更多的中国企业加入“黑名单”，中美经济“脱钩”的风险上升。受此影响，2023年我国经济受到的外部冲击将进一步增大，形成河南省经济增长的外部利空。

（4）国内经济运行风险进一步释放

当前，受新冠肺炎疫情的影响，经济下行压力不断加大，经济运行中的一些结构性、系统性矛盾和风险不断涌现。一方面，实体经济不景气，企业经营风险增加。由于新冠肺炎疫情挥之不去，其对国内企业的负面影响持续，加上人民币贬值引起的进口成本增加，企业效益普遍下滑。另一方面，债务危机可能诱发金融领域的系统性风险。2022年以来，经济下行压力加大，部分企业经营困难增加，一些中小企业面临倒闭的风险。特别是一些房地产企业频频暴雷，楼盘“烂尾”现象增加，对金融领域的安全提出了挑战。可以预测2023年实体经济面临的压力仍然较大，金融系统仍将面临较大的风险。此外，经济领域的风险向社会领域扩散的风险增加。企业经营不景气，导致了失业增加，就业质量下降，进而影响了扩大消费。居民收入减少也可能会影响社会稳定，为社会治安和稳定带来压力。河南省产业结构偏重，劳动密集型产业比重较高，这些系统性风险相较全国更为突出，对2023年全省经济增长形成制约。

（5）财政收支矛盾进一步加大

国内外需求的持续疲软，以及新冠肺炎疫情的“多点散发”态势，使得实体经济“寒气”重重，一些企业经营困难增加，经济效益持续下滑，税收贡献下降，政府财政收入相应减少。为应对经济下行的冲击，国家实行积极的财政政策，一方面加大公共领域基础设施投资，增加对企业的补贴，增加疫情防控和公共卫生领域支出；另一方面，为激活市场主体活力，实施更大力度的减税降费政策。这样一来，政府支出增加叠加财政收入减少，使得财政收支的矛盾持续加大，一些地方政府财政面临经费紧张的窘境，对经济的调节能力降低，对2023年的经济增长形成利空。

（二）2023年河南省经济走势及主要指标预测

由于新冠肺炎疫情尚没有得到根本好转，世界孤立主义、保护主义仍在，全球能源危机和粮食危机持续，我国经济下行的风险正在上升，未来河南省经济恢复仍面临较大的不确定性。然而，从总体上看，河南省经济长期向好的基本面并没有改变，仍处于重要的战略机遇期。2023年，在新冠肺炎疫情得到有效控制的基础上，河南省积极贯彻党的二十大精神，锚定“两个确保”，继续实施“十大战略”，全省经济运行将继续保持稳定恢复态势。综合预计，2023年全省经济运行将呈现企稳回升、总体向好的态势，全年GDP增速将高于全国平均水平。

1.企稳向好态势持续，发展质量稳步提升

2022年以来，河南省围绕“两个确保”的总目标，积极实施“十大战略”。随着这些举措的持续发力，2023年全省经济有望保持企稳回升、稳中向好的势头。在农业及农村发展方面，全省大力推进农业供给侧结构性改革，坚决扛稳粮食安全政治责任，以“三链同构”提升农业效益和竞争力，增强农业发展后劲。在工业发展方面，全省加快推动高新技术产业和战略新兴产业发展，全面深化传统产业改造升级，加快推进制造业创新平台建设，

不断增强工业发展动力和活力。在服务业发展方面，全省加快培育现代物流、金融保险、信息服务等新兴服务业，积极推动服务业转型升级，服务业发展的基础和动能不断增强。这些政策措施的实施，为全省2023年经济恢复和发展提供了坚实基础和重要支撑。然而，也应该看到，世界范围内新冠肺炎疫情尚没有结束，国内仍面临着疫情输入的巨大压力，个别地区也面临疫情反弹的风险，对2023年全省经济发展会造成一些不利影响。

2. 重大项目稳步推进，投资持续增长

2022年以来，河南省突出“抓项目就是抓发展、谋项目就是谋未来”的总体思路，加大重大项目建设力度。为应对全省经济下行压力，河南省人民政府办公厅印发了《河南省全面加快基础设施建设稳住经济大盘工作方案》，提出投资超4.2万亿元，开工建设602个重点基础设施建设项目，稳住经济大盘。同时，在全省开展稳经济重要项目集中攻坚行动，推动在建项目加快推进、前期项目加快落地、储备项目加快成熟，为河南省经济社会发展注入强劲动力。2023年，央行将会延续稳健的货币政策，适当放松银根，促进流动性合理增长，同时，财政政策也将更加积极，更加注重“固本培元”，加大对重点项目的支持力度，这有利于促进全省工业投资增长，形成2023年全省经济增长的重要支撑。综合判断，2023年全省固定资产投资将延续持续回升的势头，但增长的速度将会降低。

3. 新型消费不断拓展，市场消费稳步回升

2022年以来，河南省委省政府把促进消费作为推动经济平稳健康发展的重要举措，省政府印发《河南省贯彻落实稳住经济一揽子政策措施实施方案》，在推动促进消费政策落地见效等方面提出明确意见和要求。2022年7月15日，省政府办公厅印发《河南省进一步释放消费潜力促进消费持续恢复实施方案》，提出了5方面26项重点举措，系统全面促消费增活力。省商务厅积极推动省、市、县三级实施消费促进活动计划，开展省级重点消费促进活动30余场，各市、县重点消费促进活动100余场，为全省消费市场注入新动能、激发新活力。2023年，这些促进消费的政策将会继续实施，并刺激形成新的消费增长点，成为支撑河南省2023年经济增长的重要力量。

然而，由于国外疫情持续蔓延外需不振，全省就业和收入增长仍将面临较大困难，这会对 2023 年全省消费增长形成制约。但综合判断，2023 年全省消费将延续稳步回升的态势，对经济增长的贡献进一步提高。

4. 外部环境更加严峻，出口增长制约因素较多

当前，中美贸易摩擦呈现长期化、扩大化和不断反复的特征，对国内经济和进出口产生复杂的影响。河南省的进出口贸易中，富士康占近六成，中美贸易摩擦的加剧，对全省进出口带来较大挑战。同时，美国苹果手机代工厂有向印度、东南亚等地区转移的趋势，为全省苹果手机出口带来利空。华为逐渐摆脱芯片断供危机，其高端手机的强势回归给苹果手机带来一定冲击，苹果手机的代工需求可能会降低，这些都形成河南省 2023 年出口的利空。但同时，也应当看到，人民币持续贬值，河南省出口商品竞争力不断增强，给出口增长形成利好，对 2023 年河南省的出口增长形成一定支撑。总体来看，2023 年全省进出口仍将保持恢复性增长，但也面临着较大的压力。

5. 市场流动性持续宽松，物价上涨风险加大

受美国量化宽松政策带来的美元超发的影响，世界范围内的通货膨胀面临较大的压力，欧美一些国家 CPI 高企，存在通过产业链向我国输入的风险。我国为应对经济下行实施了数轮降息降准等宽松的货币政策，市场流动性增加，也形成了 2023 年物价上涨的重要推力。同时，俄乌冲突带来的能源危机和粮食危机，造成了国际大宗商品价格的快速上涨，也成为国内物价上涨的重要因素。综合来看，2023 年我国 CPI 预计同比增幅会有所扩大，全年的 CPI 同比增速将在 2. 5%左右。

6. 就业形势总体平稳，就业压力仍然较大

面对疫情造成的严峻就业形势，河南省实施了稳岗补贴、创业补贴、就业补贴等一系列扶持重点群体创业就业的政策，稳定和促进就业，并不断提高就业质量。同时，鉴于小微企业在稳定就业中的特殊地位，财政部通过减税降费等手段，扶持小微企业发展。而河南省则加强政府性融资担保体系建设，支持小微企业发展，对全省稳定就业起到了积极作用。这些政策措施的综合发力，对 2023 年全省就业形势好转带来利好。然而，也应当看到，常

态化的疫情防控措施，对作为吸纳就业主体的服务业带来了一定的冲击，一些企业陷入困境，最直接的影响是员工下岗失业。同时，新冠肺炎疫情持续所导致的外向型经济发展受阻，可能会使得外出务工人员回流，对全省2023年就业带来一定压力。总体判断，2023年河南省就业形势总体平稳，但是在某些行业及领域，就业的压力仍然比较大。

三 推动全省经济持续健康稳定发展的政策建议

面对新形势、新任务、新要求，要继续坚持稳中求进工作总基调，坚定发展信心，集中攻坚克难，向解放思想要活力，向真抓实干要成效，统筹抓好疫情防控和经济社会发展各项工作，巩固提升稳中向好的发展态势，全力推动全省经济持续健康稳定发展。

（一）聚焦“稳”字，全力稳经济保增长

面对当前复杂严峻的发展环境，要始终把发展作为第一要务，全力以赴稳经济保增长，坚决落实“疫情要防住、经济要稳住、发展要安全”重大要求，确保全省经济运行始终保持在合理区间。要把“四个拉动”作为稳经济保增长的重要举措，积极融入新发展格局，着力在投资、消费、出口、物流四个方面谋划实施一批具有引领性、标志性、突破性的重大项目，加快推动更多项目形成实物量，更大限度地挖掘释放有效需求，以需求牵引供给，以供给创造需求，增强经济持续健康平稳发展的支撑力拉动力。要一以贯之地坚持“项目为王”，持续深化“万人助万企”活动和“三个一批”项目建设，协调解决重大项目推进中的瓶颈问题，做好项目服务保障工作。坚持要素跟着项目走，全力保障项目用地、用能等方面的需求，做到能开尽开、能开快开，努力形成更多实物工作量。要强化项目招引，紧扣产业发展方向，谋划储备一批高质量项目，围绕龙头企业吸引带动上下游企业集聚，加快推动重点产业集群转型升级。要高效统筹疫情防控和经济发展，立足防控特点规律，毫不放松地落实各项防控措施，加强对重点人群、特定人群的监测筛

查，及时扑灭疫情燃点，做到不蔓延、不扩散、不外溢，最大限度地降低疫情对经济社会发展的影响，为全省经济持续健康稳定增长创造良好环境。

（二）突出“新”字，强化科技创新支撑能力

创新是引领发展的第一动力。要始终把创新放在全省经济社会发展各项工作的首位，提升科技创新水平，强化科技创新支撑能力，推动实现创新驱动发展。要强化企业创新主体地位，充分发挥骨干龙头企业的支撑引领作用，支持企业与高校、科研院所联合组建创新联合体，整合分散的创新资源和创新要素，实施体现国家战略、满足河南需求的重大科技项目，突破“卡脖子”关键核心技术。加大对科技型中小企业、高新技术企业、独角兽企业等的培育力度，促进企业之间融通创新、互补发展，形成强大的创新系统，着力打造高新技术产业集群。要深入推进创新平台赋能行动，以嵩山实验室、神农种业实验室、黄河实验室建设为重点加快全省实验室体系重塑重构进程，支持省科学院、省农科院、省内一流高校等重点创新平台探索创新科研管理体制、成果转化体制、利益分享机制、人才引进机制等，切实提升全省科技创新能力。要增强人才的支撑引领作用，深入实施“1+20”一揽子人才引进政策和人才强省“八大行动”，创新柔性人才的使用和引进机制，建立健全符合人才发展规律的多元化激励约束机制，统筹推进人才“引、育、留、用”一体化发展，不断激发人才的创新创业活力，持续提升高层次人才的集聚度和贡献度。

（三）着眼“准”字，提升调控政策整体效能

政策是落实国家决策的有力“凭证”，是优化发展环境、激发发展动能的重要手段。推动河南省经济持续平稳健康增长，必须立足新时代新问题新需求，加强经济运行趋势研判和前瞻谋划，切实提高调控政策的整体效能。要围绕经济运行中的薄弱环节加强监测，及时预研预判经济运行中的风险挑战，科学做好监测预警和政策储备，完善宏观调控跨周期设计和调节机制，推动重点任务落到实处、见到实效，确保稳增长和防风险的长

期均衡。要加快落实已确定的政策，切实落实国家稳经济一揽子政策和省、市配套措施，持续推进“万人助万企”，完善“白名单”企业库，一企一策帮扶企业，最大限度地释放政策红利；进一步完善宣传机制，创新政策服务模式，建立健全配套政策操作细则，提高政策可读性和可操作性，确保政策措施不折不扣地落实到位，让广大企业真正有获得感。要抓紧谋划推出增量政策工具，充分开展政策论证以提高惠企暖企政策的精准度，重点支持民营企业和个体工商户发展，最大限度地激发市场主体活力。加强跨部门协同，促进财政、货币政策同改革、产业、创新、投资、消费等政策形成集成效应，进一步提高政策实施的协调性和实效性，为加快实体经济发展夯实政策基础。

（四）落实“优”字，打造优质营商环境

打造一流营商环境、激发市场主体活力，不仅是稳住经济基本盘、稳住市场预期的关键，更是确保经济持续健康平稳运行、实现高质量发展的重要基础。因此，必须持续优化营商环境，以优越的“软环境”提升拼经济的“硬实力”。要加强顶层设计和制度安排，坚持需求导向，立足河南省营商环境实际，对标国际一流和国际通行惯例，制定实施河南省营商环境系统性改革方案，明确目标任务、优化重点、优化措施等，推进营商环境法治化、国际化、便利化进程。要明确政府职能定位，正确处理政府与市场的关系，深化简政放权、放管结合，优化服务改革，把“该放的放彻底，该管的管到位，该服的服到家”，做市场的合格“守夜人”。同时，提高政府的公信力与执行力，着力建设完善的社会信用和市场监管体系，积极构建平等竞争的市场环境、公平公正的法治环境、充满活力的金融环境、宜商宜居的生活环境，让各类市场主体都能安心经营、放心投资、专心创业，充分激发市场主体的发展活力。要完善营商环境评价长效机制，借鉴先进地区经验，建立健全营商环境评价指标体系，持续开展全域营商环境评价，以市场主体感受为依据实施重点指标攻坚行动，持续完善以实施效果为重点的政策评估制度，发挥好营商环境评价的引导和督促作用。

（五）抓好“活”字，激发改革开放新动力

改革开放只有进行时，没有完成时。越是面临严峻的困难和挑战，越要持之以恒地推动改革开放向纵深发展，加快形成与高质量发展要求相匹配的体制机制，为河南省经济持续健康平稳增长注入不竭的动力和活力。要持续深化重点领域改革，围绕行政审批、产权制度、价格体制、财税金融、科技体制、城市建设管理、国资国企等有利于增长阶段转换、新动能加快形成的重点领域推进改革向更深层次挺进，谋划推出一批高水平制度创新举措，同时注重改革的系统集成、协同高效，不断打通生产要素流动梗阻，提高要素资源配置效率，切实提高重点领域改革实效。深入推进高水平制度型开放，高标准对接国际经贸规则，提高贸易投资自由化便利化水平，以打造河南自贸试验区 2.0 版、推进郑州航空港经济综合实验区系统性重塑性改革为抓手提升各类开放平台能级，以制度性开放的新突破加快塑造参与国际合作和竞争的新优势。以郑州—卢森堡“空中丝绸之路”为引领，统筹推进陆上、网上、海上丝绸之路建设，加快完善航空、铁路、公路和水运立体发展的物流网络体系，打造枢纽经济新优势。深度融入“一带一路”建设，抢抓 RCEP 实施机遇，推进与其他地区在贸易投资、产业发展等领域的深度合作，不断扩大对 RCEP 成员国的进出口规模，以不断扩大国际经贸合作圈开拓更广阔的发展空间。

（六）重在“保”字，着力增进民生福祉

保障和改善民生是经济社会发展的出发点和落脚点，特别是在当前复杂多变的发展环境下，着力做好民生工作，不断增进民生福祉，对于稳经济保增长具有极为重要的特殊意义。要继续实施就业优先战略，以高校毕业生、退役军人、农民工、城镇困难人员等为重点抓好就业，注重推动各项助企纾困政策措施落实落细，以保市场主体为抓手保就业；持续优化创业服务模式和创业环境，发挥创业带动就业的倍增效应，深入推进“人人持证、技能河南”建设，提高劳动力与市场需求的匹配度。要兜牢基本民生底线，围

绕生活困难失业人员、易返贫致贫人员以及低保边缘人员等做好动态监测和帮扶工作，抓好重要民生商品保供稳价，完善社会救助和保障标准与物价上涨挂钩联动机制，及时发放价格临时补贴。要解决关键民生实事，持续抓好教育医疗、养老托幼、住房保障、稳价保供等群众最为关切的焦点问题，不断增强人民群众的获得感、幸福感、安全感。要防范化解重点领域风险隐患，加强风险隐患分析研判，抓好矿山、道路交通、燃气、自建房、旅游景区等领域的安全隐患排查整治工作，坚决守好社会稳定、安全生产、粮食安全、能源安全、产业链供应链安全等“一排底线”，为经济快速稳定发展创造良好环境，切实维护政治安全、社会安定、人民安宁。

参考文献

《政府工作报告——2022 年 1 月 6 日在河南省第十三届人民代表大会第六次会议上河南省人民政府省长王凯》，河南省人民政府网，2022 年 1 月 11 日，http：//www.henan.gov.cn/2022/01-11/2380655.html。

河南省社会科学院课题组：《2022 年河南经济运行分析与走势预测研究》，《区域经济评论》2022 年第 5 期。

阮金泉、王承哲：《坚定信心看大势　破难应变稳增长》，《河南日报》2022 年 7 月 15 日。

《2022 年 8 月份全省经济运行情况》，河南省统计局网站，2022 年 9 月 19 日，https：//tjj.henan.gov.cn/2022/09-19/2609357.html。

王承哲、完世伟主编《河南经济发展报告（2022）》，社会科学文献出版社，2021。

B.2

非凡十载话河南　出彩中原谱新篇

——党的十八大以来河南经济社会发展成就与经验

河南省社会科学院课题组*

摘　要： 党的十八大以来，面对错综复杂的外部环境、艰巨繁重的改革发展稳定任务，特别是新冠肺炎疫情和严重洪涝灾害的双重冲击，河南坚持以新发展理念为引领，以深化供给侧结构性改革为主线，融入新发展格局，注重总体部署，强化政策保障，突出项目带动，加强要素支撑，优化发展环境，聚焦高质量发展，着力打好“四张牌”，高质量发展迈出坚实步伐；三大攻坚战成效显著，乡村振兴全面开启；坚持开放带动战略，内陆开放高地成效凸显；坚持绿色低碳发展，生态治理取得新成效；坚持深化改革，改革开放取得新进展，并取得了一系列具有标志性意义的重大成就，谱写了中原出彩的绚丽篇章。基于十年实践，在服务大局、创新驱动、对外开放、深化改革、党建引领等方面，河南探索出了一系列富有价值的实践经验，为锚定“两个确保”宏伟目标、续写中原更加出彩的绚丽篇章提供了经验借鉴。

关键词： 河南省　非凡十年　出彩中原

---

* 课题组组长：王承哲，河南省社会科学院院长，研究员。课题组成员：完世伟、高璇、李斌、李丽菲、崔理想、汪萌萌、赵然。执笔：李斌，河南省社会科学院经济研究所副研究员，主要研究方向为区域经济；李丽菲，河南省社会科学院经济研究所助理研究员，主要研究方向为产业经济；崔理想，河南省社会科学院经济研究所助理研究员，主要研究方向为产业经济。

党的十八大以来，面对诸多超预期因素和复杂多变的国内外环境，河南牢记领袖殷殷嘱托，在习近平新时代中国特色社会主义思想指导下，在省委省政府的坚强领导下，撸起袖子加油干，在抓大事、谋长远中积势蓄势，在解难题、攻难关中砥砺奋进，在经济大省挑大梁、做贡献上勇于担当作为，在增进民生福祉、建设幸福美好家园上笃行实干，在贯彻新发展理念、推动高质量发展中奋勇争先，让党中央决策部署在中原大地落地生根、开花结果，在社会经济方方面面取得了一系列具有标志性意义的重大成就，在全国大局中的战略地位更加凸显。

一　实践探索

党的十八大以来，河南以习近平总书记考察河南重要讲话重要指示为总纲领、总遵循、总指引，认真落实省委省政府各项决策部署，勇于担当作为、务实重干，有力推动经济社会高质量发展，使自身在全国大局中的战略地位更加凸显。

（一）注重总体部署

牢记嘱托践初心。十年来，习近平总书记四次视察河南，多次作出重要讲话、重要指示，为新时代河南改革发展擘画蓝图。在转变经济发展方式方面，2014 年 5 月习近平总书记在河南考察时提出了“发挥优势打好四张牌”的重要要求，即“以发展优势产业为主导推进产业结构优化升级，以构建自主创新体系为主导推进创新驱动发展，以强化基础能力建设为主导推进培育发展新优势，以人为核心推进新型城镇化”。在创新发展方面，2014 年习近平总书记考察中铁工程装备集团有限公司时要求，“推动中国制造向中国创造转变、中国速度向中国质量转变、中国产品向中国品牌转变”；2019 年习近平总书记考察河南时指出，“把制造业高质量发展作为主攻方向”，“要坚定推进产业转型升级，加强自主创新，发展高端制造、智能制造”。在县域治理方面，2014 年 3 月习近平总书记在兰考县调研指导时提出了县域治理“三起来”的要求，即“把强县和富民统一起来，把改革和发展结合起来，把城镇和乡村贯通起来”。在粮食生产方面，2014 年 5 月习近平总书记在张市镇高标准粮田综合开发示范区考察时强调，“粮食生产这个优势、这张王牌任何时候都不能丢”；2019 年习近平总书记在全国“两会”期间参加河南代表团审议时指出，“河南作为农业大省，农业特别是粮食生产对全国影响举足轻重”；2021 年 5 月习近平总书记在南阳市考察南水北调中线工程时指出，保证粮食安全必须把种子牢牢攥在自己手中。在中部崛起方面，2019 年习近平总书记在全国“两会”期间参加河南代表团审议时寄予河南“在中部地区崛起中奋勇争先，谱写新时代中原更加出彩的绚丽篇章”的殷切期望。在对外开放方面，2014 年 5 月 10 日习近平总书记考察河南郑州国际陆港时提出，希望它们“建成连通境内外、辐射东中西的物流通道枢纽，为丝绸之路经济带建设多作贡献”；2019 年 9 月习近平总书记在河南考察时，要求河南“积极融入共建‘一带一路’，加快打造内陆开放高地”。在黄河治理方面，2019 年 9 月 18 日习近平总书记在河南郑州主持召开黄河流域生态保护和高质量发展座谈会上强调“让黄河成为造福人民的幸福河”；2021 年 10 月 22 日习近平总书记在深入推动黄河流域生态保护和高质量发展座谈会上提出“积极探索富有地域特色的高质量发展新路子”。

勇担使命开新局。十年来，河南历届领导践行新使命、履行新担当，在社会主义现代化建设新征程上展现更大作为、作出更大贡献。郭庚茂担任省委书记（2013 年 3 月至 2016 年 3 月）、谢伏瞻担任省人民政府省长（2013 年 4 月至 2016 年 4 月）期间，省委省政府提出打造富强河南、文明河南、平安河南、美丽河南“四个河南”和推进社会主义民主政治制度建设、加强和提高党的执政能力制度建设“两项建设”；谢伏瞻担任省委书记（2016 年 3 月至 2018 年 3 月）、陈润儿担任省人民政府省长（2016 年 4 月至 2019 年 10 月）期间，省委省政府确定了建设经济强省、打造“三个高地”、实现“三大提升”的发展目标，持续提升河南在全国发展大局中的地位，更好满足人民对美好生活的向往；王国生担任省委书记（2018 年 3 月至 2021 年 6 月）、陈润儿担任省人民政府省长（2016 年 4 月至 2019 年 10 月）期间，省委省政府提出以党的建设高质量推动经济发展，是新时代河南谋求振兴的新境界、新布局、新要求；楼阳生担任省委书记（2021 年 6 月至今）、王凯担任省人民政府省长（2021 年 4 月至今）期间，省委省政府提出确保高质量建设现代化河南，确保高水平实现现代化河南，要全面实施“十大战略”，在新征程上奋勇争先更加出彩。

精心谋划谱新篇。十年来，河南坚定把发展作为解决一切问题的基础和关键，聚焦主责主业，紧紧扭住经济建设这个中心任务，全面贯彻新发展理念，经济发展既保持了量的合理增长，也实现了质的稳步提升。在党成立一百周年的重要节点，在开启全面建设社会主义现代化河南新征程的重要时刻，河南站到了新的历史起点，以国际视野、长远眼光审视现代化建设、认识自身发展，把握发展大势、科技趋势、产业走势，前瞻 30 年、谋划 15 年、立足近 5 年，确立了“两个确保”奋斗目标，提出全面实施“十大战略”，在拉高标杆中争先进位。“两个确保”奋斗目标是我国现代化建设“两步走”战略安排在河南的具体化，它谋划了现代化河南的宏伟蓝图，明确了现代化河南的奋斗目标，体现了河南主动融入新发展格局、勇担新时代河南使命的坚定态度和方向路径，有利于全省上下统一思想、振奋精神、激发动力、挖掘潜能，实现直道冲刺、弯道超车、换道领跑，大踏步向着大而优、大而新、大而强和高又快、上台阶不断迈进。

（二）突出主题主线

以高质量发展为主题。十年来，河南以高质量发展为主题，不断提高把握新发展阶段、贯彻新发展理念、构建新发展格局的政治能力、战略眼光、工作水平，奋力走出了一条适合河南实际的高质量发展之路。坚定把高质量发展作为解决社会主要矛盾的关键，坚持以人民为中心的发展思想，不断实现人民对美好生活的向往，增强人民群众的获得感、幸福感、安全感；坚定把高质量发展作为建设经济强省的内在需要，坚持质量第一、效益优先，坚持质量变革、效率变革、动力变革，推动“河南速度”向“河南质量”转变、跨越；坚定把高质量发展作为中原更加出彩的必由之路，落实国家赋予河南的新定位新要求，着力打造国家创新高地、先进制造业基地、黄河流域生态保护示范区、现代交通物流枢纽和改革开放新前沿，发展势能不断积蓄壮大；坚定把高质量发展作为锚定“两个确保”的本质要求，坚持新发展理念在经济社会发展全过程和各领域的全面贯彻，抓住主动服务并深度融入新发展格局的战略机遇，确立了以经济实力、科技实力、综合实力大幅跃升为标志推动现代化河南建设的新要求，确定了规模、总量、质量、效益相统一的发展目标。

以供给侧结构性改革为主线。十年来，河南以供给侧结构性改革为主线，不断去掉“剩”的、拉长“短”的、增加“少”的、扩大“优”的，全面优化升级产业结构，探索结构更优、效益更佳、活力更足、后劲更强的发展路子。持续巩固“三去一降一补”成果，以化解煤炭钢铁过剩产能为重点，推动火电、水泥、玻璃、电解铝等行业的过剩产能加快出清。落实和完善减税降费政策，有效减轻企业负担，加大新型基础设施等领域的补短板力度，更高水平提升基础设施和公共服务供给能力。坚持用新技术、新理念、新模式对传统产业进行优化升级，利用物联网、大数据、人工智能等新一代信息技术为产业赋能，发展一批优势和高端制造产业，抢占未来产业竞争制高点，推动河南经济新旧动能转换呈现良好势头。注重需求侧管理，把扩大内需战略放在突出位置，通过提高中低收入群体收入水平，补齐基础设施短板，提升公共服务均等化水平，同时扩大内需，最大限度地发挥消费和投资对经济的拉动作用，形成需求牵引供给、供给创造需求的更高水平动态平衡，为经济社会发展提供强大动力。

（三）强化政策保障

强化国家战略赋能。十年来，一系列重大国家战略规划和战略平台相继落地河南，给河南带来了更多的战略发展机遇，河南高质量发展乘上了战略叠加的东风。2013 年 3 月，《国务院关于郑州航空港经济综合实验区发展规划（2013~2025 年）的批复》（国函〔2013〕45 号）标志着全国首个航空港经济发展先行区正式起航；2016 年 8 月，国务院批复设立中国（河南）

自由贸易试验区，2017年3月，《中国（河南）自由贸易试验区总体方案》（国发〔2017〕17号）印发，明确了河南自贸区的战略定位、发展目标、区位布局和重点任务；2016年4月，国务院批复同意建设郑洛新国家自主创新示范区，2016年5月26日，中共河南省委、河南省人民政府印发《郑洛新国家自主创新示范区建设实施方案》，提出郑洛新国家自主创新示范区是总体定位为具有国际竞争力的中原创新创业中心；2016年1月，国务院批复设立中国（郑州）跨境电子商务综合试验区，2019年12月、2020年5月，洛阳和南阳跨境电子商务综合试验区获批设立；2016年10月，国家发改委、工业和信息化部、中央网信办联合批复河南建设国家大数据综合试验区，2017年河南省人民政府印发《河南省推进国家大数据综合试验区建设实施方案》（豫政〔2017〕11号）；2019年9月，习近平总书记在郑州主持召开黄河流域生态保护和高质量发展座谈会并发表重要讲话，将黄河流域生态保护和高质量发展上升为重大国家战略。

强化产业政策保障。十年来，河南出台了一系列产业政策，形成了良好的社会氛围和发展环境，为河南产业发展提供政策支持。围绕农业发展，河南出台《河南省人民政府关于加快推进农业高质量发展建设现代农业强省的意见》（豫政〔2020〕21号）、《河南省加快转变农业发展方式实施方案》（豫政〔2016〕2号）、《河南省人民政府关于坚持三链同构加快推进粮食产业高质量发展的意见》（豫政〔2020〕18号）等政策措施；围绕制造业发展，出台《先进制造业大省建设行动计划》（豫政〔2014〕87号）、《河南省深化制造业与互联网融合发展实施方案》（豫政〔2016〕74号）、《河南省智能制造和工业互联网发展三年行动计划（2018—2020年）》（豫政〔2018〕14号）、《中国制造2025河南行动纲要》（豫政〔2016〕12号）等政策措施；围绕服务业发展，出台《河南省人民政府关于促进健康服务业发展的实施意见》（豫政〔2014〕57号）、《河南省人民政府关于建设高成长服务业大省的若干意见》（豫政〔2014〕42号）、《河南省人民政府关于加快产业集聚区提质转型创新发展的若干意见》（豫政〔2015〕42号）等政策措施。

强化财政政策保障。十年来，河南充分发挥财政职能作用，在加快产业结构转型、基础设施建设、推进创新创业上主动作为，以积极的财政政策助力高质量发展。为支持转型发展，河南发布《河南省支持转型发展攻坚战若干财政政策》（豫政办〔2017〕71号），通过财政政策引导撬动，破除转型发展的瓶颈制约；为支持创新发展，出台了《河南省国家自主创新示范区建设专项资金管理暂行办法》（豫财科〔2016〕153号），通过政策先行先试加快推进郑洛新国家自主创新示范区建设；为支持百城提质工程实施，印发了《河南省百城建设提质工程投融资方案》（豫政办〔2016〕214号），为加快提升县级城市综合承载能力提供支持；为支持新型城镇化发展，河南财政厅印发《河南省支持新型农业经营主体发展的若干财政政策措施》（豫财农〔2014〕68号），在支持农村土地承包经营权有序流转、支持新型农业经营主体提升物资技术装备水平、支持新型农业经营主体提升融资能力、支持新型农业经营主体人才培养等方面提供政策保障。

强化科技政策保障。十年来，河南不断加大科技创新政策支持力度，打牢科技创新基础，补齐创新短板，为全省经济社会高质量发展提供了有力的科技支撑。为加快实施创新驱动发展战略，河南省人民政府发布《关于创新机制全方位加大科技创新投入的若干意见》（豫政〔2014〕64号）、《关于深化科技体制改革推进创新驱动发展若干实施意见》（豫发〔2015〕13号）、《河南省技术转移体系建设实施方案》（豫政〔2019〕8号）、《河南省深化科技奖励制度改革方案》（豫政办〔2019〕32号）等实施意见、方案与政策，促进境内外高水平科技成果向河南集聚转化，为河南创新驱动发展提供有力的科技支撑；围绕科技政策保障，河南省科技厅出台了一系列的政策，例如《河南省新型研发机构备案和绩效评价办法（试行）》（豫科〔2019〕10号）进一步贯彻落实了省委省政府关于“四个一批”的战略部署，《河南省省级重大科技专项管理办法（试行）》（豫科〔2019〕96号）进一步规范省级重大科技专项实施管理，《河南省科技企业孵化器管理办法》（豫科〔2019〕35号）引导了科技企业孵化器高质量发展，《河南省促进科技成果转化条例》以法制推进科技成果加快转化，打通科技成果落地的“最后一公里”。

（四）坚持项目为王

以项目带动产业发展。这十年，河南以大项目支撑大产业，以大产业带动大发展，为经济社会高质量发展积蓄新动能。为了推进农业供给侧结构性改革，扛稳粮食安全重任，河南持续推进“四优四化”项目，农业质量效益明显提高，农业生产方式、经营方式、资源利用方式发生深刻变化。2020年在“四优四化”基础上，河南提出以“六高”“六化”思路引领农业高质量发展。为了加快建设先进制造业大省，河南实施“百千万”亿级优势产业集群培育工程，立足各省辖市的资源禀赋、产业基础、市场潜力、政策环境等条件，培育区域特色主导产业，基本形成产业布局合理、区域特色突出、结构明显优化的产业发展新格局。为了推进服务业高质量发展，河南以文化旅游强省建设为目标，围绕建设黄河国家文化公园、建设沿黄生态廊道、实施古都古城风貌再现工程、打造大遗址文化旅游圈、建设大运河文化公园、建设中国功夫体验基地等六大文旅重点项目，大力推进“老家河南”建设，以文旅项目推动河南产业结构优化升级。

以项目促进创新发展。这十年，河南将项目建设作为加快新旧动能转换、推动创新发展的重要载体，持续提升科技创新驱动力，打造河南经济高质量发展“引擎”。河南积极实施创新龙头企业培育工程，围绕全省重点发展的主导产业和支柱产业，通过支持创新龙头企业建设高层次创新平台、承担重大创新任务、加强开放式创新等，培育形成一批主业突出、行业引领能力强、具有国际先进技术水平和国际竞争力的创新龙头企业，为建设创新型河南提供有力支撑。实施“科技小巨人”企业培育工程，助力“科技小巨人”企业做大做强，并使其逐步发展成为行业领军企业，为培育经济发展新动能提供支撑。实施创新驱动提速增效工程，通过创新龙头企业提升引领工程、高新技术企业倍增工程、科技型中小企业培育工程、“名校英才入豫”计划、“十百千”转型升级创新专项等一批项目，培育一批创新引领型企业、人才、平台、机构，提升开放创新水平，为河南高质量发展提供坚实的科技支撑。

以项目提升基础能力。十年来，河南发挥重大项目的牵引带动作用，以项目建设大提升助推经济发展大跨越，充分挖掘内需潜力。实施“米”字形高铁网建设项目，习近平总书记在河南考察时，殷切希望河南“建成连通境内外、辐射东中西的物流通道枢纽，为丝绸之路经济带建设多作贡献”。2012 年出台的《中原经济区规划》强调要加快构建高效连接的“米”字形铁路网络，意味着“米”字形高速铁路网规划上升至国家层面。实施郑州国家级互联网骨干直联点项目，使郑州成为全国互联网的核心节点、重要支点和新的数据交换口岸，提升了郑州信息集散中心和通信网络交换枢纽地位，彻底改变了全省互联网网间流量需通过北京、上海、广州长途绕转的格局，增强了中部地区乃至全国网络基础设施服务能力，为河南开展跨境贸易电子商务奠定了坚实的网络基础。实施十大水利工程，着力构建起覆盖全省的现代水网体系，加快推进新时代河南水治理体系和治理能力基本实现现代化，这对于河南增加水源、完善水网、修复生态、治理环境、减少水患、发展水利意义重大。

以项目推动城镇化进程。十年来，河南聚焦城市基础设施建设，抓好项目筹划，把新型城镇化发展落实到一个个具体项目上。实施百城建设提质工程，围绕城市规划、建设、管理和运营“四个高质量”，大力推进老城区基础设施建设和公共服务设施配套建设、老旧小区提升改造、生态环境综合治理，开展“厕所革命”、城市“四治”，实施一大批提高城市综合承载力的民生工程，着力做好以水“润”城、以绿“荫”城、以文“化”城、以业“兴”城四篇文章，全面增强县级中小城市综合承载能力。实施“三个一批人”项目，强化“一基本两牵动三保障”（产业为基、就业为本，住房牵动和就学牵动，社会保障、农民权益保障和基本公共服务保障），推动一批具备条件、有意愿的农业转移人口及其他常住人口落户城镇，加快一批城中村和城镇棚户区改造，加快一批农村人口向城镇转移。

（五）加强要素支撑

加强人才要素支撑。十年来，河南大力实施人才强省战略，加快构建

内陆人才高地步伐，为高质量发展提供人才支撑。深化人才机制体制改革，不断建立更加灵活高效的人才管理体制、构建更具竞争力的人才集聚机制、完善以经济社会发展需求为导向的人才开发机制、强化促进创新创业的人才激励机制，最大限度地激发人才创新创造创业活力。构建高层次创新创业人才开发体系，打造以中原学者为龙头，涵盖中原领军人才、中原青年拔尖人才的中原人才系列品牌，增强经济发展内生动力和活力。同时，坚持引育并举，积极实施高层次科技人才引进工程、产业创新创业领军人才工程等，形成了与侧重基础研究的中原学者相互支撑的高端人才体系。打造一流生态，围绕“进得来、留得下、过得好”，全面深化户籍制度改革，确保全省落户基本实现“零门槛”。开发全省“一站式”人才服务平台，为人才提供认定、落户、入编、奖励补贴、安居住房、项目申报、子女入学、医疗保健等全方位、“保姆式”的服务，解除人才后顾之忧。

加强土地要素支撑。十年来，河南为了保障新型城镇化、百城提质工程的用地需求，主动作为、勇于担责，用足用活土地政策，资源要素保障基础更加坚实。完善土地管理体制，强力推进城镇规划区内建设用地、农村耕地、农村集体建设用地“三块地”的开发利用改革，坚持土地要素跟着项目走，强化土地要素向中心城市、都市圈等重点地区以及经济发展质量好、土地利用效率高的市县倾斜，保障重点地区的经济高质量发展。深入推进“多规合一”国土空间规划编制，坚持全省“一盘棋”，省级规划重点抓统筹，市级规划重点抓中心城区和区域协调，县级规划重点抓县城和城乡融合，乡级规划重点抓落地，同步试划“三条控制线”，实现国土空间规划纵深到底、横向到边，形成全省国土空间规划“一张图”。创新产业用地市场化配置方式，健全长期租赁、先租后让、弹性年期供应、作价出资（入股）等工业用地市场供应体系，推行工业用地“标准地+承诺制”改革，盘活存量建设用地，完善土地管理体制。

加强资金要素支撑。十年来，河南坚持围绕中心、服务大局，强化资金保障，集中财力办大事，提升资金保障的效率和科学性，有力推动经济社会高质量发展。积极落实减税降费政策，规范民间投资和民营企业发展的法规政策文件，围绕深化增值税改革，降税率、扩进项、退留抵，对小微企业税费实施普惠性减免，减轻个人所得税税负，在降低收费负担等方面，主动作为，清除政策限制和障碍。建立重大项目融资对接长效机制，提高资金服务黄河流域生态保护和高质量发展、中部地区崛起、“一带一路”等国家重大战略项目以及制造业高质量发展项目、现代服务业项目、基础设施补短板项目的针对性和有效性，加大对重大项目和重点企业的融资支持力度。大力调整优化财政支出结构，按照“紧日子保基本、调结构保战略”要求，建立节约型财政保障机制，围绕交通、能源、水利、新基建、城市更新等关键领域，发挥政府债券、PPP、政府投资基金等的稳投资、补短板、促发展作用，集中财力保障重点项目资金需求。

（六）持续优化环境

深化“放管服效”改革。十年来，河南坚持把优化营商环境作为重大的基础性、战略性工程来抓，持续深化“放管服效”改革，出台了一系列政策体系、工作方案，激活了市场主体活力。坚持“放”，推进政务服务事项标准化，深化投资建设领域审批制度改革，深化“证照分离”“多证合一”改革，用政府权力的“减法”，换取市场活力的“乘法”。创新“管”，强化“双随机、一公开”监管，不断强化事中事后监管，由严进宽管转向宽进严管，深化“互联网+监管”，推动跨地区、跨部门、跨层级协同监管。聚焦“服”，把政务服务中心作为“放管服效”改革的抓手，拓展服务应用场景，提升政务服务标准化、规范化水平，使得省、市、县、乡、村五级政务服务场所基本实现全覆盖，打造政务服务的河南品牌。增加“效”，强化政务数据支撑，以审批最少、流程最优、体制最顺、机制最活、效率最高、服务最好为目标要求，大力实施一体化政务服务能力提升攻坚行动，打造市场化、法治化、国际化的营商环境，提升智慧便捷服务水平。

推进重点领域改革。十年来，河南不断深化重点领域体制机制改革，扭住“牛鼻子”，找准“突破口”，以点带面，全面开花，推动改革与发展深度融合、高效联动。深化国企改革，完善“1+N”政策体系，在剥离“四供一业”、处置“僵尸企业”和压缩管理层级中实现国有企业“瘦身”，在持续完善“三项制度改革”、战略重组和重塑版图中实现国企“强筋健体”，使国资国企成为高质量发展骨干力量。推进事业单位重塑性改革，目前省直事业单位改革任务顺利完成，“事”和“业”更加匹配，资源配置明显优化，体制机制顺畅高效，事业单位被赋予更大自主权。深化金融改革，聚焦服务实体经济、深化金融改革、防控金融风险三个方面，大力实施“引金入豫”工程，推动“金融豫军”快速崛起，初步形成各业并举、功能完备、运行稳健的金融体系，使得金融服务实体经济的能力显著增强。深化民生领域改革，聚焦“一老一小一青壮”持续发力，高质量推进“人人持证、技能河南”建设，增强人民群众的获得感、幸福感、安全感。

推进关键环节改革。十年来，河南把创新摆在发展全局的突出位置，深入实施创新驱动、科教兴省、人才强省战略，破除一切束缚创新驱动发展的观念和体制机制障碍，加快建设国家创新高地和重要人才中心的步伐。深化科技体制改革，在促进企业成为技术创新主体、围绕产业链部署创新链、强化金融服务创新的功能、完善技术转移转化机制、增强高等学校科研院所创新活力、创新人才队伍建设机制等方面拿出了一系列真招实招，极大地释放了创新引擎的动能，把创新驱动发展战略真正落到了实处。完善河南科技奖励制度，使其更加符合科学技术在基础研究、技术发明、应用研究方面的发展规律，调动起广大科技人员的积极性、创造性，为加快建设创新型河南和中西部地区科技创新高地注入更大动力。强化科技创新顶层设计，高规格成立省科技创新委员会，省委书记和省长亲自担任主任，制定实施创新发展综合配套改革方案，不断优化创新生态。深化科研院所分类改革，把重建重振省科学院作为建设国家创新高地、重要人才中心的一号工程，高起点、高标准制定总体方案，全力推进各项筹建工作，与中原科技城建设、国家技术转移郑州中心建设“三合一”融合推进。

二　辉煌成就

党的十八大以来，河南坚持以习近平新时代中国特色社会主义思想为指导，锚定高质量发展主攻方向，经济社会发展实现了全方位跃升，高质量发展取得了历史性成就。

（一）着力打好“四张牌”，挑起更加出彩大梁

十年来，河南牢记习近平总书记“发挥优势打好四张牌”的殷殷嘱托，经济社会发展实现了“两个跨越”“两个翻番”“四大转变”，即实现了经济总量相继跨越3万亿元、4万亿元、5万亿元台阶，2022年预计跨越6万亿元台阶，以及人均生产总值相继跨越4万元、5万元台阶，2022年预计跨越6万元台阶；实现了地区生产总值、居民人均可支配收入比2010年翻一番；实现了由传统农业大省向现代化经济大省的历史性转变，由传统交通要道向现代综合交通枢纽的历史性转变，由传统内陆省份向内陆开放高地的历史性转变，由传统农业型社会为主体向城市型社会为主体的历史性转变。打好“产业结构优化升级”牌，产业结构实现了由“二三一”向“三二一”的历史性转变，由2012年的12.4∶51.9∶35.7调整为2021年的9.5∶41.3∶49.1；2013~2021年全省战略性新兴产业、高技术制造业增加值年均分别增长13.3%、17.0%；2013~2021年全省服务业增加值年均增长8.7%，比GDP高出1.6个百分点。打好“创新驱动发展”牌，2013~2021年全省R&D经费支出年均增长14.1%；高新技术企业数量由2012年的751家猛增至2021年的8387家；郑洛新国家自主创新示范区集聚了全省70%以上的国家级创新平台和六成左右的高新技术企业，成为引领全省创新发展的核心增长极。打好“基础能力建设”牌，率先在全国实现“米”字形高铁网梦想，实现“市市通高铁”，所有县（市）20分钟上高速，光纤网络全覆盖，乡镇、农村热点区域5G网络全覆盖等目标；建成省级特高压交直流混联电网，基本实现管道天然气县县通。打好“新型城镇化”牌，深入实

施百城建设提质工程，2017 年河南常住人口城镇化率首次突破 50%，2021 年河南常住人口城镇化率达到 56.45%，比 2012 年提高 14.46 个百分点；推动中心城市“起高峰”、县域经济“成高原”，加速形成“一主两副、四区协同、多点支撑”的城市发展新格局。

（二）推动乡村全面振兴，夯实更加出彩根基

十年来，河南牢记习近平总书记“河南粮食生产这张王牌任何时候都不能丢”“在乡村振兴中实现农业强省目标”的殷殷嘱托，始终把解决好“三农”问题作为重中之重，着力稳固“三农”基本盘，奋力谱写新时代中原更加出彩的“三农”绚丽篇章。坚决扛稳粮食安全政治责任，坚持把确保重要农产品特别是粮食供给作为实施乡村振兴战略的首要任务，持续打好粮食生产这张王牌。坚持藏粮于地、藏粮于技，大力实施高标准粮田“百千万”建设工程，高标准粮田由 2012 年的 1050 万亩发展到 2021 年的 7580 万亩，总面积居全国第二；2021 年主要农作物耕种收综合机械化率达 86%以上；实现连续 5 年粮食总产稳定在 1300 亿斤以上、小麦产量稳定在 700 亿斤以上，用全国 1/16 的耕地，生产了全国 1/10 的粮食、1/4 的小麦，每年外调原粮及其制成品 600 亿斤左右，让中国人的饭碗装上更多的优质河南粮；2022 年夏粮产量再创新高，达到 762.61 亿斤。持续深化农业供给侧结构性改革，以“粮头食尾”“农头工尾”为抓手，坚持“产业链、价值链、供应链”三链同构，农产品加工业已发展成为万亿级产业。河南生产了全国 1/2 的火腿肠、1/3 的方便面、1/4 的馒头、3/5 的速冻汤圆、7/10 的速冻水饺，三全、思念、想念、白象等品牌享誉海内外，实现了由“国人粮仓”到“国人厨房”再到“世人餐桌”的转变。聚焦乡村振兴总要求，2021 年河南农村居民人均可支配收入达到 17533.30 元，是 2012 年的 2.20 倍；新型农业经营主体蓬勃发展，2021 年河南省乡镇共有 88 个涉农产业园区、2.12 万个农业企业、4.08 万个家庭农场；全省 99.40%的村有村规民约，90.50%的村有村服务站；美丽乡村建设统筹推进，85%以上的县（市、区）建立城乡一体化保洁机制，生活

垃圾收储运体系覆盖97.70%的行政村和92.70%的自然村，“四好农村路”示范县数量居全国第1。

（三）打造内陆开放高地，培育更加出彩势能

十年来，河南牢记习近平总书记“加快打造内陆开放高地”的殷殷嘱托，实施制度型开放战略，持续推进“四路协同”，深度融入“一带一路”建设，实现了由传统内陆省份向内陆开放高地的历史性转变。着力提升“空中丝绸之路”辐射能力，郑州—卢森堡“空中丝绸之路”已成为共建“一带一路”的典范，河南—柬埔寨—东盟“空中丝绸之路”建设已于2022年4月正式启动，郑州机场成为全国唯一航空电子货运试点机场并跻身全球货运机场40强，国际货邮吞吐量位居全国第5。着力推动“陆上丝绸之路”扩量提质，中欧班列（中豫号）形成“8个口岸出入境、17条线路直达”的网络，业务网络遍布欧盟、中亚、俄罗斯及亚太地区30多个国家的130多个城市，成为全国五个中欧班列集结中心之一。着力推动“网上丝绸之路”创新突破，全球跨境电子商务大会永久落户郑州，首创跨境电商“网购保税1210服务模式”并在海内外复制推广；全省跨境电商交易总额由2016年的768.6亿元上升至2021年的2018.3亿元，跨境电商企业发展至8770家，业务辐射196个国家和地区，“买全球”“卖全球”的“网上丝绸之路”成为河南对外开放的亮丽名片。着力推动“海上丝绸之路”的无缝衔接，积极发展多式联运，已开通9条至沿海主要港口的海铁联运班列线路，2021年河南铁海联运量达11.2万标箱、河海联运量达2.7万标箱。中国（河南）自由贸易试验区的制度红利不断释放，开放环境不断优化。2013年以来，河南全省货物进出口连续跨越4000亿元、5000亿元、6000亿元、8000亿元台阶，2013~2021年年均增速达到10.80%，高于全国5.43个百分点，累计达4.83万亿元，稳居中部第一、进入全国前十。2013~2021年全省累计实际吸收外资1564.54亿美元，实际到位省外资金7.94万亿元。2021年末在豫世界500强企业达到198家，中国500强企业达到175家。

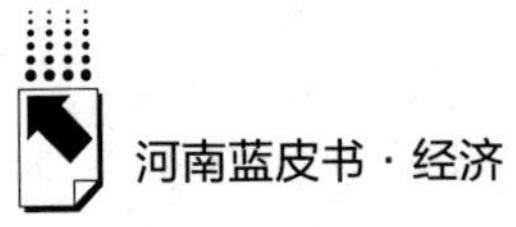

（四）坚持绿色低碳转型，擦亮更加出彩底色

十年来，河南牢记习近平总书记“绿水青山就是金山银山”的殷殷嘱托，坚定不移推进经济社会绿色低碳转型，奋力建设人与自然和谐共生的美丽河南。以黄河流域生态保护和高质量发展为引领，完善“一带三屏三廊多点”生态保护格局，确保黄河防洪安全、供水安全、生态安全，让黄河成为造福人民的幸福河。2021 年，黄河（河南段）右岸 710 公里生态廊道实现全线贯通，流域造林 10.7 万亩；建设千公顷湿地公园群，建成标准化堤防 501 公里，圆满完成滩区居民 30 万人迁建任务；河南黄河流域大气 PM_{10}、$PM_{2.5}$平均浓度同比分别下降 7.9%、14.8%，流域内 35 个国考断面中Ⅰ~Ⅲ类水质断面占比达到 88.2%，土壤环境质量保持稳定，黄河正在成为中原大地的“绿色飘带”。加强南水北调中线工程水源地保护和沿线环境专项整治工作，确保“一泓清水永续北送”。库区及总干渠（河南段）持续保持Ⅱ类及以上水质，南水北调中线工程累计调水超 500 亿立方米，受益人口超 8500 万人，成为受水区沿线大中城市生活用水的主要水源。守牢生态保护红线、环境质量底线和资源利用上限，标本兼治打好污染防治攻坚战，生态环境持续好转，$PM_{2.5}$、PM_{10}年均浓度大幅下降，劣Ⅴ类水质国控断面实现动态清零，地下水开采量从 2012 年的 137.2 亿立方米下降到 2021 年的 96.9 亿立方米。国土绿化提质增量，全省森林覆盖率超过 25%，污染防治攻坚战 9 项约束性指标任务全面完成；截至 2021 年底，全省共创建国家“绿水青山就是金山银山”实践创新基地 5 个，国家生态文明建设示范区 11 个。统筹打好发展绿色能源、壮大绿色产业、做强绿色交通、推广绿色建筑、创新绿色技术、构建绿色屏障、倡导绿色生活等组合拳。有序推进碳达峰碳中和，加快形成绿色低碳循环发展的生产体系、流通体系、消费体系，十年来，单位生产总值能耗累计下降约 37.3%，可再生能源发电装机占比达 38%，林草年碳汇量达到 2000 万吨二氧化碳当量。

（五）聚焦城乡共同富裕，凝聚更加出彩合力

十年来，河南牢记习近平总书记“让人民过上好日子”的殷殷嘱托，

深入践行以人民为中心的发展思想，着力保障和改善民生，推动城乡居民携手迈向共同富裕。如期高质量打赢脱贫攻坚战，53个贫困县全部脱贫摘帽，718.6万建档立卡贫困人口全部脱贫，9536个贫困村全部退出贫困序列，为全国脱贫攻坚取得全面胜利作出了河南贡献。同时，严格落实“四个不摘”的要求，健全防止返贫动态监测和帮扶机制，实施田园增收等产业发展“十大行动”，推动巩固拓展脱贫攻坚成果同乡村振兴有效衔接，2021年脱贫户年人均收入增长13.2%。按照习近平总书记“把革命老区建设得更好，让老区人民过上更好生活”重大要求，持续加快河南大别山革命老区振兴发展，2015~2021年老区GDP、居民人均可支配收入年均分别增长7.0%、8.7%，增速分别高于全省0.4个、0.8个百分点。统筹一体推进城乡民生事业高质量发展，促进城乡居民收入稳步增长，全省居民人均可支配收入由2012年的12772元增加到2021年的26811元，年均名义增长8.6%；城乡居民收入差距持续缩小，城乡居民人均可支配收入比值由2012年的2.49缩小至2021年的2.12。城乡居民消费水平不断提升，全省城镇居民每百户拥有的家用汽车、空调、电冰箱分别比2012年增加34.7辆、64.7台和7.1台；农民家庭每百户拥有的家用汽车、空调、电冰箱分别比2012年增加34.2辆、97.8台和34.1台。城乡居民就业结构持续优化，全省分城乡就业人员结构由2012年的37.2∶62.8转变为2021年的54.3∶45.7。推动社会保障扩面提标，全省基本养老保险、基本医疗保险实现制度和人群全覆盖。公共卫生体系补短板全面提速，94%的疑难重症在省内可得到救治，看病难、看病贵等问题得到有效缓解。深入推进城乡社区治理体系建设，扎实开展“零上访零事故零案件”平安单位（村、社区）创建活动，“一村（格）一警”建设经验在全国推广。

（六）坚定全面深化改革，激发更加出彩活力

十年来，河南牢记习近平总书记“用好深化改革这个法宝”的殷殷嘱托，深入实施全面深化改革战略，以变革性举措牵引争先出彩生动实践，用改革的办法有效解决经济社会发展中的突出问题。深化科技体制改革，以改

革之火点燃创新引擎，推动科技创新、制度创新“两个轮子一起转”，研发经费投入强度由2012年的1.05%上升至2021年的1.73%，并在科研经费管理、科技计划管理等方面取得原创性改革经验。深化“放管服效”改革，2012年以来，先后10次累计精简68.2%的省级行政审批事项，非行政许可审批事项全部取消，贯通省市县乡的一体化政务服务网全面建成，“三十五证合一”等改革走在全国前列。深化国资国企改革，先后实施国企公司制改革、国企改革“扫荡战”、国企改革三年行动等举措，成效显著，2021年全省省管企业实现利润263亿元、净利润183亿元，分别比2020年增长166.4%、349.4%，且首次实现“两个翻番”。深化地方金融改革，实施“引金入豫”工程，搭建全国首个省级金融服务共享平台，探索发展地方政策性科技金融，中原银行扩容晋位，“金融豫军”快速崛起。深化新型城镇化改革，推动郑州都市圈扩容提质和一体化发展，分别向郑州、洛阳、南阳下放295项、286项、140项省级管理权限；建立健全市本级高质量发展监测评价体系；实施放权赋能、省财政直管县、“一县一省级开发区”三项改革等。深化农业农村改革，深入推进承包地“三权分置”改革，高质量完成确权登记颁证工作。1837.46万农户领到了证书；深化农村集体产权制度改革，建立农村集体经济组织4.9万个等。扎实推进事业单位重塑性改革，省直事业单位机构、编制分别精简60.7%、46.9%。深化养老、医疗、教育、就业等重点民生领域改革，让人民群众更好分享改革发展成果，增强人民群众的获得感、幸福感、安全感。

三　宝贵经验

立足历史节点，回望非凡十载，我们需要在准确把握新发展阶段，深入贯彻新发展理念，主动融入新发展格局中，悟透出彩中原十年巨变的内在逻辑，从河南发展伟大成就中汲取经验智慧，推动党中央决策部署在中原大地结出更加丰硕的成果，锚定“两个确保”宏伟蓝图，续写中原更加出彩的绚丽篇章。

（一）坚持现代化河南建设与国家战略共振是争先出彩的必由之路

顾大局者成大事。党的十八大以来，河南坚持现代化河南建设与国家战略同频共振，始终将发展方向放在“两个大局”中去考量，把发展重点放在国家重大战略中去谋划，找准结合点、锚定突破点、抓牢关键点，在乘势借势、谋势蓄势中实现了大发展。十年来，河南把实施乡村振兴战略作为巩固基础地位的重头戏，用全国1/16的耕地生产了全国1/10的粮食、1/4的小麦，在保障国家粮食安全大局中展现了河南担当。十年来，河南把积极融入黄河流域生态保护和高质量发展重大国家战略作为大机遇，打造了黄河流域乃至全国重要的生态屏障，扛起了“让黄河成为造福人民的幸福河”的政治责任。十年来，河南把开放带动作为落实促进中部地区崛起战略的突破口，“米”字形高铁网、“四条丝路”已成为河南的新标识，大枢纽大市场、内陆开放高地，已成为河南融入“双循环”的重要支撑。历史经验表明，河南的发展方向都是在顺应全国发展大势中得以明确的，河南的出彩点都是在与国家战略同频共振中得以实现的，河南的地位都是在服务全国大局中得以提升的。锚定“两个确保”，肩负时代使命，需要进一步找准国家所需与河南所长的结合点，在展现河南担当、服务全国大局中，实现全局与一域的双赢。

（二）坚持以发展第一要务推动高质量发展是争先出彩的根本途径

党的十八大以来，河南始终将发展作为第一要务，以习近平新时代中国特色社会主义思想为指导，以推动高质量发展为主题，以新发展理念为引领，以深化供给侧结构性改革为主线，聚焦高质量发展，以创新发展解决发展动力问题，以协调发展解决发展不平衡问题，以开放发展解决内外联动问题，科学处理稳字当头与积极进取的关系、补齐短板与发挥优势的关系、立足当前与着眼长远的关系，一心一意谋发展、图振兴、促崛起、求跨越，在“闯关夺隘”中不断前进跃升，持续筑牢中原出彩的坚实根基。十年来，中原大地在高质量发展之路上，实现了“两个跨越”“两个翻番”“四大转变”，为乘势而上开启现代化河南建设新征程奠定了坚实基础。实践证明，发展是党执政兴国的第一要务，在改革开放进程中不断释放的发展能力，是河南谱写出彩中原绚丽篇章背后的“硬道理”。发展是解决一切问题的基础和关键，发展中面临的问题需要在深入发展中加以解决。要进一步把握经济发展规律，增强信心、保持定力，坚定不移地走好走稳高质量发展之路，谱写新时代中原更加出彩的绚丽篇章。

（三）坚持以创新第一动力驱动高质量发展是争先出彩的动力之源

创新是引领发展的第一动力，是建设现代化经济体系的战略支撑。党的十八大以来，河南深入实施创新驱动、科教兴省、人才强省战略，把创新摆在发展的逻辑起点、现代化建设的核心位置，以培育创新主体为关键，以集聚创新要素为支撑，以优化创新生态为根本，全力推动自主创新体系建设，持续提升区域创新能力，不断集聚发展新动能，充分发挥创新在实现“两个确保”中的支撑引领作用，用创新铺就了现代化河南建设的出彩之路。十年间，河南省研发经费投入增长2.3倍，全省财政科技经费支出增长4倍，全省技术合同成交额增长14倍，高新技术企业数量增长10倍，已批复建设8家省实验室，设立了12家省实验室基地，形成以省实验室为核心、优质高端创新资源协同创新的“核心+基地+网络”的创新格局。国家高新区达到8家，数量位列全国第六，全省高新区实现了省辖市全覆盖。健全“微成长、小升规、高变强”创新型企业梯次培育机制，规模以上工业企业研发活动覆盖率从2019年的24%增长至2021年的34.4%，增幅居全国首位。光通信无源芯片、超硬材料、流感疫苗等产业技术引领全国，创新引领社会经济高质量发展的作用日益凸显。实践证明，创新是撬动发展的第一杠杆，是引领发展的第一动力，是现代化河南建设的关键变量。站在新起点，开启全面建设现代化河南新征程，要主动顺应创新驱动进入新时代的发展大势，深入实施创新驱动、科教兴省和人才强省战略，充分发挥创新在实现“两个确保”中的支撑引领作用，牢牢抓住新时代河南创新驱动发展面临的新机遇，主动作为，坚持“四个面向”，肩负起新时代河南创新驱动发展的新使命，蓄势聚力建设国家创新高地，用创新铺就现代化河南建设的出彩之路，奋力谱写新时代中原更加出彩的绚丽篇章。

（四）坚持以改革关键一招促开放谋发展是争先出彩的重要法宝

党的十八大以来，河南坚持以改革关键一招促开放谋发展，着力推动供给侧结构性改革、国企改革、“放管服”等关键领域改革，持续优化营商环境，加快社会信用体系建设，推动科技、金融、医药卫生、生态文明、税收征管、价格、公共资源交易等领域改革取得新进展。坚持以改革促开放，加快推动现代开放体系建设，依托河南自贸区，积极融入“一带一路”建设，构建开放型经济新体制，打造高水平开放平台，综合交通枢纽地位不断强化，“米+井”字形综合运输通道和多层次枢纽体系基本形成。内陆开放高地加快形成，多层次开放平台体系日趋完善，“四路协同”联通世界，“五区联动”能级提升，郑州航空港经济综合实验区形成规模优势，机场客货运量跃居中部地区“双第一”，中欧班列（中豫号）综合运营指标居全国前列。2021 年底，全省货物进出口额突破 8000 亿元，居中部地区首位，实现改革开放协同发力，综合实力和区域竞争力、带动力全面提升。实践证明，坚持改革开放联动是中原出彩的重要法宝，站在新起点，要持续释放改革、开放协同效应，以体制机制改革激发市场和社会活力，以扩大开放为契机加快动能转换，蓄积发展势能，推动高质量发展，谱写中原更加出彩的绚丽篇章。

（五）坚持以党建第一责任引领高质量发展是争先出彩的根本保证

沧海横流显砥柱，万山磅礴看主峰。在以习近平同志为核心的党中央坚强领导下，河南把增强“四个意识”、坚定“四个自信”、做到“两个维护”作为最大的政治，把领导带头和建章立制结合起来，把抓好大事和融入日常结合起来，把集中教育和常态教育结合起来，持续营造学的氛围、严的氛围、干的氛围，坚持以党建高质量推动发展高质量，决胜全面建成小康社会取得了决定性成就。出彩中原的实践充分证明，坚持党的全面领导是中国特色社会主义制度的最大优势，是战胜一切困难和风险挑战的“定海神针”，坚持以党建高质量推动发展高质量，是全面建设社会主义现代化河南的关键所在。当前，站在“两个一百年”的历史交汇点，准确识变、科学应变、主动求变，必须进一步强化党的全面领导，充分调动党员干部干事创业的积极性，凝聚起亿万中原儿女奋进新征程的强大力量。

（六）坚持干字当头推动工作落地务实求效是争先出彩的重要保障

没有等出来的辉煌，只有干出来的精彩。河南坚持以强化基层党建、优化基层治理、推进基础减负为重点，在大抓基层基础上，切实把尊重规律与积极作为结合起来，把中央部署与河南实际结合起来，把着眼长远与抓好当前结合起来，把科学态度与实干作风结合起来，坚持系统观念，全局谋划统筹推进；坚持抓纲带目，以重点突破带动全局；坚持干字当头，真抓实干奋勇争先，顶住种种压力与挑战，不断推动出彩中原谱新篇。实践证明，重实干求实效是争先出彩的重要保障。站在新起点，应踏踏实实把党的基本理论、基本路线、基本方略贯彻落实好，以“功成不必在我”的精神境界和“功成必定有我”的历史担当，以“撸起袖子、甩开膀子”的干劲、“爬坡过坎、滚石上山”的拼劲，踏石留印、抓铁有痕，把各项工作落到实处，奋力谱写新时代中原更加出彩的绚丽篇章。

参考文献

河南省社会科学院课题组：《奋勇争先更出彩　非凡十年谱新篇——学习“中国这十年·河南”主题新闻发布会精神》，《河南日报》2022 年 9 月 5 日。

河南统计：《牢记嘱托谱新章　中原出彩铸辉煌——党的十八大以来河南省经济社会发展成就综述》，2022 年 9 月 1 日，https://mp.weixin.qq.com/s?__biz=MzA5MDE

4NTA2OA = = &mid = 2665706959&idx = 1&sn = ee8f1b400e239b2f62986631884879ce&chksm = 8b1859ccbc6fd0da3739f1144c967854cab943004d3a860f198aa26dd3a16048ebce39e50e73&token = 111451854&lang=zh_ CN#rd。

河南统计：《辉煌十年　乡村迎来快速发展——党的十八大以来河南省乡村社会经济发展报告》，2022 年 9 月 22 日，https：//mp. weixin. qq. com/s? _ _ biz=MzA5MDE4NTA2OA = = &mid = 2665708043&idx = 1&sn = 17b862f66941e3b3ea1e656812321e09&chksm = 8b185608bc6fdf1eed50bef62cd858daf9f5ba0f682811d4e778747c2a76773d9ef662e3a883&token = 42755584&lang=zh_ CN#rd。

河南统计：《结构调整稳步推进　发展优势显著增强——党的十八大以来河南经济结构调整成就》，2022 年 9 月 7 日，https：//mp. weixin. qq. com/s? _ _ biz = MzA5MDE4NTA2OA = = &mid = 2665707302&idx = 1&sn = 01d82d2c7e611fc07e60461cc05d7ab2&chksm = 8b185b25bc6fd233c4602d957cfd1c479c707c7159dfc1b266680977d18ed085f7d1efe2d75c&token = 1819437037&lang=zh_ CN#rd。

完世伟、崔理想：《奏响新时代“黄河大合唱”》，《河南日报》2022 年 9 月 17 日 06 版。

《“河南这十年”主题系列全面深化改革专场新闻发布会》，河南省人民政府门户网站，2022 年 9 月 20 日，https：//www. henan. gov. cn/2022/09-20/2610033. html。

调查评价篇

Survey and Evaluation

B.3
2022年河南省辖市经济综合竞争力评价报告

河南省社会科学院课题组*

摘 要： 2021年10月，十一届河南省委提出锚定“两个确保”、实施“十大战略”，绘就了河南省迈向第二个百年奋斗目标的宏伟蓝图，各省辖市将以前瞻30年的眼光推动发展，提升自身经济综合竞争力。本报告贯彻新发展理念，构建了由7个一级指标、25个二级指标构成的河南省辖市经济综合竞争力评价指标体系。郑州市、洛阳市、南阳市排在总评价结果的前三位。河南省辖市应落实河南省第十一次党代会精神，锚定“两个确保”、实施“十大战略”，坚持发展是第一要务、创新是第一动力，坚定不移地推动高质量发展，不断提升经济综合竞争力。

---

* 课题组组长：王承哲，河南省社会科学院院长，研究员。课题组成员：完世伟、高璇、武文超、王芳、李丽菲、王摇橹、崔理想。执笔：武文超，河南省社会科学院经济研究所副研究员，主要研究方向为区域金融。

关键词： 新发展理念 经济综合竞争力 河南省

2021 年是河南省和全国一道实现全面建成小康社会之后，向建设社会主义现代化的第二个百年奋斗目标迈进之年。2021 年，河南省经历了新冠肺炎疫情、郑州“7·20”特大暴雨的冲击，经济社会发展受到了严重的影响。然而，河南人民齐心协力、众志成城，在省委省政府的领导下，在与疫情和灾情的战斗中取得了伟大的胜利。尤其是，2021 年，河南省第十一次党代会召开，省委提出以前瞻 30 年的眼光谋发展、做决策，提出锚定“两个确保”、实施“十大战略”，绘就了河南省迈向第二个百年奋斗目标的宏伟蓝图。2022 年上半年，面对复杂多变的国际发展环境、新冠肺炎疫情等导致的经济下行压力，河南省力扛经济大省重任，在确保常态化疫情防控的同时，推动经济增长实现回升。在这样的背景下，课题组展开 2022 年河南省辖市经济综合竞争力评价研究。

一 2022年河南省辖市经济综合竞争力评价指标体系

课题组在对近年来河南省辖市经济综合竞争力进行评价研究的基础上，立足新发展阶段的新要求，贯彻新发展理念，构建了 2022 年省辖市经济综合竞争力评价的指标体系。

（一）评价指标体系设计

评价指标体系设计的思路方面，课题组基于以往的研究，在保持评价指标体系框架延续性的同时，主要考虑了以下三个方面：一是，贯彻新发展理念，以及河南省委的新决策部署。河南省第十一次党代会以来，河南省委提出实施“十大战略”，并将创新驱动、科教兴省、人才强省战略作为“首位战略”，新发展理念、新决策部署是评价指标体系设计的指引。二是，评价数据获取的可靠性和可得性。为了体现评价过程的客观性、公正性，评价中所需要的数据都来自统计局等政府有关部门发布的公开数据。同时，由于数据获取可得性的限制，难以获取公开数据的指标将不被纳入评价指标体系当中。三是，评价指标体系的科学性、合理性。课题组对指标体系设计进行多次研讨、分析，在贯彻新发展理念和确保数据可得性的基础上，对指标进行合理地优化完善，使得指标体系更加科学合理。基于上述思路，课题组构建了 2022 年河南省辖市经济综合竞争力评价指标体系。

本报告共设计了由 7 个一级指标、25 个二级指标构成的指标体系（见表 1）。在指标体系中，一级指标包括经济规模、发展速度、对外经济、财政金融、经济结构、科技创新和发展效益。其中，经济规模包含地区生产总值、常住人口和社会消费品零售总额 3 个二级指标；发展速度指标包含地区生产总值增速、固定资产投资增速、规模以上工业增加值增速 3 个二级指标；对外经济指标包含进出口总额、实际利用外资 2 个二级指标；财政金融指标包含一般预算收入、支出，年末金融机构人民币存款、贷款余额 4 个二级指标；经济结构指标包含第二、第三产业增加值占比，城乡居民收入比，城镇化率 4 个二级指标；科技创新指标包含专利授权数量、每万人有效发明专利数、研究与试验发展经费、研发经费投入强度 4 个二级指标；发展效益指标包含每万人卫生机构床位数、每万人卫生技术人员数、居民人均可支配收入、人均生产总值、空气质量优良天数 5 个二级指标。

与 2021 年指标体系相比，2022 年指标体系主要在以下几个方面进行了修改。第一，将原民生保障和原绿色发展一级指标合并，改为发展效益一级指标。修改的原因在于，受指标数据可得性的影响，删除了原绿色发展一级指标中的万元地区生产总值能耗增速、能源消费总量增速、万元地区生产总值电耗增速三个二级指标，由此原绿色发展一级指标仅剩空气质量优良天数，因此将其并入发展效益一级指标。第二，在经济规模一级指标中加入社会消费品零售总额指标，同时将人均生产总值二级指标调整到发展效益一级指标下。修改的原因在于，进入新发展阶段，中央提出构建以国内大循环为主的“双循环”新发展格局，内需市场规模成为河南融入“双循环”的重要优势，也是实现“优势再造”的基础。而且，人均生产总值二级指标作为衡量发展效益的指标更为合理。第三，经济结构一级指标中删除了社会消费品零售总额与地区生产总值之比二级指标，这是因为在经济规模一级指标中纳入了社会消费品零售总额二级指标。第四，科技创新一级指标删除了技术市场成交额二级指标，增加了研究与试验发展经费、研发经费投入强度两个二级指标，修改原因主要是受数据可得性影响。第五，为更好地贯彻新发展理念和河南省委部署，课题组将科技创新放在现代化建设的核心位置，因此提升了科技创新一级指标在评价指标体系中的权重。

表 1　2022 年河南省辖市经济综合竞争力评价指标体系

一级指标	二级指标
经济规模	地区生产总值(亿元) 常住人口(万人) 社会消费品零售总额(亿元)
发展速度	地区生产总值增速(%) 固定资产投资增速(%) 规模以上工业增加值增速(%)
对外经济	进出口总额(亿元) 实际利用外资(亿美元)
财政金融	一般公共预算收入(亿元) 一般公共预算支出(亿元) 年末金融机构人民币存款余额(亿元) 年末金融机构人民币贷款余额(亿元)
经济结构	第二产业增加值占比(%) 第三产业增加值占比(%) 城乡居民收入比 城镇化率(%)
科技创新	专利授权数量(件) 每万人有效发明专利数(件) 研究与试验发展经费(亿元) 研发经费投入强度(%)
发展效益	每万人卫生机构床位数(张) 每万人卫生技术人员数(人) 居民人均可支配收入(元) 人均生产总值(元) 空气质量优良天数(天)

（二）评价方法

本报告中所采用的评价方法与往年相同，在此不再赘述。在 25 个二级指标中，除了城乡居民收入比二级指标是逆向指标（即数据越低评分越高），其余 24 个二级指标均为正向指标。

（三）数据来源

本报告所采用的数据主要来自每个省辖市的 2021 年经济和社会发展统计公报。除此之外，专利数据来自河南省知识产权局网站；研发经费投入数据来自河南省统计局发布的《2021 年河南省研究与试验发展（R&D）经费投入统计公报》；部分缺失数据通过外推法、类比法等进行补充。部分人均类、增速类、占比类指标数据利用统计数据进行计算获得。

二　河南省辖市经济综合竞争力评价结果与分析

课题组在构建了 2022 年河南省辖市经济综合竞争力评价指标体系的基础上，利用统计数据通过分析计算，得到如下评价结果。

（一）总评价结果

2022 年河南省辖市经济综合竞争力总评价得分排在前三的分别为郑州、洛阳和南阳。其中，郑州与往年一样，以较大的优势排在省辖市的第 1 位，洛阳继续领先其余省辖市排在第 2 位，南阳排在第 3 位。同时可以看到，由于郑州、洛阳等城市受“7·20”特大暴雨和新冠肺炎疫情影响较为明显，发展速度一级指标排名较为靠后，因此与其他城市的得分差距有所缩小。从一级指标层面来看，郑州的经济规模、对外经济、财政金融、经济结构、科技创新、发展效益 6 个一级指标得分均排在全省第 1 位，而发展速度一级指标得分却排在第 14 位。洛阳对外经济、财政金融、科技创新 3 个一级指标得分均排在全省第 2 位，经济规模一级指标得分排在第 3 位，发展效益一级指标得分排在第 5 位，经济结构一级指标得分排在第 10 位，但发展速度一级指标得分只排在第 18 位，可以看出洛阳在除郑州以外的省辖市中依然有较大的领先优势，但是由于发展速度得分较低拖累了总评价得分。南阳的发展速度、经济规模、财政金融 3 个一级指标得分分别排在全省第 1 位、第 2 位、第 3 位，科技创新、发展效益、对外经济、经济结构 4 个一级指标得分分别排在全省第 8 位、第 9 位、第 11 位和第 13 位。在郑州、洛阳、南阳之后，总评价得分排名在第 4 至第 18 位的分别为新乡、许昌、三门峡、平顶山、济源、漯河、焦作、信阳、开封、驻马店、鹤壁、濮阳、安阳、周口和商丘（见图 1）。

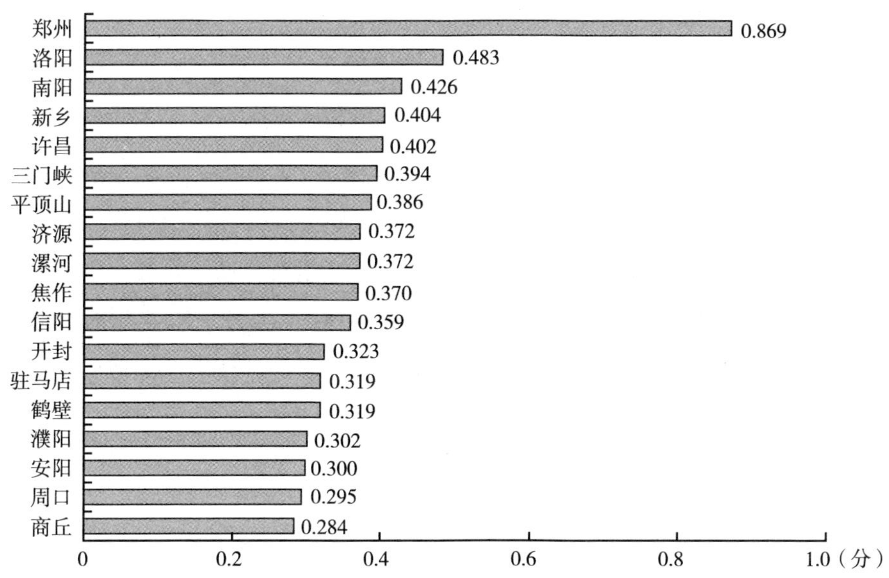

图 1　2022 年河南省辖市经济综合竞争力总评价得分排名

2021 年底，郑州都市圈从“1+4”扩容为“1+8”（即郑州，加上洛阳、新乡、焦作、开封、许昌、平顶山、漯河、济源）。河南省第十一次党代会提出强化副中心城市能级，要求洛阳锚定万亿级经济总量目标，支持南阳建设副中心城市，因此郑州、洛阳、南阳在河南省发展格局中的重要性进一步提升。与 2021 年河南省辖市经济综合竞争力总评价得分排名相比，省辖市

经济综合竞争力在空间布局上的变化不大，郑州都市圈城市仍然体现出较强的经济综合竞争力。郑州都市圈扩容为“1+8”以后，经济综合竞争力总评价得分排名在前十的省辖市中，仅南阳、三门峡两市不在郑州都市圈内。其中，南阳在豫南地区的综合竞争力优势比较明显，豫南的信阳、驻马店以及豫东南的商丘和周口排名与南阳差距都比较大，同时南阳作为省域副中心城市的优势也较为明显。河南省第十一次党代会后，南阳将进一步发挥辐射带动作用，促进豫南和豫东南地区共同实现高质量发展。

本次评价中，课题组贯彻河南省第十一次党代会精神，提高了科技创新一级指标的权重。因此，科技创新一级指标得分的排名和总评价得分排名呈现了比较明显的正相关性，从图 2 中可以看出，如果从坐标系的原点向右上方 45°画一条直线，大多数的省辖市坐标将分布在这条直线上或者直线两侧。不仅如此，科技创新一级指标的得分排名和居民人均可支配收入二级指标得分排名同样存在明显的正相关性（见图 3）。可以说，科技创新与高质量发展水平、居民收入水平是正相关的。十一届省委提出要坚持把创新摆在发展的逻辑起点、现代化建设的核心位置，并将创新驱动、科教兴省、人才强省战略作为“十大战略”中的首位战略。因此，在“十四五”时期和建设现代化河南的新征程中，各省辖市要提升经济综合竞争力，需要坚持创新是第一动力，努力实现创新驱动高质量发展。

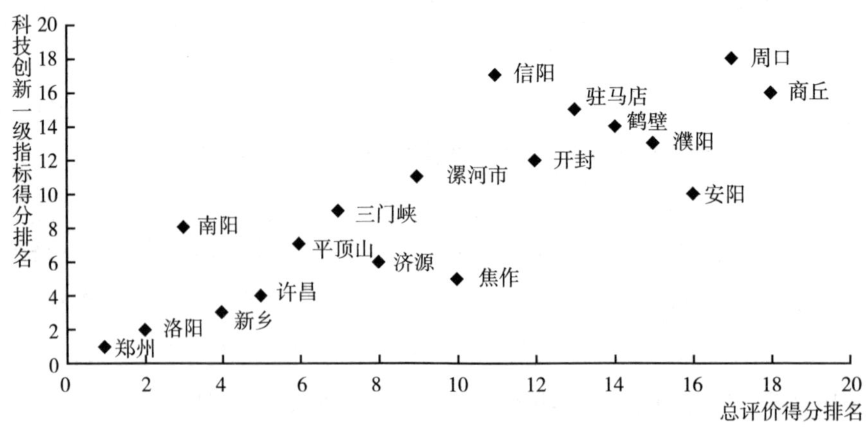

图 2　2022 年河南省辖市科技创新一级指标得分排名与总评价得分排名相关性

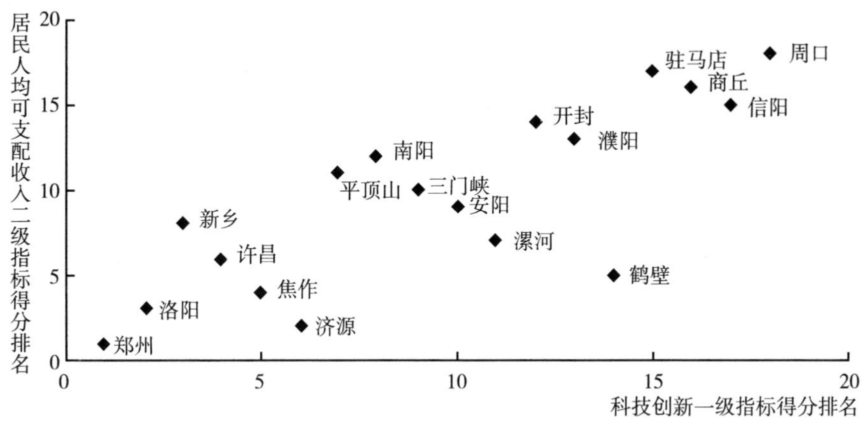

图 3　2021 年河南省辖市居民人均可支配收入二级指标得分排名与科技创新一级指标得分排名相关性

从年度排名的变化来看，尽管课题组在本次评价中调整了评价指标体系和权重，多数省辖市的排名出现了变化，但是，没有省辖市呈现较大幅度的排名上升或下降。变化幅度相对较大的是，三门峡和鹤壁，排名均下降了 3 位；焦作，排名提升了 3 位。其中，三门峡在 2021 年经济综合竞争力评价中，万元地区生产总值电耗增速指标排在第 1 位、万元地区生产总值能耗增速指标排在第 2 位、能源消费总量增速指标排在第 3 位，然而，一方面这三个指标具有较强的年度性，另一方面由于数据可得性，这三个指标不在本次评价指标体系中，因此，三门峡排名有所下降。鹤壁的情况类似，2022 年评价指标调整后，新增的社会消费品零售总额、研究与试验发展经费二级指标得分分别排在第 17 位和第 18 位，而排名中游的省辖市总评价得分之间差距很小，使得鹤壁的总评价得分排名出现下降。焦作则是因为受新冠肺炎疫情冲击叠加地区生产总值“挤水分”，2021 年地区生产总值增速出现了较大幅度的负增长，本次总评价得分排名上升属于正常的回升。

需要表明的是，排名位于中游的省辖市经济综合竞争力总评价得分之间差距相对较小，因此，排名情况并不能够完全反映省辖市经济综合竞争力的绝对高低，指标排名的变化也不能完全反映省辖市经济综合竞争力的上升和下降。

（二）分项指标评价结果

1. 经济规模一级指标

本次评价中，将人均生产总值二级指标从经济规模一级指标中移出，同时加入了社会消费品零售总额二级指标，因此经济规模一级指标能更好地反映其内涵。经济规模一级指标得分排在前 5 位的分别是郑州、南阳、洛阳、周口和商丘（见图 4）。其中，郑州在地区生产总值、常住人口、社会消费品零售总额 3 个二级指标上的得分都排在第 1 位，而且郑州是河南省唯一一个常住人口过千万的城市；南阳的常住人口二级指标得分排在第 2 位，地区生产总值和社会消费品零售总额二级指标得分均排在第 3 位；洛阳的地区生产总值和社会消费品零售总额二级指标得分均排在第 2 位，常住人口二级指标得分排在第 5 位；周口的常住人口二级指标得分排在第 3 位，地区生产总值和社会消费品零售总额二级指标得分分别排在第 5 位和第 4 位；商丘的常住人口二级指标得分排在第 4 位，地区生产总值和社会消费品零售总额二级指标得分分别排在第 7 位和第 5 位。与总评价得分排名相比，周口和商丘具

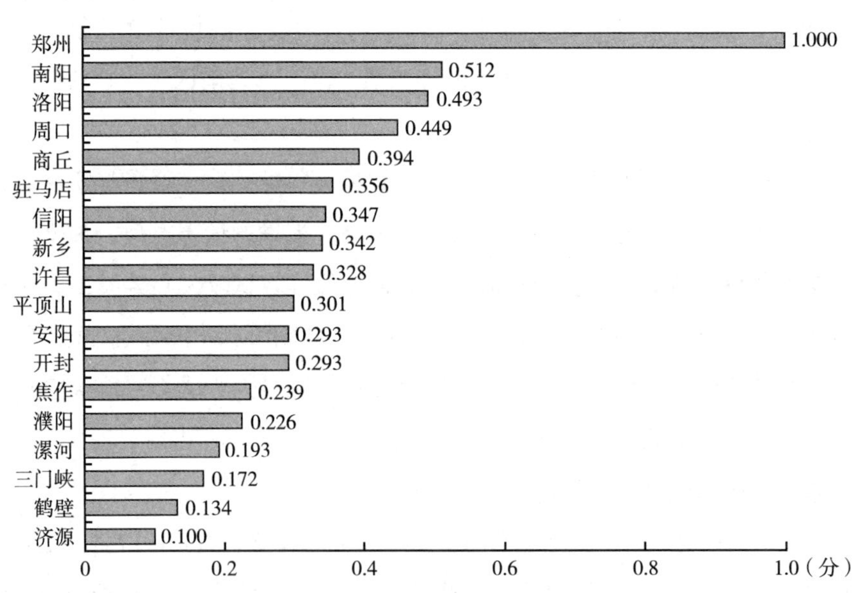

图 4　2022 年河南省辖市经济规模一级指标得分

有经济规模方面的优势，但是它们作为传统农区市，在经济结构、发展效益、科技创新方面等方面相对落后，需要加快实现优势再造，将内需规模优势、交通通道优势转化为产业链供应链协同优势、枢纽经济优势，加快塑造高质量发展的新动能。

2. 发展速度一级指标

2021 年，受新冠肺炎疫情和“7・20”特大暴雨的双重冲击，河南省辖市之间在发展速度一级指标的得分上呈现了较大的年度性差异。例如，2021 年，漯河的地区生产总值增速最高，达到 9.1%，商丘的地区生产总值增速最低，为 4.0%；漯河的固定资产投资增速最高，达到 13.4%，洛阳的固定资产投资增速最低，为-6.5%；三门峡规模以上工业增加值增速最高，达到 10.9%，洛阳规模以上工业增加值增速最低，为 1.3%。根据评价结果，发展速度一级指标得分排在前 5 位的分别是南阳、漯河、濮阳、三门峡、平顶山（见图 5）。其中，南阳的地区生产总值增速、规模以上工业增加值增速 2 个二级指标得分均排在第 2 位，固定资产投资增速二级指标得分排在第 3

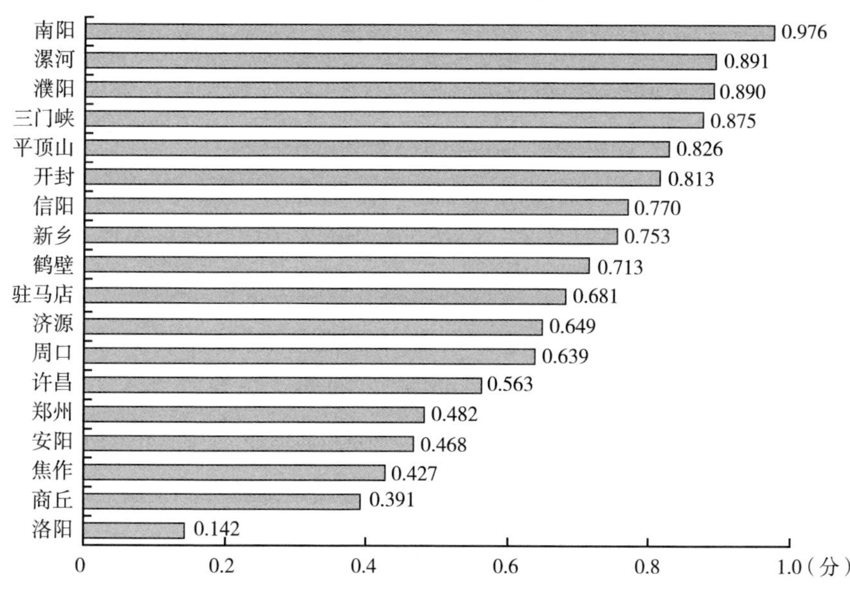

图 5　2022 年河南省辖市发展速度一级指标得分

位；漯河的地区生产总值增速、固定资产投资增速 2 个二级指标得分均排在第 1 位，规模以上工业增加值增速二级指标得分排在第 9 位；濮阳的地区生产总值增速、固定资产投资增速、规模以上工业增加值增速二级指标得分分别排在第 3 位、第 10 位和第 4 位。此外，2020 年，疫情背景下经济增长形成的基数对 2021 年的增速也有一定影响。比较典型的是，漯河 2022 年的发展速度一级指标得分排在第 2 位，但是 2021 年只排在第 15 位；安阳 2022 年的发展速度一级指标得分排在第 15 位，但是 2021 年排在第 3 位。

3. 对外经济一级指标

2021 年，尽管受到新冠肺炎疫情和“7·20”特大暴雨的影响，河南省对外经济仍然实现较高的增长速度，成绩亮眼，全年进出口总额约 8208. 1 亿元，同比增长 22. 9%，其中，出口超过 5000 亿元，同比增长 23. 3%，实际使用外商直接投资 210. 7 亿美元，同比增长 5%。对外经济一级指标得分排在前 5 位的分别是郑州、洛阳、三门峡、新乡和漯河。2021 年，作为河南省对外开放的门户，郑州实现进出口总额 5892. 1 亿元，占全省总量的 71. 8%，实际使用外商直接投资 48. 6 亿美元，约占全省总量的 23. 1%，因此，进出口总额和实际利用外资 2 个二级指标得分领跑全省。洛阳实现进出口总额 232. 4 亿元，该二级指标得分排在第 5 位，实际利用外资 32. 1 亿美元，该二级指标得分排在第 2 位。三门峡实现进出口总额 271. 1 亿元，该二级指标得分排在第 3 位，实际利用外资 13. 1 亿美元，该二级指标得分排在第 4 位（见图 6）。2022 年以来，俄乌冲突的爆发为国际贸易和投资增添了风险，能源供应、产业链、供应链和国际航运等方面的不确定性上升。然而，面对复杂多变的国际环境，以及 2021 年高基数影响，2022 年上半年，河南省进出口总值依然实现了 7. 9%的增长。此外，尽管商丘对外经济指标数据在全省排名比较靠后，但其在 2021～2022 年连续入选“十四五”首批国家物流枢纽建设名单、国家骨干冷链物流基地承载城市、全国性综合交通枢纽城市建设名单，2022 年，商丘立足自身交通和物流枢纽优势，提出打造河南省对外开放桥头堡枢纽经济新高地的目标，可以预见，未来商丘的对外开放和枢纽经济发展将不断提速。

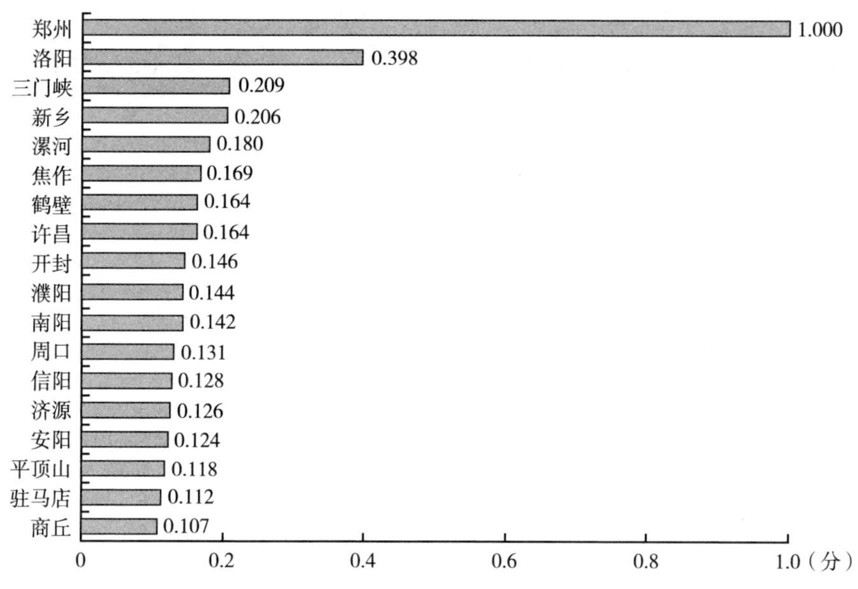

图 6　2022 年河南省辖市对外经济一级指标得分

4. 财政金融一级指标

财政金融一级指标由一般公共预算收入、支出，年末金融机构人民币存款、贷款余额 4 个二级指标构成。财政金融一级指标得分排名靠前意味着该省辖市用于发展的资金资源更多。财政金融一级指标得分排在前 5 位的是郑州、洛阳、南阳、周口和驻马店（见图 7），都是河南省人口大市。其中，郑州的财政一般公共预算收入、支出，年末金融机构人民币存款、贷款余额 4 个二级指标得分均排在第 1 位。2021 年，郑州的一般公共预算收入为 1223.6 亿元，占全省的 29.4%，一般公共预算支出 1624.4 亿元，占全省的 18.0%，年末金融机构人民币存款和贷款余额分别占全省的 31.9% 和 45.8%。洛阳的一般公共预算收入以及年末金融机构人民币存款、贷款余额 3 个二级指标得分仍然排在第 2 位，一般公共预算支出二级指标得分排在第 4 位；南阳的一般公共预算收入以及年末金融机构人民币存款、贷款余额 3 个二级指标得分排在第 3 位，一般公共预算支出二级指标得分排在第 2 位；周口的一般公共预算收入和支出，年末金融机构人民币存款、贷款余额 4 个二级指标得分分别排在第 12 位、第 3 位、第 4 位、第 12 位；驻马店的一般公共预算收入、支出，年末金融机构人民币存款、贷款余额 4 个二级指标得分分别排在第 9 位、第 6 位、第 6 位、第 8 位。

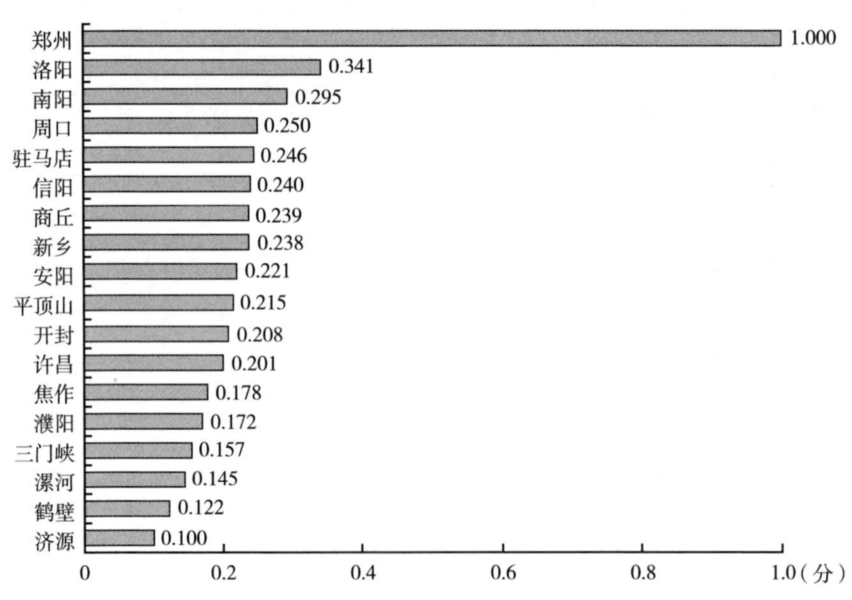

图 7　2022 年河南省辖市财政金融一级指标得分

5. 经济结构一级指标

本次评价指标体系调整，在经济规模一级指标中加入了社会消费品零售总额二级指标，而从经济结构一级指标中删去了社会消费品零售总额与地区生产总值之比二级指标。调整后的经济结构一级指标由第二、第三产业增加值占比，城乡居民收入比和城镇化率 4 个二级指标构成，反映了产业结构、城乡收入和城镇化水平。经济结构一级指标得分排在前 5 位的分别是郑州、济源、焦作、鹤壁和许昌（见图 8）。从二级指标层面来看，郑州的第三产业增加值占比、城镇化率 2 个二级指标得分均排在第 1 位，而第二产业增加值占比、城乡居民收入比 2 个二级指标得分分别排在第 12 位、第 3 位。济源的第二产业增加值占比二级指标得分排在第 1 位，第三产业增加值占比、城乡居民收入比、城镇化率 3 个二级指标得分分别排在第 17 位、第 4 位和第 2 位。焦作的城乡居民收入比二级指标得分排在最后 1 位，第二产业增加值占比、第三产业增加值占比、城镇化率 3 个二级指标得分分别排在第 11 位、第 2 位和第 4 位；漯河的第二产业增加值占比、第三产业增加值占比、城乡居民收入比、城镇化率 4 个二级指标得分分别排在第 9 位、第 6 位、第 6 位和第 8 位；鹤壁的第二产业增加值占比、第三产业增加值占比、城乡居民收入比、城镇化率 4 个二级指标得分分别排在第 2 位、第 18 位、第 2 位和第 5 位。

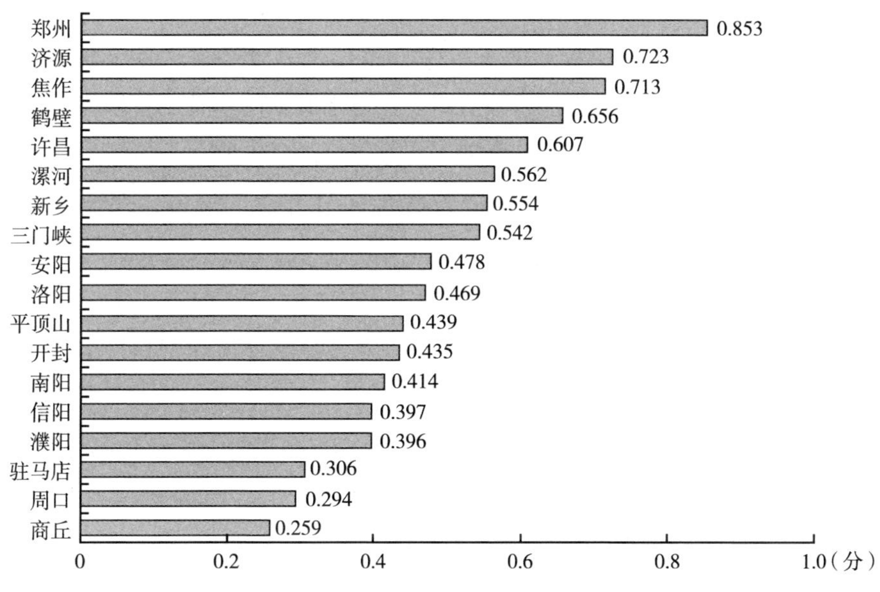

图 8　2022 年河南省辖市经济结构一级指标得分

6. 科技创新一级指标

河南省第十一次党代会以来，河南省提出锚定“两个确保”、实施“十大战略”，并将创新驱动、科教兴省、人才强省战略作为首位战略，陆续筹建嵩山、神农、黄河实验室，重建重振省科学院，推动规模以上工业企业研发机构实现全覆盖，科技创新领域发展步伐加快。本次评价中，由于指标调整，科技创新一级指标删除了技术市场成交额二级指标，增加了研究与试验发展经费和研发经费投入强度 2 个二级指标，各省辖市科技创新一级指标的得分排名与上年相比出现一定的变化。郑州和洛阳继续排在前两位，且遥遥

领先于其他省辖市。科技创新一级指标得分排在前 5 位的分别是郑州、洛阳、新乡、许昌和焦作（见图 9）。其中，郑州在专利授权数量、每万人有效发明专利数、研究与试验发展经费 3 个二级指标上的得分都排在河南省第 1 位，研发经费投入强度落后于洛阳，指标得分排在全省第 2 位。洛阳的研发经费投入强度二级指标得分排在全省第 1 位，专利授权数量、每万人有效发明专利数、研究与试验发展经费 3 个二级指标得分分别排在全省第 3 位、第 2 位和第 2 位。新乡的专利授权数量、每万人有效发明专利数、研究与试验发展经费、研发经费投入强度 4 个二级指标得分分别排在第 2 位、第 5 位、第 3 位和第 2 位。郑州、洛阳、新乡在河南省内的科技创新领先优势依然明显，2021 年，郑州专利授权数量占全省总量的 39. 8%，且郑州、洛阳、新乡是全省仅有的三个年度专利授权数量超过万件的城市；郑州（19. 1 件）、洛阳（13. 26 件）和焦作（7. 63 件）是全省仅有的三个每万人有效发明专利数超过全国平均水平（7. 5 件）的城市；郑州（2. 45）、洛阳（2. 83）和新乡（2. 45）是全省仅有的三个研发经费投入强度超过全国平均水平（2. 44）的城市。

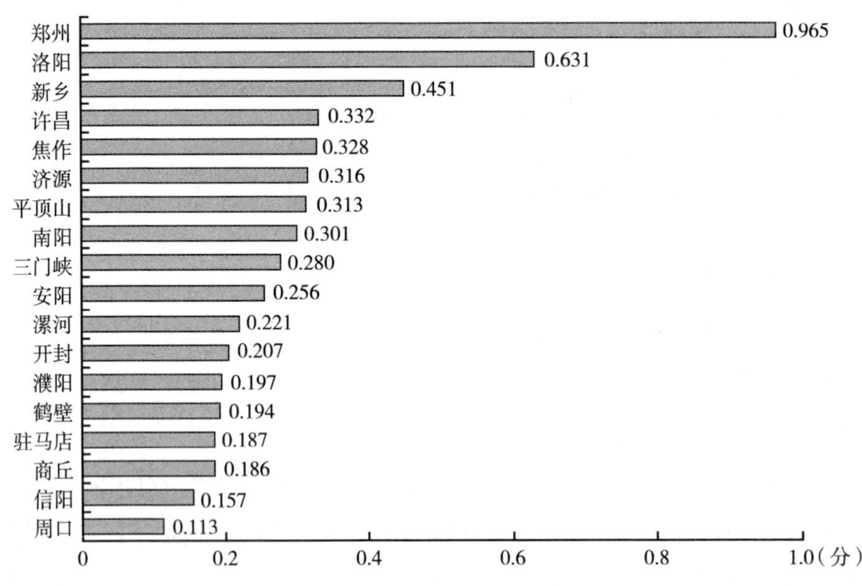

图 9　2022 年河南省辖市科技创新一级指标得分

7. 发展效益一级指标

本次评价中，课题组将每万人卫生机构床位数、每万人卫生技术人员数、居民人均可支配收入、人均生产总值、空气质量优良天数 5 个二级指标纳入发展效益一级指标。发展效益一级指标得分排在前 5 位的分别是郑州、三门峡、信阳、漯河和洛阳（见图 10）。二级指标层面看，郑州的每万人卫生机构床位数、每万人卫生技术人员数、居民人均可支配收入 3 个二级指标得分排在第 1 位，人均生产总值二级指标得分排在第 2 位，空气质量优良天数二级指标得分排在第 12 位。三门峡的每万人卫生机构床位数、每万人卫生技术人员数、居民人均可支配收入、人均生产总值、空气质量优良天数 5 个二级指标得分分别排在第 2 位、第 3 位、第 10 位、第 4 位和第 7 位。信阳的空气质量优良天数二级指标得分排在第 1 位，每万人卫生机构床位数、每万人卫生技术人员数、居民人均可支配收入、人均生产总值 4 个二级指标得分分别排在第 12 位、第 16 位、第 15 位和第 12 位。漯河的每万人卫生机构床位数、每万人卫生技术人员数、居民人均可支配收入、人均生产总值、空气质量优良天数 5 个二级指标得分分别排在第 4 位、第 8 位、第 7 位、第

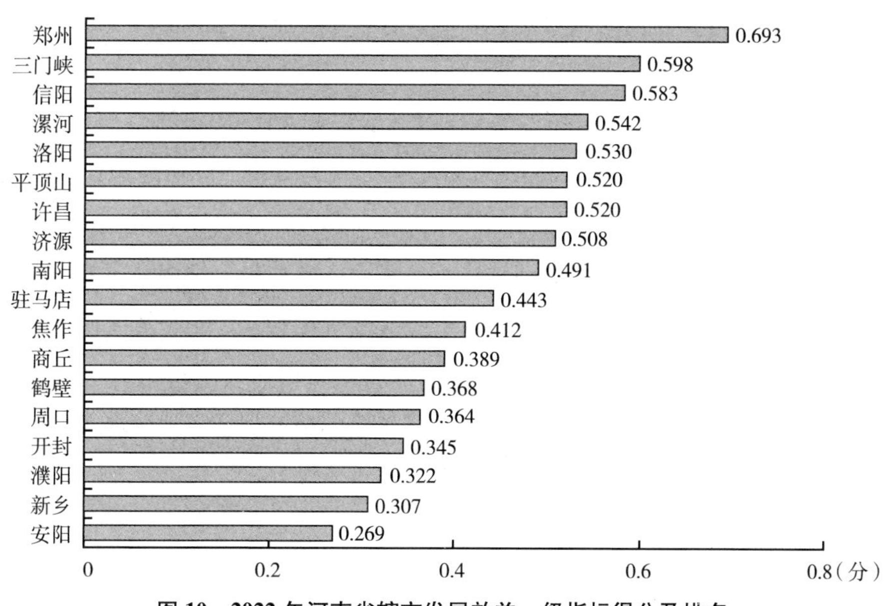

图 10　2022 年河南省辖市发展效益一级指标得分及排名

6位和第9位。洛阳的每万人卫生机构床位数、每万人卫生技术人员数、居民人均可支配收入、人均生产总值、空气质量优良天数5个二级指标得分分别排在第5位、第5位、第3位、第5位和第10位。

三 政策建议

第一，锚定“两个确保”，实施“十大战略”。确保高质量建设现代化河南、确保高水平实现现代化河南，是未来三十年河南发展的总体目标，而实施“十大战略”就是实现“两个确保”的具体路径。因此，河南各省辖市必须沿着省委绘就的蓝图，一步一个脚印地推进社会主义现代化建设。坚持将创新放在现代化建设的核心位置，实施创新驱动、科教兴省、人才强省战略，以创新打造高质量发展的新动能；坚持实施优势再造、数字转型、换道领跑、文旅文创融合等战略，推动产业融合发展，实现产业转型升级，产业链供应链进入中高端、关键环；坚持实施以人为核心的新型城镇化战略、乡村振兴战略，推动区域协调发展，不断缩小省辖市间、城乡间的发展差距，提升人民群众生活的获得感、幸福感；坚持实施绿色低碳转型战略，为我国实现“双碳”目标做出重要贡献；坚持推进制度性开放战略、全面深化改革战略，不断为河南现代化建设释放新的红利。从省辖市层面来看，“十大战略”的实施对于提升经济综合竞争力尤为重要。如何通过创新打造发展新动能？豫南、豫东南地市如何发挥人口和内需优势，郑州、周口、商丘等市如何发挥交通、物流和通道优势，洛阳、平顶山、焦作等市如何发挥传统产业基础优势，传统农区如何发挥农业基础优势，以及各地如何将各自传统优势转换为产业链优势，实现优势再造？郑州在元宇宙、区块链等领域，洛阳、平顶山、焦作、濮阳等地区在新能源领域如何实现换道领跑？解决好这些问题是提升省辖市经济综合竞争力的关键。

第二，坚持发展是第一要务。在推进现代化建设的进程中，中国作为发展中国家、河南作为国内的后发省份，仍然要将发展作为第一要务。在常态化疫情防控的背景下，统筹疫情防控和经济发展成为省辖市保持和提升经济综合竞争力的关键，疫情防控的效果直接影响人民的生活和健康、城市经济的发展以及产业链供应链的安全。因此，要坚持和完善省委省政府制定的统筹疫情防控和经济社会发展的“1+1+N”体系，深入推动“万人助万企”，落实好中央出台的新减税降费、增值税留抵退税政策，做好服务企业、畅通物流、保障产业链供应链工作，整治拖欠中小企业账款行为。同时，坚持项目为“王”，继续大力推进“三个一批”，通过投资，尤其是技术改造、产业升级投资，激发内需增长动力，稳定经济发展，同时推动产业不断迈向更高的水平。优先保障重点项目用地、资金需求，用足用好政府专项债券，通过多种方式盘活存量资产，引导社会资本积极参与基础设施项目。着力激发消费需求，培育壮大新型消费，发展直播电商、社交电商、首店经济、夜经济，支持以新能源汽车为代表的大宗商品消费，对因疫情灾情经营困难的市场主体，延续完善减免房租、信贷支持等政策。持续落实灾后重建项目，加快实现交通、能源、通信等基础设施恢复并使其水平超过灾前水平，完善水利、城市防涝防灾和应急管理体系。

第三，坚持创新是第一动力。近年来，中美贸易摩擦、俄乌冲突等使得国际贸易环境日益复杂，国际产业链、供应链风险和不确定性上升，因此，中央提出要在危机中育新机、在变局中开新局，并将科技自立自强作为国家发展的战略支撑。河南省第十一次党代会以来，科技创新在现代化河南建设中的地位大大提升。省委省政府大力筹建嵩山、黄河、神农等重点实验室，重建重振省科学院，加大重大科学项目和装置的布局力度等举措都表明了河南大力推动科技创新的信心和决心。因此，对于各省辖市来讲，要坚持创新是第一动力，以科技创新驱动经济高质量发展、提升经济综合竞争力。着力引进培育创新型企业，加快推动规模以上工业企业研发全覆盖，鼓励龙头企业牵头组建创新联合体。深入推进科技创新领域体制机制创新，加大对领军人才、高端人才、高素质青年人才的引进和培育力度，构建灵活的人才任用和激励机制，推动创新链、产业链深度融合发展，完善从研究、开发到市场化、产业化的有机链条，完善优势互补、成果共享、风险共担的产学研体系，提升科技成果转化效率。加快构建一流的创新生态，激发河南省科技创新发展的巨大潜力。

第四，坚定推动高质量发展。持续优化营商环境，深化“放管服效”改革，激发市场主体活力，加强稳定经济发展的环境保障。加快数字化政府建设，推动更多事项集成办理、网上办理，加快推进政府数字化建设，提升政务服务便利化水平。做好企业融资服务保障工作，定期组织银行等金融机构与企业进行对接，尤其要对重点企业给予个性化的服务，着力破解融资问题。提升市场监管水平，努力打造稳定、规范、公平、透明的市场环境。坚持把保障和改善民生作为高质量发展的根本和落脚点，不断稳定和扩大就业，重点做好高校毕业生、退役军人、农民工等群体的就业工作，探索开展直播带岗、线上招聘等新型就业招聘模式。保障困难群众基本生活，及时对符合条件的困难群众给予应急性、过渡性生活保障。着力防范化解风险，重点解决金融、房地产、隐性债务、企业债务等领域的风险，全面提升防汛应急和防灾减灾能力，确保发展大局稳定。坚持绿色低碳发展，加强黄河流域生态保护治理，尽快完成流域内排污单位污染治理设施改造升级。坚持打好污染防治攻坚战，着力消除重污染天气，加强大气面源和噪声污染治理，努力实现 $PM_{2.5}$浓度的持续下降，开展城市和县城建成区黑臭水体治理，强化土壤污染源头管控，开展地下水污染治理试点。提升煤炭清洁高效利用水平，加快推进新能源基础设施建设，出台更符合群众需要的新能源汽车优惠政策，倡导绿色低碳的生活方式。

参考文献

黄茂兴、李闽榕：《中国省域经济综合竞争力评价与预测的方法研究》，《福建师范大学学报》（哲学社会科学版）2008 年第 1 期。

李金昌、史龙梅、徐蔼婷：《高质量发展评价指标体系探讨》，《统计研究》2019 年第 1 期。

李梦欣、任保平：《新时代中国高质量发展的综合评价及其路径选择》，《财经科学》2019 年第 5 期。

B.4
2022年河南省市本级经济发展综合评价报告

河南省社会科学院课题组*

摘　要： 市本级是引领地区经济发展的核心区域，对于集聚人口、创新发展、产业升级等都具有重要的意义。本报告针对河南省市本级经济发展进行综合评价研究，构建了包括5个一级指标、17个二级指标的河南省市本级经济发展综合评价指标体系，并利用统计数据进行计算分析，发现郑州、洛阳、安阳三市排在前三位。课题组建议河南省辖市明确市本级经济定位、做大做强城市经济、拓展城市发展空间、集聚各类高端要素，强化市本级核心竞争力，打造宜居宜业发展环境。

关键词： 城市经济　市本级　河南省

市本级是全市人口产业聚集地、资源要素集中地、农业转移人口就近城镇化的主承载地，是辐射带动区域经济发展的“龙头”。2021年，河南省17个省辖市市本级GDP占全市域GDP的比重为42.5%，市本级建成区面积占全市域建成区面积的比重为45.3%，市本级常住人口占全市域常住人口的比重为32.4%。河南省高度重视市本级经济发展，省委书记楼阳生同志强调，要强化市本级“责任田”意识，下大气力发展城市经济，全面提高

* 课题组组长：王承哲，河南省社会科学院院长，研究员。课题组成员：完世伟、高璇、武文超、李斌、汪萌萌、赵然。执笔：武文超，河南省社会科学院经济研究所副研究员，主要研究方向为区域金融。

城市首位度、承载力、辐射力、带动力。为了更好地研究分析河南省市本级经济发展的特点、布局和趋势，课题组针对河南省市本级经济发展进行了综合评价研究。

一　近年来河南省市本级经济发展情况

近年来，河南省17个地级市持续发力做大做强市本级经济，紧抓重大战略机遇，提升城区发展能级，深化体制机制改革，市本级经济实力不断增强，城区面貌日益改善，发展品质显著提升，管理体系更趋完善。2021年，17个地级市市本级GDP合计接近2.5万亿元，是2016年的1.5倍，17个地级市市本级GDP合计占17个地级市GDP的比重为42.5%，比2016年提高了2.1个百分点；2021年，17个地级市市本级工业增加值合计达到7065.5亿元，是2016年的1.3倍，占17个地级市工业增加值的比重为38.1%，比2016年提高1.5个百分点；2021年，17个地级市市本级一般公共预算收入为2310.75亿元，一般公共预算支出为3846.09亿元，分别为2016年的1.29倍、1.35倍；2021年，17个地级市市本级社会消费品零售总额为11476.02亿元，是2016年的1.4倍，占17个地级市社会消费品零售总额的比重为47.5%。

在做大做强城市经济的同时，河南省市本级经济发展中也存在一些问题和困难。一是，综合实力不强。从全省市本级经济总量占比来看，河南省市本级经济总量占比为42.5%，低于山西省的43.8%、河北省的44.8%、陕西省的57.9%。从国家中心城市层面来看，北京、天津、上海、广州、武汉5市已经进入“无县时代”，郑州市本级经济总量占比位居9大国家中心城市的末位。一些城市存在“小马拉大车”的现象，其中市本级经济总量占比最低的是周口，2021年周口占比仅为17.7%。二是，发展空间不足。从市本级面积来看，郑州作为国家中心城市，市本级面积仅为1736平方公里，不仅远小于其他8个国家中心城市，在省内也仅居第8位。从市本级面积占比来看，漯河、鹤壁等规模较小的地级市的市本级面积占全市的比例相对高一些，但其市区规模并不大；而濮阳（1 区 5 县）、驻马店（1 区 9 县）、周口（2 区 1 县级市 7 县）、南阳（2 区 1 县级市 10 县）等地级市的市本级面积占全市的比例明显偏低，不利于经济要素的合理布局。三是，产业体系不优。近年来，随着产业升级、绿色发展，河南各市，尤其是传统资源型工业城市，都经历了“退二进三”的过程，但是符合中心城区发展要求、顺应城区经济发展规律的资源能源消耗少、技术密集型、知识密集型、附加值高的都市型工业还没有完成接续替代，以金融保险、电子商务、现代物流、服务外包、文化创意等为代表的现代服务业的规模仍然偏小。四是，城市承载力有待增强。近年来，多数省辖市的市本级常住人口占比不断上升，但是，随着人口的集聚，原有不充分不平衡的基础设施和公共服务设施将变得更加短缺，也将在一定程度上制约市本级经济的高质量发展。五是，发展资金不足。近年来，受房地产市场变化、新冠肺炎疫情等因素影响，市本级财政收支压力较大。一些城市的税收大户企业部分是以石化、电力为主的资源型企业，出现了低“收”高“支”现象，在发展资金、隐性债务化解等方面的压力进一步加大。

二　市本级经济及其评价指标体系设置

（一）市本级经济及其特点

市本级概念最初主要应用于财政领域，是财政统计报表常用的一个名词，指的是市本身这一级，不包含市的下一个行政层级。当前，关于市本级概念界定没有形成统一、规范的口径，归纳起来，主要可以分为三类，一是将市本级与市级统一起来，即包括市和市的下一级；二是将市本级与市辖区衔接起来，即包括所有市辖区的统计范畴；三是将市本级与县域联系起来，即包括省辖市除去所辖县（市）的统计范畴。本次评价中将采用第三种口径，即省辖市除去所辖县和县级市的范围，共包含河南省 17 个地级市的市本级。

从逻辑定义角度看，市本级经济有广义和狭义之分。广义的市本级经济是指整个城区地域范围内的经济单位生产和再生产的过程；狭义的市本级经济指处于城区政府经济管理范围内（区属）的经济单位生产和再生产的过程。市本级作为城市的一个重要层次，其经济构成是城市经济体系的一个有机组成部分，其经济的本质为城市经济。市本级经济的特点主要表现在以下几方面。第一，方向性和主导性。从农业文明到工业文明、从乡村文明到城市文明是人类文明进步的规律和发展方向，也是实现现代化的必经之路。一般来看市本级的工业基础好、产业层次高、创新能力强、第三产业发达，是全市域内的经济技术制高点和辐射源，对全市经济发展起着引领和带动作用。第二，高密度性和高收益性。市本级经济集约化程度较高，区位、人才、科技、金融、市场、信息等优势要素的高度聚集，加之基础设施比较完备、市场发育好、企业密集、投资回报率高，经济生产效率远远高于其他区域，一些新兴产业和新的增长点大都集中在这里。第三，多样性和综合性。市本级经济层级分明，呈多元化特征，既是城市经济，又有农村经济成分。市本级既有街道，又有乡镇；既有市民，又有农民；既有发展经济的任务，又有社会管理职能。市本级经济的多元化和综合性，使得资源和生产要素能够在更大的空间内有效配置和流动，带来经济的繁荣。第四，创新性和活跃性。市本级的工作体制、运转机制、能力创新和市场化进程一般都优于县域，是区域经济创新和对外开放的高地，是创新能力最为突出、经济活跃程度最为凸显的区域。

进入新发展阶段，市本级经济高质量发展是更高水平、更深层次、更多形态的发展，不再单纯集中于探究城区经济的发展速度与发展水平，更多是强调城区经济发展质量，重视经济发展增速的平稳发展与演进，有效发挥协调并进的内在特点，实现绿色化、开放化的经济发展之路，属于追求质量效率与美好生活的新型路径。具体而言，主要特征表现在以下几个方面。一是，产业结构更优。未来的市本级产业构成应向更高层次的发展状态迈进，通过高新生产技术带动产品种类的丰富化与多样化，同时更注重品牌的力量，通过产品的质量提升打造品牌效应，形成系统的产业体系，推进产品与技术的交互融合。二是，服务能力更强。市本级经济的发展早已不是城区内在物质总量的上升，而是城市软服务的丰富与完善，人民生存、生活所必需的物质产品以及精神服务逐渐得到高水平的满足，人民生活的福利效应提升。三是，创新支撑更牢。经济本身的内涵持续深化，创新对于经济增长的贡献显著增加，不同类型的产业、业态、模式随着科技水平的提升不断融合，多渠道地促进经济增长动力的演化，驱动城市产业功能不断升级、产出效率不断提升，强势推进市本级经济质量的提升。四是，生活品质更高。人民生活的基本构成逐渐丰富，层次逐渐提升，消费动力以及消费结构有了根本性的改变并逐渐趋于优化，教育、医疗、卫生、就业、居住、社保等公共服务体系更加健全，基本公共服务均等化水平显著提高，城市环境面貌和人居环境质量进一步改善。

从评价指标设置来讲，市本级更多与都市经济联系在一起，与地市级区域经济、县域经济存在明显的差别。一是，市本级属于都市经济，农村、农民占比较低。河南省一大批市辖区城镇化率已经超过95%，其中，新乡卫滨区城镇化率已经达到100%，因此，城镇化率、农村居民人均可支配收入在市本级经济发展综合评价中没有提及的必要。二是，市本级经济中第二、第三产业占比高，尤其是第三产业比较发达。河南省目前处在工业化中后期向后期过渡阶段，工业、制造业仍然至关重要。从全世界范围内来看，大都市市区都呈现出第三产业占比越来越高，尤其是金融、贸易、文化、娱乐等代表现代化的业态越来越繁荣。因此，评价中产业类发展指标主要考虑第二、第三产业。三是，考虑到市本级经济高密度、高收益的特点，指标设置中更多地考虑代表人均发展水平的指标。

（二）评价指标体系及数据来源

课题组借鉴国内外文献中的研究方法、评价体系，对河南省市本级经济发展综合评价指标体系构建进行了研究讨论。评价指标体系构建的过程中，遵循科学、公正、公开等原则，统计数据都来自《河南统计年鉴（2021）》，同时，考虑到评价的全面科学性、统计数据的可得性、市本级经济特点等因素，最终构建由 5 个一级指标、17 个二级指标组成的河南省市本级经济发展综合评价指标体系（见表 1）。

表 1　河南省市本级经济发展综合评价指标体系

一级指标	二级指标
经济规模	地区生产总值
	常住人口
	社会消费品零售总额
经济效益	市本级地区生产总值占全市比重
	人均生产总值
	一般公共预算收入占地区生产总值比重
民生保障	居民人均可支配收入
	人均社会消费品零售总额
	每万人卫生技术人员数
	每万人卫生机构床位数
产业发展	规模以上工业企业营业收入
	第二产业增加值占地区生产总值比重
	第三产业增加值占地区生产总值比重
财政金融	一般公共预算收入
	一般公共预算支出
	金融机构人民币存款余额
	金融机构人民币贷款余额

本次评价报告所采用的数据都来自《河南统计年鉴（2021）》，指标数据截至 2020 年底。市本级的地区生产总值，常住人口，社会消费品零售总额，规模以上工业企业营业收入，一般公共预算收入、支出，金融机构人民币存款、贷款余额，每万人卫生技术人员数，每万人卫生机构床位数 10 个二级指标均利用省辖市数据减去所辖县和县级市数据得到，市本级地区生产总值占全市比重，人均生产总值，一般公共预算收入占地区生产总值比重，人均社会消费品零售总额，每万人卫生技术人员数，每万人

卫生机构床位数，第二、第三产业增加值占地区生产总值比重，居民人均可支配收入 9 个二级指标通过基础数据计算得到。其中，尽管评价数据截至 2020 年底，但 2021 年 3 月洛阳进行了区划调整，其孟津县、吉利区合并为孟津区，偃师市改为偃师区，因此本次评价中洛阳市本级数据按照调整后范围计算得出。

（三）评价方法

本次评价报告的评价方法是加权综合评价法，对基础统计数据进行归一化处理之后，通过专家打分法分配权重，然后经过逐层加权汇总，得到经济发展综合评价的总体效用值。

其中，数据归一化处理采用的是 max-min 标准化方法。

对于正向指标 A：$\frac{A_i-\min A}{\max A-\min A}\times 90\%+0.1$

对于逆向指标 B：$\frac{B_i-\min B}{\max B-\min B}\times 90\%+0.1$

其中，$\max A$、$\max B$ 和 $\min A$、$\min B$ 分别为指标 A、B 的最大值和最小值。本报告评价指标体系当中，所有统计指标均为正向指标。

三　河南省市本级经济发展综合评价结果与分析

课题组通过构建评价指标体系，利用数据和模型进行计算，得到了河南省市本级经济发展综合评价结果，总评价结果和分项评价结果分别见图 1 和表 2。

（一）总评价结果

河南省市本级经济发展综合评价总得分排在前 3 位的分别是郑州（0.947）、洛阳（0.562）和安阳（0.396）。其中，郑州的 5 个一级指标得分均排在第 1 位；洛阳的经济规模、产业发展、财政金融 3 个一级指标得分排在第 2 位，经济效益、民生保障一级指标得分排在第 4 位；安阳的民生保障一级指标得分排在第 2 位，产业发展一级指标得分排在第 4 位，财政金融一级指标得分排在第 5 位，经济效益一级指标得分排在第 6 位，经济规模一级指标得分排在第 9 位。随后，总得分排在第 4～17 位的是焦作（0.367）、平顶山（0.359）、新乡（0.353）、三门峡（0.348）、漯河（0.338）、许昌（0.337）、南阳（0.336）、濮阳（0.318）、鹤壁（0.313）、驻马店（0.310）、开封（0.302）、商丘（0.243）、信阳（0.224）和周口（0.204）。总体来看，郑州和洛阳作为河南省经济实力最强的两个地级市，市本级经济发展综合评价总得分排在前两位。其余地级市中，相对而言，传统工业较强的城市市本级经济发展综合评价总得分排名比较靠前，传统农业城市的排名靠后。

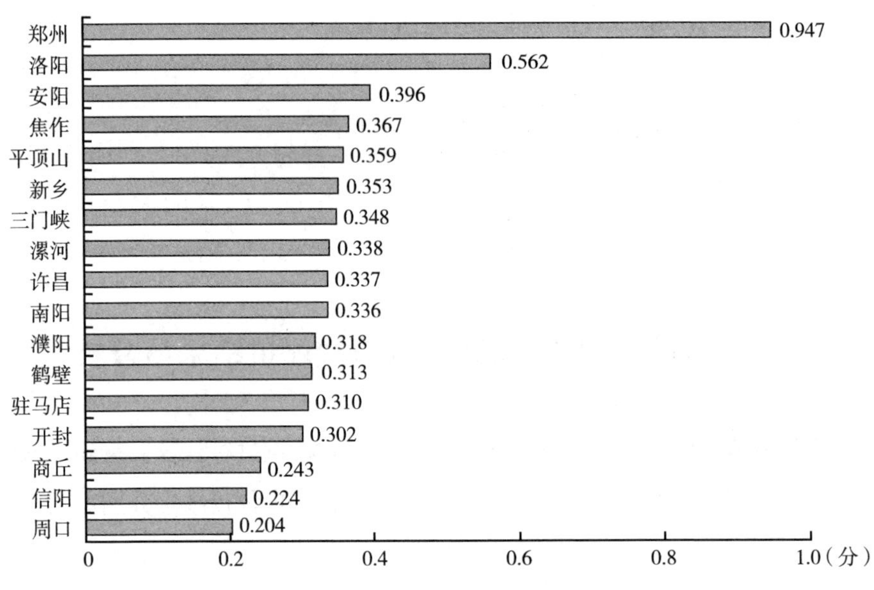

图 1　河南省市本级经济发展综合评价总得分

（二）分项评价结果

经济规模方面，得分排在前 5 位的是郑州（1.000）、洛阳（0.461）、南阳（0.241）、开封（0.201）和商丘（0.200）。这些城市都是河南省内的老牌城市，城市发展具有较好的基础，同时，这些城市的人口规模都比较大，其中，郑州的常住人口超过1260万人，南阳的常住人口数量接近千万，洛阳和商丘的常住人口都在700万人以上，开封常住人口接近500万人。正是因为发展历史较长、所在地区的人口较多，这些城市的市本级经济规模在省内排在前列。但与此同时，南阳（2区11县市）、商丘（2区7县市）的市本级地区生产总值在地级市区域中的占比并不高，市本级经济仍有发展潜力。市本级地区生产总值方面，2020年，郑州的市本级地区生产总值达到6876.71亿元、洛阳的市本级地区生产总值达到2985.73亿元，在全省市本级中遥遥领先；南阳、开封、平顶山、安阳、新乡、许昌、漯河等的市本级地区生产总值在800亿~1000亿元，其余8个城市市本级地区生产总值在500亿~700亿元。常住人口方面，郑州的市本级常住人口达到664.97万人、洛阳的市本级常住人口达到351.41万人，在全省领先，而鹤壁、三门峡的市本级常住人口规模较小，分别为68万人和61.55万人，其余城市市本级常住人口都在100万~200万人。市本级社会消费品零售总额排在前列的城市主要有郑州、洛阳、南阳、商丘、周口、开封。

经济效益方面，得分排在前5位的是郑州（0.977）、三门峡（0.653）、鹤壁（0.640）、洛阳（0.621）和平顶山（0.544）。其中，郑州、三门峡、洛阳、平顶山的市本级人均生产总值二级指标的得分排在全省前4位，鹤壁排在全省第8位；洛阳、郑州、鹤壁的市本级地区生产总值占全市比重二级指标得分分别排在第2位、第3位和第4位，三门峡、平顶山分别排在第8位、第9位；郑州、鹤壁市本级的一般公共预算收入①占地区生产总值比重二级指标得分排在前2位，三门峡、平顶山和洛阳分别排在第6位、第8位和第11位。

① 与财政领域市本级的一般公共预算收支不同，本报告中市本级的一般公共预算收支指的是全市一般公共预算收支减去县和县级市一般公共预算收支的数据。

民生保障方面，得分排在前5位的是郑州（1.000）、安阳（0.620）、南阳（0.582）、洛阳（0.565）和新乡（0.533）。其中，郑州、安阳、新乡、洛阳的市本级居民可支配收入二级指标得分排在全省前4位，南阳排在第10位；郑州、洛阳、南阳的市本级人均社会消费品零售总额二级指标得分分别排在全省第1位、第3位和第4位，安阳和新乡分别排在第12、第13位；郑州、安阳和南阳市本级每万人卫生技术人员数二级指标得分分别排在全省第1位、第4位和第5位，新乡和洛阳分别排在第7位和第8位；郑州、安阳、南阳、新乡市本级每万人卫生机构床位数二级指标得分分别排在全省第1位、第2位、第4位和第5位，洛阳排在第10位。

产业发展方面，得分排在前5位的是郑州（0.807）、洛阳（0.719）、焦作（0.446）、安阳（0.435）和新乡（0.421）。其中，洛阳、郑州、安阳的市本级规模以上工业企业营业收入二级指标得分排在全省前3位，焦作和新乡分别排在第7和第8位；安阳、洛阳、新乡、焦作、郑州市本级的第二产业增加值占地区生产总值比重二级指标得分分别排在全省第2位、第5位、第6位、第12位和第17位；郑州、焦作、新乡、洛阳和安阳的市本级第三产业增加值占地区生产总值比重二级指标得分分别排在全省第1位、第3位、第5位、第6位和第14位。

财政金融方面，得分排在前5位的是郑州（1.000）、洛阳（0.295）、南阳（0.147）、开封（0.142）和安阳（0.139）。其中，郑州的4项二级指标得分均排在第1位；洛阳的4项二级指标得分均排在第2位；南阳市本级的一般预算收入、支出，金融机构人民币存款、贷款余额4项二级指标得分分别排在第8位、第5位、第3位和第5位；开封市本级的一般预算收入、支出，金融机构人民币存款、贷款余额4项二级指标得分分别排在第7位、第4位、第5位和第6位；安阳市本级的一般预算收入、支出，金融机构人民币存款、贷款余额4项二级指标得分分别排在第3位、第6位、第7位和第10位。

表2 河南省市本级经济发展综合评价一级指标得分与排名

单位：分

城市	经济规模		经济效益		民生保障		产业发展		财政金融	
	得分	排名	得分	排名	得分	排名	得分	排名	得分	排名
郑州	1.000	1	0.977	1	1.000	1	0.807	1	1.000	1
开封	0.201	4	0.365	13	0.395	13	0.342	10	0.142	4
洛阳	0.461	2	0.621	4	0.565	4	0.719	2	0.295	2
平顶山	0.163	12	0.544	5	0.480	10	0.397	7	0.139	6
安阳	0.176	9	0.524	6	0.620	2	0.435	4	0.139	5
鹤壁	0.103	17	0.640	3	0.382	14	0.289	15	0.101	17
新乡	0.179	8	0.416	11	0.533	5	0.421	5	0.137	8
焦作	0.143	13	0.520	7	0.512	7	0.446	3	0.127	10
濮阳	0.138	14	0.446	10	0.517	6	0.319	13	0.115	15
许昌	0.189	6	0.463	9	0.419	11	0.397	6	0.138	7
漯河	0.184	7	0.498	8	0.408	12	0.391	8	0.125	12
三门峡	0.106	16	0.653	2	0.487	9	0.331	11	0.107	16
南阳	0.241	3	0.246	15	0.582	3	0.381	9	0.147	3
商丘	0.200	5	0.351	14	0.211	16	0.268	17	0.132	9
信阳	0.171	11	0.207	16	0.261	15	0.300	14	0.124	13
周口	0.175	10	0.196	17	0.182	17	0.287	16	0.127	11
驻马店	0.132	15	0.415	12	0.498	8	0.329	12	0.120	14

（三）部分指标的数据对比分析

市本级承担着集聚人口、要素，以及引领全市经济发展的功能。从河南省17个地级市来看，它们的市本级地区生产总值占全市比重存在着巨大差异，其中最高的是漯河，其市本级地区生产总值占全市比重为63.1%，最低的是周口，比重为17.6%，两者相差45.5个百分点（见图2）。与此相对应的是，县域经济在不同地市也存在差异。这些差异既反映了城市的发展，也反映了市本级经济的发展。同时，市本级经济也与行政区划有关。在市本级的地区生产总值占比较高的地市中，漯河的行政区划为3区2县，洛阳为7区7县，郑州为6区5县级市1县，而在市本级地区生产总值占比较低的地市中，商丘为2区1县级市6县，驻马店为1区9县，周口为2区1县级市7县。同时也可以看到，尽管南阳、商丘市本级地区生产总值占全市比重较低，但这两市的市本级经济规模在全省仍排在前列。

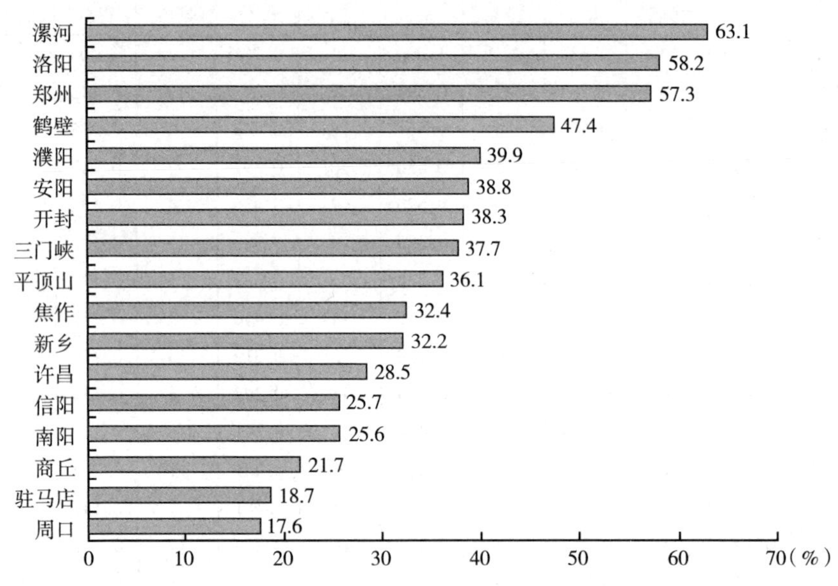

图2 河南省17个地级市市本级地区生产总值占全市比重

市本级常住人口占全市比重反映了市本级在集聚人口方面的作用，从图3中可以看出，河南省17个地级市市本级常住人口占全市比重与市本级地区生产总值占全市比重存在明显的正相关，两者分别反映了市本级的人口规模和经济规模占全市的比重，显然两者都与行政区划相关。

河南省17个地级市市本级人均生产总值与全市之比（见图4）、市本级居民人均可支配收入与全市之比（见图5）反映了市本级人均经济发展水平与全市的对比，两个指标也呈现明显的正相关性。濮阳、安阳、平顶山、新乡等老牌工业强市排在前列。

市本级人均生产总值与全市之比、市本级居民人均可支配收入与全市之比反映着地级市中城区经济与县域经济的位势差，这两个比值越高，说明城区经济的人均产出、人均收入越高，反之亦然。在人口和要素充分流动的情

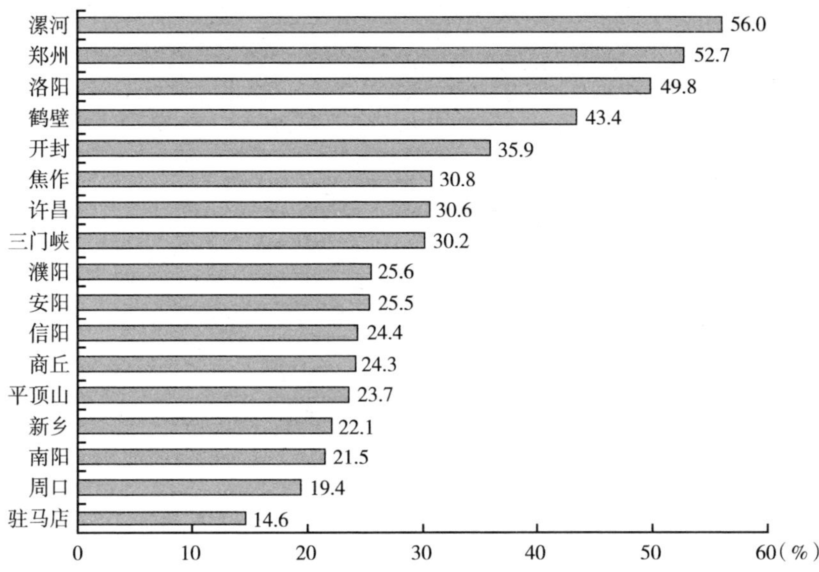

图3　河南省17个地级市市本级常住人口占全市比重

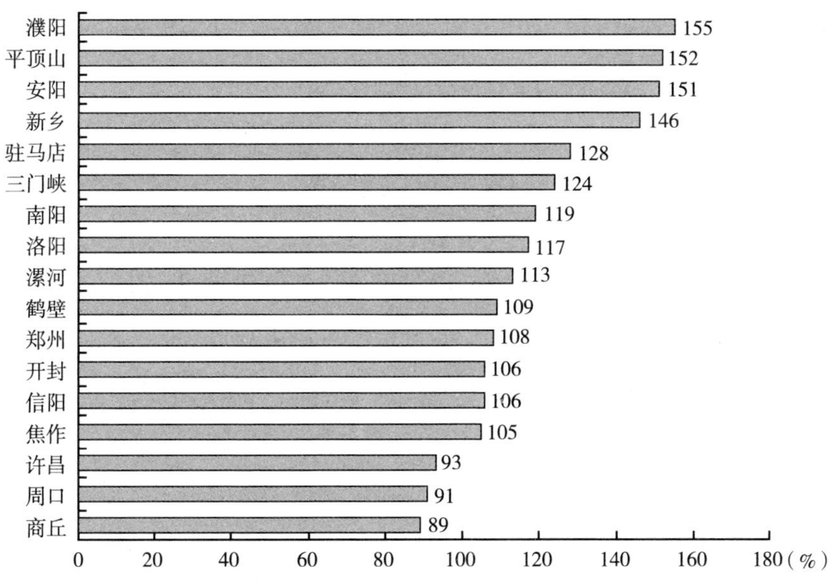

图4　河南省17个地级市市本级人均生产总值与全市之比

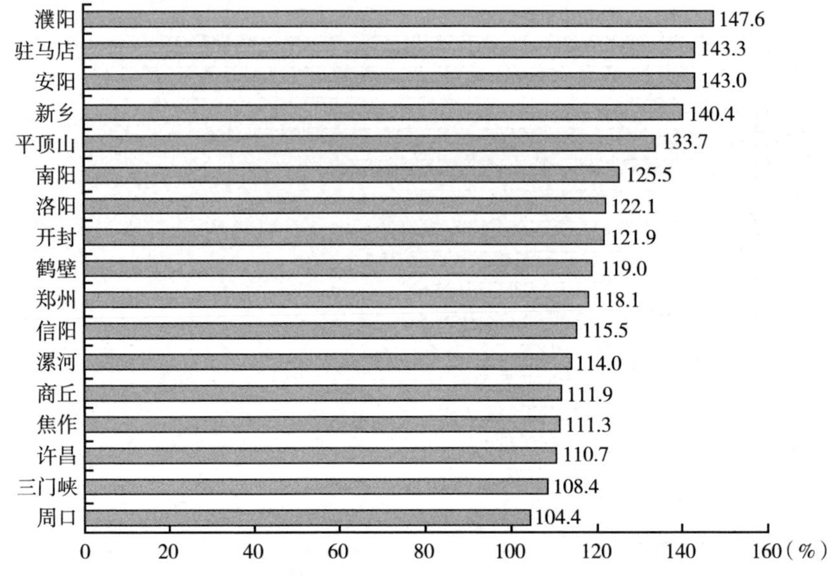

图5 河南省17个地级市市本级居民人均可支配收入与全市之比

况下，这两个比值越高，县域的人口、要素越有动力向市本级集聚。此外，2020年，许昌、周口和商丘市本级人均生产总值低于全市水平，反映出新冠肺炎疫情对这三市市区的冲击要比县域更大。

四 政策建议

明确市本级经济定位，令其与县域经济错位协同发展。对市本级经济在构建新发展格局中找定位，对市本级的战略定位进行再聚焦、再提升，进一步明确市本级“创新链的枢纽、产业链的高端、价值链的关键、供应链的平台、数据链的节点”的战略定位，使市本级经济与县域经济错位协同发展。引导市本级依托高端创新平台融入国际国内创新网络，打造能够链接外部创新要素、集聚内部研发资源的枢纽，促进本地企业与外部创新要素的高效对接。聚焦优势产业链的高端环节，提升亩均效益和产业附加值，引导一般加工制造环节向县域转移；聚焦研发、品牌等价值链关键环，带动全域产业转型升级；聚焦优势领域，打造产业供应链平台，提升优势产业链的协同效率，带动提升全市优势产业链整体竞争力；集聚产业、资源、公共服务等数据要素，链接数据分析平台，打造全市数据链的关键节点，推动数据价值化，赋能全市产业升级和治理优化。

做大做强城市经济，提升市本级经济引领力。抢抓“十大战略”实施机遇，进一步提升市本级发展能级，更好发挥引领、辐射和赋能效应，带动全市经济高质量发展。把深入实施创新驱动、科教兴省、人才强省战略作为高质量发展的“一号工程”，进一步提高市本级研发投入占全市的比重，优化完善“基础研究+技术攻关+成果产业化+科技金融+人才支撑”全过程创新生态链，打造带动全市产业升级的创新策源地。持续提升市本级高技术产业、战略性新兴产业、生产性服务业等高附加值产业在全市的比重，立足发展基础和综合优势超前布局若干未来产业，引导各市本级聚焦创新性强、带动力强、辨识度高、附加值高的产业，打造地标性产业名片，辐射带动全市产业高质量发展。大力引进培育系统集成型、综合方案型、平台引领型、生态赋能型等类型的头雁企业，积极发展“总部经济”，打造“高新技术”“专精特新”“瞪羚”企业群，率先实现规模以上工业企业研发机构、研发活动全覆盖，支持龙头企业向县域中小企业延伸创新链、产业链、管理链、资金链，带动中小企业转型升级。

加强高端平台建设，链接汇聚高端要素。以平台思维谋划城市发展，以高端平台集聚高端要素，打造信息流、资金流、数据流枢纽，为市本级经济高质量发展注入新活力。持续强化自贸区、综合保税区、保税物流中心等开放平台建设，引导各市围绕优势领域在中心城区创设产业博览会、高峰论坛等，并将其打造成科创对接、招商引资、招才引智的平台，提升平台的品牌知名度和影响力。引导高端创新平台、成果转移转化平台以及大型科研仪器设施共享平台等向中心城区布局，支持市本级科研机构、高等院校与本市企业联合创建实验室、制造业创新中心、中试基地、产业研究院、孵化器、众创空间、新型研发机构等创新平台，重点打造“智慧岛”双创载体，构建“楼上+楼下”创新创业综合体，吸引域外研发机构、创新园、孵化器等在

市本级独立或联合设立分支机构、合作园区等。按照“平台集中、服务下沉”的思路，支持数据共享资源池、数据交易中心等在中心城区集中布局，支持市本级搭建创新资源数据库平台，支持工业互联网平台和产业大脑落地中心城区，对接域外数据分析企业和大数据平台，通过数字化转型为产业发展和现代化治理赋能。

拓展市本级规模，优化城市空间布局。坚持内部整合与外部延伸并重，拓展中心城区空间，鼓励发展较好的开发区扩容升级，支持各区统筹推进城市更新和旧工业区有机改造，支持探索闲置土地盘活处置政策和举措创新，腾出一批集中连片的高品质产业空间。顺应都市型产业发展趋势，推进“工业上楼”，培育发展楼宇经济，推广新型产业用地（MO）供给模式，为高附加值产业发展拓展空间；鼓励企业建设多层厂房，开发利用地下空间，实施“零地技改”。探索与县域经济联合打造“双向飞地”，支持区县协同打造“产业飞地”，引导市本级建设“孵化中心”，引导县域企业集中设立研发中心，与县域经济形成“研发+制造”“整机+配套”“品牌+生产”“总部+基地”等产业分工协作体系，引导全市有条件有需求的企业集聚设立研发机构。探索建设跨越物理边界的“虚拟”产业园和产业集群，吸引电商、直播、互联网、元宇宙、设计创意等新经济新业态新模式集聚，培育壮大线上市场主体和在线新品牌，形成“线上+线下”产业协同升级格局。

着力塑造新发展优势，强化市本级核心竞争力。增强市本级在人才、基础设施、交通、文化等方面的优势，支持各中心城区聚焦优势探索特色发展模式，实现城区优势再造。突出数字新基建布局，深化5G、人工智能、数字孪生等技术与基础设施的融合，推进水网、电网、热网、气网、路网等传统基础设施智能化改造，搭建城市大脑平台，提升城区数智能力。发挥中心城区人才集聚优势，进一步提高人才政策含金量，增加人才公寓供给，加大产业招才、平台招才、环境招才、以企招才及柔性引才力度，集聚高端人才为全市经济高质量发展服务。发挥市本级交通枢纽优势，畅通对外大通道，构建内部辐射网，优化“通道+枢纽+网络”布局，进一步提升市本级内联外通水平。引导各市在“行走河南读懂中国”文化品牌塑造中找准自身定位，支持中心城区聚焦特色建设一批标志性文化与旅游融合的基础设施，打造一批历史街区、文化街区、艺术走廊等，塑造独特城市风貌，提升特色城市文化辨识度，以城市文化汇聚高端要素。

优化营商环境，打造宜居宜业活力城区。提升城市品质，优化营商环境，厚植生态圈层，打造一流创新生态。优化产业生态，深入推进“五链耦合”，深化产业链价值链补链、强链、延链，积极发展科创服务、工业设计、信息服务等高品质生产性服务业，支持市本级聚焦优势领域打造产业生态圈。优化营商环境，深入开展“万人助万企”活动，塑造企业服务品牌；搭建行政审批服务“秒报秒批一体化”平台，扩大“企业开办+N项服务”覆盖面，让惠企政策实现“政策找企业”；探索“免申即享”模式，提升创新创业服务效能，吸引高端项目和高端要素落地。优质的金融服务是经济高质量发展的核心支撑，引导各类银行、产业基金、创投基金等集聚发展，鼓励省级基金与各市合作设立特色子基金，支持市级政府和地方龙头企业创设产业基金、引导基金、投资基金等，更好发挥基金的作用，探索“基金+产业”“基金+基地”“基金+项目”“基金+招商”等发展模式。完善公共服务与生活服务水平，增加教育、医疗、康养等优质公共产品供给，推动住房保障普惠扩容，培育高品质生活消费圈，打造宜居宜业活力城区，营造创新创业良好氛围。

参考文献

李金昌、史龙梅、徐蔼婷：《高质量发展评价指标体系探讨》，《统计研究》2019年第1期。

王雅楠：《市本级经济建设的战略思考——以通化市为例》，《中国集体经济》2013年第27期。

李梦欣、任保平：《新时代中国高质量发展的综合评价及其路径选择》，《财经科学》2019年第5期。

楼阳生：《高举伟大旗帜牢记领袖嘱托　为确保高质量建设现代化河南　确保高水平实现现代化河南而努力奋斗——在中国共产党河南省第十一次代表大会上的报告》，《党的生活（河南）》2021年第21期。

B.5

2022年河南省县域经济高质量发展评价报告

河南省社会科学院课题组*

摘　要： 在新发展理念的指导下，本报告延续以往课题组评价的基本框架，从县域经济高质量发展的规模、结构等多个角度构建了河南省县域经济高质量发展评价指标体系，基于2018~2020年县域经济高质量发展的面板数据，运用面板熵值法，对河南省102个县市的县域经济高质量发展水平进行了评价。研究发现，新郑、巩义、中牟、义马、新密等县市持续保持高质量发展优势，县域经济发展格局略有变化，不同县市发展的差异较为明显。进入新发展阶段，在全球经济持续承压、超预期因素的持续影响下，仍要锚定“两个确保”，实施“十大战略”，转结构、挖潜力、促改革、提效益，走出河南省县域经济高质量发展之路。

关键词： 新发展理念　县域经济　河南省

在新发展阶段，实现县域经济高质量发展应锚定“两个确保”，深入推进实施“十大战略”。多年来，河南省委省政府坚定贯彻新发展理念，持续推进县域治理“三起来”，取得了显著成效。2020年以来，在疫情等超预期

* 课题组组长：王承哲，河南省社会科学院院长，研究员。课题组成员：完世伟、高璇、石涛、杜明军、李斌、武文超。执笔：石涛，河南省社会科学院经济研究所助理研究员，主要研究方向为金融风险与大数据统计；杜明军，河南省社会科学院统计与管理科学研究所研究员，主要研究方向为统计学。

因素以及全球地缘政治风险的影响下，国内经济下行压力持续加大，县域经济高质量发展面临挑战，我们需要科学、客观地评价县域经济高质量发展水平，找弱项、找优势，为持续推进县域经济高质量发展提供决策依据。课题组已经连续十余年开展河南县域经济评价工作，考虑到疫情可能会对部分县市造成影响，自 2021 年开始，年度县域经济发展质量评价，采用近三年的县域经济高质量发展面板数据，利用面板熵值法进行权重测算。同时，课题组利用不同指标的权重来呈现指标的重要性，据此来探讨县域经济高质量发展的政策关键点。

一　研究设计

在往年县域经济高质量发展水平评价研究的基础上，本报告充分参考现有高质量发展研究成果，在新发展理念指导下，构建了河南省县域经济高质量发展评价指标体系。

（一）县域经济高质量发展评价指标体系构建

新时代，坚持新发展理念是推动县域经济高质量发展的行动指导。2021 年 3 月，中共中央政治局审议了《关于新时代推动中部地区高质量发展的指导意见》，将坚持创新发展摆在第一位次，明确坚持协调发展、绿色发展、开放发展、共享发展，突出质量变革、效率变革、动力变革。因此，河南省县域经济高质量发展评价指标体系应尽可能地突出发展的质量、效率和动力，从而更加科学、客观地反映河南省县域经济高质量发展的实际。在新发展理念指导下，坚持可比性、可操作性、引导性等基本原则，既突出现有学者对县域经济高质量发展的研究，又突出县域经济本身具有的地域特色、比较优势、独立性等，本报告延续课题组以往县域经济高质量发展水平评价框架，从发展规模、发展结构、发展效益、发展潜力活力、民生幸福、发展可持续性、科技创新、发展外向度、农业基础能力 9 个方面构建了河南省县域经济高质量发展评价指标体系，如表 1 所示。

表 1　河南省县域经济高质量发展评价指标体系

一级指标	二级指标	指标计算及说明	指标属性
发展规模	经济总量	GDP	+
	经济质量	人均 GDP	+
	经济增长稳定性	当年与上年经济增长率之差与上年经济增长率相除	+
	地方财政收入水平	一般公共财政预算收入	+
	人均地方财政收入	一般公共预算收入/常住人口	+
发展结构	经济结构	工业增加值占 GDP 的比重	+
		第三产业增加值占 GDP 的比重	+
	城乡发展结构	人口城镇化率	+
		农民人均可支配收入/城镇居民人均可支配收入	+
发展效益	劳动生产率	GDP/就业人员	+
	投资产出率	GDP/当年固定资产投资总额	+
	贷款产出率	GDP/银行贷款年平均余额	+
	耕地产出率	农业总产值/农业耕地面积	+
	单位 GDP 财税水平	一般公共预算收入/GDP	
	收入经济匹配度	居民人均可支配收入/人均 GDP	
	规上企业发展水平	主营业务收入	
发展潜力活力	就业弹性系数	当期从业人员增长率/同期 GDP 增长率	+
	生产能力利用率	实际产量/生产能力	+
	投资潜力	全社会固定资产投资额/GDP	
		固定资产投资增速	
	消费潜力	社会消费品零售总额/GDP	+
		社会消费品零售总额	
		社会消费品零售总额/常住人口	
	经济增长潜力	人均生产总值指数	
		地区生产总值指数	
		工业增加值增速	
民生幸福	城镇居民收入水平	城镇居民人均可支配收入	+
	农村居民收入水平	农村居民人均可支配收入	+
	城乡居民收入水平	居民人均可支配收入	
	城镇居民人均可支配收入增长率	报告期居民收入/基期居民收入	+
	农村居民人均可支配收入增长率	报告期居民收入/基期居民收入	+
	恩格尔系数	食品支出占居民总支出的比例	+

续表

一级指标	二级指标	指标计算及说明	指标属性
	基尼系数	在全部居民收入中，用于不平均分配的那部分收入占总收入的百分比	+
	人口就业率	从业人员/常住人口	+
	城镇单位从业人员平均工资		+
	在岗职工平均工资		+
	居民人均储蓄额	居民储蓄存款/常住人口	+
	城镇居民人均生活消费支出		+
	农村居民人均生活消费支出		+
发展可持续性	单位产值能源消耗量	能源消耗总量(标准煤)/GDP	-
	单位地区生产总值水耗	水消耗总量/GDP	-
	人均工业废水排放量		-
	人均工业废气排放量		-
	工业固体废物综合利用率		+
	每立方米细颗粒物含量		-
	生活垃圾无害化处理率		+
	农村饮水达标率		+
	垃圾集中处理率		+
	污水处理率		+
	森林覆盖率		+
科技创新	研究与开发经费投入占 GDP 的比重	研究与开发经费投入额/同期 GDP	+
	高技术产业增加值占 GDP 的比重	高技术产业增加值/GDP	+
	专利授权指数	报告期获授权专利数/基期获授权专利数	+
发展外向度	进出口总值		+
	进出口总值相当于 GDP 的比例	进出口总值/GDP	+
	利用外资和对外投资总额		+
	服务贸易占对外贸易的比重		+
农业基础能力	农林牧渔业总产值	通常是按农林牧渔业产品及其副产品的产量分别乘以各自单位产品价格求得	+
	粮食产量		+
	有效灌溉面积		+
	农林水基本建设支出		+

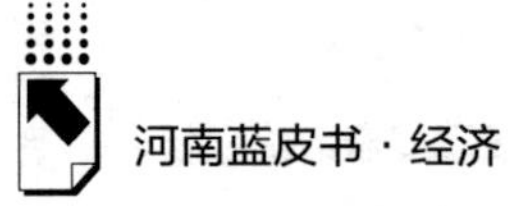

（二）县域经济发展质量评价方法

通过比较分析因子分析法、主成分分析法、模糊层次分析法（AHP）、数据包络分析法（DEA）、熵值法等各类方法的优劣特性，我们发现熵值法可以更加客观地评估指标综合水平，由此，本报告基于熵值法测算县域经济高质量发展评价综合指数 $CTNi$，有：

$$CTN_i = \sum_{j=1}^{m} w_j \times x_{ij} \quad (1)$$

式（1）中，w_j 表示不同样本的权重，指标 x_{ij} 表示相应标准化指标，计算方法如下：

$$\begin{cases} x_i' = \dfrac{x_i - \min\{x_1,...,x_n\}}{\max\{x_1,...,x_n\} - \min\{x_1,...,x_n\}} \\ p_i = (1 + x_i') / \sum_{i=1}^{n} (1 + x_i') \\ e_j = -k \sum_{i=1}^{n} p_i \times \ln(p_i), k = 1/\ln(n) \\ w_j = d_j / \sum_{j}^{m} d_j, d_j = 1 - e_j \end{cases} \quad (2)$$

式（2）中，x_i' 表示标准化后的 x_i 值，负向标准化 x_i 只需将 x_i' 的分子变为（$\max\{x_1, ..., x_n\} - x_i$），$p_i$ 表示样本指标权重，e_j 是第 j 个指标的信息熵，d_j 为第 j 个指标的效用值，n 是样本数量，由此可得到不同样本的权重 w_j。

（三）指标选择与数据来源

鉴于国际经济环境的约束、新冠肺炎疫情的影响、县域经济统计数据可得性以及指标数据作用时滞的局限，本报告选择了 GDP、人均 GDP、一般公共财政预算收入、城镇化率、第二产业增加值占 GDP 比重、第三产业增加值占 GDP 比重等主要指标数据以及其衍生指标数据，来测度河南省县域经济的发展规模、发展结构、发展效益、发展潜力活力、民生幸福等方面的状况，以发现河南省县域经济发展的整体格局、发展态势和政策基点。未经特殊说明，本报告采用的数据均来自 2019～2021 年的《河南统计年鉴》以及各地级市（含济源示范区）的统计公报。结合数据可得性，课题组构建了包含 102 个县（市）的 2018～2020 年的县域经济面板数据。对于部分空缺值，采用三年移动平移法进行补充，表 2 显示了指标选择与样本的描述性统计结果。

表 2　指标选择与样本的描述性统计结果

指标名	单位	观测值	均值	标准差	最小值	最大值	权重
GDP	亿元	306	315. 37	191. 88	92. 05	1340. 00	0. 042
人均 GDP	元	306	48441. 75	21143. 52	12033. 00	127199. 10	0. 049
一般公共财政预算收入	亿元	306	15. 41	11. 78	4. 03	82. 61	0. 037
一般公共预算收入/常住人口	万元/人	306	0. 21	0. 18	0. 05	1. 14	0. 033
城镇化率	%	306	45. 45	8. 99	26. 69	97. 00	0. 051
第二产业增加值占 GDP 比重	%	306	43. 64	10. 10	17. 59	76. 51	0. 053
第三产业增加值占 GDP 比重	%	306	41. 68	6. 45	15. 95	60. 75	0. 055
农村居民人均可支配收入/城镇居民人均可支配收入	—	306	0. 51	0. 08	0. 33	0. 72	0. 051
农村居民人均可支配收入	元	306	15063. 08	3257. 68	9451. 00	25501. 98	0. 048
城镇居民人均可支配收入	元	306	29631. 02	3200. 56	21786. 00	38613. 14	0. 052
居民人均可支配收入	元	306	22347. 05	2946. 70	15701. 50	30841. 89	0. 051
人均生产总值指数	—	306	105. 22	5. 23	55. 48	111. 90	0. 056
生产总值指数	—	306	105. 73	13. 26	50. 41	148. 38	0. 055
工业增加值增速	%	306	5. 83	9. 58	-81. 77	25. 70	0. 056
社会消费品零售总额	亿元	306	114. 78	64. 71	31. 95	365. 66	0. 043
社会消费品零售总额/常住人口	万元/人	306	1. 44	0. 67	0. 57	4. 74	0. 043
固定资产投资增速	亿元	306	7. 21	12. 53	-56. 10	31. 81	0. 055
一般公共预算收入/GDP	亿元	306	0. 05	0. 02	0. 02	0. 13	0. 048
居民人均可支配收入/人均 GDP	—	306	0. 52	0. 17	0. 22	2. 05	0. 049
主营业务收入	亿元	306	293. 31	384. 94	18. 70	3314. 81	0. 030
GDP/就业人员	万元/人	306	6. 81	3. 49	2. 64	24. 75	0. 041

二　县域经济高质量发展水平测度结果及分析

基于式（1）和式（2），本报告测算了2018~2020年河南省102个县（市）的县域经济高质量发展水平。本部分将从总体水平、发展规模、发展结构、民生幸福、发展潜力活力、发展效益的角度系统分析县域经济高质量发展情况，如表3所示。

表3　2018~2020年河南102个县（市）的县域经济高质量发展评价结果

单位：分

县(市)	总体水平		发展规模		发展结构		民生幸福		发展潜力活力		发展效益	
	得分	排名	得分	排名	得分	排名	得分	排名	得分	排名	得分	排名
新郑市	0.6965	1	0.8753	1	0.6587	3	0.9198	2	0.6872	4	0.3883	4
巩义市	0.6721	2	0.6391	3	0.6818	2	0.9504	1	0.7343	2	0.3280	7
中牟县	0.6705	3	0.7302	2	0.6312	4	0.7584	8	0.7575	1	0.4240	2
义马市	0.5945	4	0.4878	8	0.7350	1	0.6454	23	0.6097	25	0.4483	1
新密市	0.5880	5	0.4950	7	0.6301	5	0.8741	4	0.6603	6	0.2355	20
荥阳市	0.5845	6	0.5337	5	0.6007	9	0.8798	3	0.5907	40	0.3367	6
长葛市	0.5568	7	0.5600	4	0.5373	17	0.6613	18	0.6638	5	0.2886	11
登封市	0.5395	8	0.3605	13	0.5790	10	0.7777	6	0.6393	12	0.2655	14
禹州市	0.5387	9	0.4118	9	0.5274	20	0.7387	10	0.6939	3	0.2106	30
新安县	0.5371	10	0.5022	6	0.4838	29	0.7960	5	0.6142	22	0.2632	15
林州市	0.5193	11	0.3544	14	0.6281	6	0.7638	7	0.5790	50	0.2131	29
长垣市	0.5173	12	0.3354	15	0.6201	7	0.6678	17	0.6121	24	0.2551	16
渑池县	0.5074	13	0.3791	12	0.4879	28	0.6710	15	0.5766	52	0.3807	5
汝州市	0.4940	14	0.3205	19	0.5431	14	0.5952	31	0.6396	11	0.2419	18
永城市	0.4898	15	0.3893	11	0.4399	43	0.6277	27	0.6301	14	0.2679	13
栾川县	0.4830	16	0.3894	10	0.4514	39	0.5364	35	0.6365	13	0.2832	12
灵宝市	0.4815	17	0.3293	17	0.4476	41	0.6369	24	0.6506	7	0.2206	24
新乡县	0.4773	18	0.2231	31	0.5704	11	0.7215	12	0.5905	41	0.1788	46
舞钢市	0.4648	19	0.1947	36	0.4697	34	0.6321	25	0.6055	27	0.3099	9
淇县	0.4622	20	0.3217	18	0.5433	13	0.5954	30	0.5652	64	0.1878	39

续表

县(市)	总体水平		发展规模		发展结构		民生幸福		发展潜力活力		发展效益	
	得分	排名	得分	排名	得分	排名	得分	排名	得分	排名	得分	排名
鄢陵县	0.4618	21	0.2550	26	0.5090	25	0.6321	26	0.6155	21	0.1672	54
西峡县	0.4607	22	0.2509	27	0.4791	31	0.7074	13	0.5642	66	0.2281	21
辉县市	0.4575	23	0.2269	30	0.4827	30	0.6465	22	0.5822	47	0.2493	17
宝丰县	0.4560	24	0.2776	23	0.4763	32	0.6613	19	0.5781	51	0.1940	37
临颍县	0.4492	25	0.2508	28	0.5260	21	0.5044	39	0.6202	20	0.1814	44
伊川县	0.4467	26	0.2582	25	0.4697	35	0.6074	28	0.5975	34	0.1785	47
襄城县	0.4429	27	0.3129	20	0.5029	26	0.5452	34	0.5547	77	0.1966	36
孟州市	0.4379	28	0.3332	16	0.5524	12	0.7337	11	0.3941	97	0.2103	31
沁阳市	0.4299	29	0.2897	21	0.6059	8	0.7399	9	0.3447	99	0.2228	22
修武县	0.4262	30	0.2394	29	0.5344	19	0.6569	20	0.4002	96	0.3112	8
镇平县	0.4202	31	0.1163	85	0.4523	38	0.5158	37	0.6501	8	0.1651	56
汤阴县	0.4134	32	0.1771	47	0.4626	36	0.4730	43	0.5324	88	0.3074	10
新野县	0.4112	33	0.1494	61	0.4492	40	0.5980	29	0.5881	42	0.1238	94
内乡县	0.4088	34	0.1809	46	0.3960	58	0.5163	36	0.6039	29	0.1900	38
安阳县	0.4085	35	0.0071	102	0.4885	27	0.5634	32	0.4981	94	0.3904	3
尉氏县	0.4074	36	0.2803	22	0.4342	45	0.4373	49	0.5443	83	0.2190	25
卫辉市	0.4061	37	0.1431	64	0.5206	23	0.4135	54	0.5532	80	0.2401	19
获嘉县	0.4060	38	0.1283	81	0.5361	18	0.3529	74	0.6276	17	0.1526	65
淅川县	0.4041	39	0.1581	55	0.3773	68	0.5023	41	0.6443	10	0.1457	71
宜阳县	0.4038	40	0.2186	33	0.3922	62	0.4268	52	0.6281	15	0.1650	57
邓州市	0.4003	41	0.1816	45	0.4259	48	0.5472	33	0.5486	81	0.1748	50
兰考县	0.3991	42	0.2670	24	0.4326	47	0.3082	87	0.5983	33	0.2013	34
项城市	0.3976	43	0.1742	48	0.4434	42	0.3848	63	0.6278	16	0.1452	73
固始县	0.3967	44	0.1849	40	0.4228	49	0.4365	50	0.6131	23	0.1358	83
濮阳县	0.3957	45	0.1316	75	0.4119	53	0.4353	51	0.6076	26	0.2058	33
唐河县	0.3947	46	0.1477	62	0.3824	65	0.5027	40	0.6204	19	0.1372	80
鹿邑县	0.3930	47	0.2004	35	0.3958	59	0.4124	55	0.6265	18	0.1300	89
汝阳县	0.3886	48	0.1643	50	0.4214	51	0.3569	73	0.5937	37	0.2159	27
潢川县	0.3872	49	0.1587	54	0.4592	37	0.4583	46	0.5708	56	0.1167	95
浚县	0.3871	50	0.1361	72	0.5209	22	0.4785	42	0.5383	86	0.1027	102
洛宁县	0.3854	51	0.1940	37	0.3527	84	0.4050	56	0.5950	36	0.2085	32
嵩县	0.3830	52	0.1290	79	0.3768	69	0.4602	45	0.5954	35	0.1766	48

续表

县(市)	总体水平		发展规模		发展结构		民生幸福		发展潜力活力		发展效益	
	得分	排名	得分	排名	得分	排名	得分	排名	得分	排名	得分	排名
郏县	0.3824	53	0.1382	68	0.3610	79	0.4575	47	0.6020	31	0.1741	51
方城县	0.3814	54	0.1090	91	0.3907	63	0.4629	44	0.6025	30	0.1533	64
遂平县	0.3803	55	0.2039	34	0.3988	56	0.3844	64	0.5653	63	0.1846	41
桐柏县	0.3798	56	0.1625	51	0.4150	52	0.3945	60	0.5720	55	0.1798	45
延津县	0.3787	57	0.0901	98	0.4737	33	0.4194	53	0.5658	62	0.1585	60
新县	0.3752	58	0.1693	49	0.4225	50	0.4031	57	0.5678	59	0.1367	82
温县	0.3685	59	0.1818	44	0.5410	16	0.6690	16	0.3168	100	0.1575	61
武陟县	0.3681	60	0.2195	32	0.5143	24	0.6805	14	0.2947	101	0.1824	43
杞县	0.3649	61	0.1923	38	0.4050	54	0.3164	84	0.5637	67	0.1604	59
原阳县	0.3642	62	0.1251	82	0.4346	44	0.3263	83	0.5636	68	0.1751	49
通许县	0.3639	63	0.1823	43	0.4331	46	0.3629	68	0.5387	85	0.1334	84
叶县	0.3605	64	0.1018	93	0.2945	100	0.5077	38	0.5652	65	0.1840	42
清丰县	0.3602	65	0.1136	87	0.3935	61	0.3716	66	0.5662	61	0.1678	53
西平县	0.3595	66	0.1544	57	0.3753	71	0.3466	76	0.5683	58	0.1660	55
扶沟县	0.3576	67	0.1296	77	0.3567	83	0.2602	95	0.6488	9	0.1322	86
罗山县	0.3573	68	0.1414	65	0.3680	74	0.4015	59	0.5732	54	0.1162	96
商城县	0.3572	69	0.1550	56	0.3577	82	0.3858	62	0.5826	46	0.1122	98
新蔡县	0.3556	70	0.1309	76	0.3798	67	0.3091	86	0.5909	38	0.1525	66
泌阳县	0.3555	71	0.1841	41	0.3428	89	0.3634	67	0.5665	60	0.1422	75
夏邑县	0.3553	72	0.1387	67	0.3372	96	0.4408	48	0.5534	79	0.1464	70
滑县	0.3550	73	0.1593	53	0.3592	81	0.3358	80	0.5803	48	0.1424	74
南召县	0.3533	74	0.0907	97	0.3757	70	0.3620	69	0.5838	45	0.1477	69
太康县	0.3525	75	0.1505	60	0.3700	73	0.2687	92	0.6045	28	0.1389	78
舞阳县	0.3525	76	0.1857	39	0.3974	57	0.1973	100	0.5851	43	0.1706	52
光山县	0.3521	77	0.1153	86	0.3677	75	0.4029	58	0.5740	53	0.1080	101
南乐县	0.3520	78	0.1113	90	0.3897	64	0.3496	75	0.5600	72	0.1573	62
平舆县	0.3514	79	0.1365	70	0.3730	72	0.3809	65	0.5454	82	0.1493	68
确山县	0.3503	80	0.1823	42	0.3384	93	0.3366	79	0.5349	87	0.2008	35
沈丘县	0.3489	81	0.1600	52	0.3628	77	0.2873	89	0.5699	57	0.1639	58
社旗县	0.3454	82	0.0861	100	0.3616	78	0.3285	82	0.5909	39	0.1401	77
息县	0.3443	83	0.1235	83	0.3392	92	0.3600	72	0.5844	44	0.1090	100

续表

县(市)	总体水平		发展规模		发展结构		民生幸福		发展潜力活力		发展效益	
	得分	排名	得分	排名	得分	排名	得分	排名	得分	排名	得分	排名
淮滨县	0.3437	84	0.1286	80	0.3645	76	0.3412	78	0.5600	71	0.1306	88
卢氏县	0.3428	85	0.1171	84	0.3211	98	0.2770	91	0.5791	49	0.2134	28
虞城县	0.3418	86	0.1441	63	0.3494	86	0.3925	61	0.5266	91	0.1383	79
西华县	0.3369	87	0.1328	73	0.3358	97	0.2591	96	0.5994	32	0.1239	93
睢县	0.3356	88	0.1118	89	0.3081	99	0.3615	70	0.5570	75	0.1561	63
上蔡县	0.3353	89	0.0996	94	0.3383	94	0.3339	81	0.5585	74	0.1505	67
郸城县	0.3347	90	0.1381	69	0.3377	95	0.3068	88	0.5601	70	0.1321	87
鲁山县	0.3324	91	0.0660	101	0.2760	101	0.3612	71	0.5589	73	0.2177	26
汝南县	0.3320	92	0.1405	66	0.3506	85	0.2666	93	0.5609	69	0.1325	85
柘城县	0.3311	93	0.1296	78	0.3435	88	0.3135	85	0.5402	84	0.1420	76
正阳县	0.3195	94	0.1328	74	0.3423	90	0.2449	97	0.5536	78	0.1091	99
范县	0.3165	95	0.1538	58	0.3951	60	0.1449	101	0.5308	89	0.1369	81
宁陵县	0.3156	96	0.0926	96	0.3801	66	0.2377	98	0.5286	90	0.1293	90
商水县	0.3073	97	0.1125	88	0.3436	87	0.2608	94	0.5124	92	0.1158	97
台前县	0.3067	98	0.0862	99	0.4044	55	0.0966	102	0.5569	76	0.1276	91
博爱县	0.3054	99	0.1536	59	0.5411	15	0.6500	21	0.1012	102	0.2215	23
内黄县	0.2920	100	0.0927	95	0.2626	102	0.2145	99	0.5115	93	0.1876	40
民权县	0.2831	101	0.1364	71	0.3407	91	0.3455	77	0.3655	98	0.1456	72
封丘县	0.2812	102	0.1054	92	0.3597	80	0.2860	90	0.4019	95	0.1272	92

（一）县域经济高质量发展总体水平

总体来看，102 个县（市）县域经济高质量发展总体水平得分排名较 2017~2019 年未有明显变化。根据表 3，县域经济高质量发展总体水平得分位居 102 个县（市）前十位的依次为：新郑市（0.6965，第 1 位）、巩义市（0.6721，第 2 位）、中牟县（0.6705，第 3 位）、义马市（0.5945，第 4 位）、新密市（0.5880，第 5 位）、荥阳市（0.5845，第 6 位）、长葛市（0.5568，第 7 位）、登封市（0.5395，第 8 位）、禹州市（0.5387，第 9

位)、新安县（0.5371，第10位)。

从分布格局来看，不同县（市）县域经济高质量发展总体水平差异较为明显。102个县（市）县域经济高质量发展总体水平得分的均值为0.4061，有37个县（市）不低于均值，有65个县（市）低于均值。其中，县域经济高质量发展总体水平得分不低于均值的县（市）分别为：新郑市、巩义市、中牟县、义马市、新密市、荥阳市、长葛市、登封市、禹州市、新安县、林州市、长垣县、渑池县、汝州市、永城市、栾川县、灵宝市、新乡县、舞钢市、淇县、鄢陵县、西峡县、辉县市、宝丰县、临颍县、伊川县、襄城县、孟州市、沁阳市、修武县、镇平县、汤阴县、新野县、内乡县、安阳县、尉氏县、卫辉市。

（二）县域经济高质量的发展规模水平

总体来看，102个县（市）县域经济高质量的发展规模水平得分的排名较2017~2019年未有明显变化。根据表3，县域经济高质量的发展规模水平得分位居102个县（市）前十位的依次为：新郑市（0.8753，第1位)、中牟县（0.7302，第2位)、巩义市（0.6391，第3位)、长葛市（0.5600，第4位)、荥阳市（0.5337，第5位)、新安县（0.5022，第6位)、新密市（0.4950，第7位)、义马市（0.4878，第8位)、禹州市（0.4118，第9位)、栾川县（0.3894，第10位)。

从分布格局来看，不同县（市）县域经济高质量的发展规模水平差异较为明显。102个县（市）县域经济高质量的发展规模水平得分的均值为0.2152，有33个县（市）高于均值，有69个县（市）低于均值。其中，县域经济高质量的发展规模水平得分高于均值的县（市）分别为：新郑市、中牟县、巩义市、长葛市、荥阳市、新安县、新密市、义马市、禹州市、栾川县、永城市、渑池县、登封市、林州市、长垣县、孟州市、灵宝市、淇县、汝州市、襄城县、沁阳市、尉氏县、宝丰县、兰考县、伊川县、鄢陵县、西峡县、临颍县、修武县、辉县市、新乡县、武陟县、宜阳县。

（三）县域经济高质量的发展结构水平分析

总体来看，102个县（市）县域经济高质量的发展结构水平得分的排名较2017~2019年未有明显变化。根据表3，县域经济高质量的发展结构水平位居102个县（市）前十位的依次为：义马市（0.7350，第1位）、巩义市（0.6818，第2位）、新郑市（0.6587，第3位）、中牟县（0.6312，第4位）、新密市（0.6301，第5位）、林州市（0.6281，第6位）、长垣市（0.6201，第7位）、沁阳市（0.6059，第8位）、荥阳市（0.6007，第9位）、登封市（0.5790，第10位）。

从分布格局来看，不同县（市）县域经济高质量的发展结构水平差异较为明显。102个县（市）县域经济高质量的发展结构水平得分的均值为0.4381，有43个县（市）高于均值，有59个县（市）低于均值。其中，县域经济高质量的发展结构水平得分高于均值的县（市）分别为：义马市、巩义市、新郑市、中牟县、新密市、林州市、长垣县、沁阳市、荥阳市、登封市、新乡县、孟州市、淇县、汝州市、博爱县、温县、长葛市、获嘉县、修武县、禹州市、临颍县、浚县、卫辉市、武陟县、鄢陵县、襄城县、安阳县、渑池县、新安县、辉县市、西峡县、宝丰县、延津县、舞钢市、伊川县、汤阴县、潢川县、镇平县、栾川县、新野县、灵宝市、项城市、永城市。

（四）县域经济高质量的民生幸福水平分析

总体来看，102个县（市）县域经济高质量的民生幸福水平得分排名较2017~2019年未有明显变化。根据表3，县域经济高质量的民生幸福水平得分位居102个县（市）前十位的依次为：巩义市（0.9504，第1位）、新郑市（0.9198，第2位）、荥阳市（0.8798，第3位）、新密市（0.8741，第4位）、新安县（0.7960，第5位）、登封市（0.7777，第6位）、林州市（0.7638，第7位）、中牟县（0.7584，第8位）、沁阳市（0.7399，第9位）、禹州市（0.7387，第10位）。

从分布格局来看，不同县（市）县域经济高质量的民生幸福水平差异较为明显。102个县（市）县域经济高质量的民生幸福水平得分的均值为0.4749，有42个县（市）高于均值，有60个县（市）低于均值。其中，县域经济高质量的民生幸福水平得分高于均值的县（市）分别为：巩义市、新郑市、荥阳市、新密市、新安县、登封市、林州市、中牟县、沁阳市、禹州市、孟州市、新乡县、西峡县、武陟县、渑池县、温县、长垣县、长葛市、宝丰县、修武县、博爱县、辉县市、义马市、灵宝市、舞钢市、鄢陵县、永城市、伊川县、新野县、淇县、汝州市、安阳县、邓州市、襄城县、栾川县、内乡县、镇平县、叶县、临颍县、唐河县、淅川县、浚县。

（五）县域经济高质量的发展潜力活力水平分析

总体来看，102个县（市）县域经济高质量的发展潜力活力水平得分的排名较2017~2019年未有明显变化。根据表3，县域经济高质量的发展潜力活力水平得分位居102个县（市）前十位的依次为：中牟县（0.7575，第1位）、巩义市（0.7343，第2位）、禹州市（0.6939，第3位）、新郑市（0.6872，第4位）、长葛市（0.6638，第5位）、新密市（0.6603，第6位）、灵宝市（0.6506，第7位）、镇平县（0.6501，第8位）、扶沟县（0.6488，第9位）、淅川县（0.6443，第10位）。

从分布格局来看，不同县（市）县域经济高质量的发展潜力活力水平得分的差异较为明显。102个县（市）县域经济高质量的发展潜力活力水平得分的均值为0.5680，有58个县（市）高于均值，有44个县（市）低于均值。其中，县域经济高质量的发展潜力活力水平得分高于均值的县（市）分别为：中牟县、巩义市、禹州市、新郑市、长葛市、新密市、灵宝市、镇平县、扶沟县、淅川县、汝州市、登封市、栾川县、永城市、宜阳县、项城市、获嘉县、鹿邑县、唐河县、临颍县、鄢陵县、新安县、固始县、长垣县、义马市、濮阳县、舞钢市、太康县、内乡县、方城县、郏县、西华县、兰考县、伊川县、嵩县、洛宁县、汝阳县、新蔡县、社旗县、荥阳市、新乡县、新野县、舞阳县、息县、南召县、商城县、辉县市、滑县、卢氏县、林州市、宝丰县、渑池县、光山县、罗山县、桐柏县、潢川县、沈丘县、西平县。

（六）县域经济高质量的发展效益水平分析

总体来看，102 个县（市）县域经济高质量的发展效益水平得分的排名较 2017~2019 年未有明显变化。根据表 3，县域经济高质量的发展效益水平得分位居 102 个县（市）前十位的依次为：义马市（0.4483，第 1 位）、中牟县（0.4240，第 2 位）、安阳县（0.3904，第 3 位）、新郑市（0.3883，第 4 位）、渑池县（0.3807，第 5 位）、荥阳市（0.3367，第 6 位）、巩义市（0.3280，第 7 位）、修武县（0.3112，第 8 位）、舞钢市（0.3099，第 9 位）、汤阴县（0.3074，第 10 位）。

从分布格局来看，不同县（市）县域经济高质量的发展效益水平差异较为明显。102 个县（市）县域经济高质量的发展效益水平得分的均值为 0.1912，有 37 个县（市）高于均值，有 65 个县（市）低于均值。其中，县域经济高质量的发展效益水平得分高于均值的县（市）分别为：义马市、中牟县、安阳县、新郑市、渑池县、荥阳市、巩义市、修武县、舞钢市、汤阴县、长葛市、栾川县、永城市、登封市、新安县、长垣县、辉县市、汝州市、卫辉市、新密市、西峡县、沁阳市、博爱县、灵宝市、尉氏县、鲁山县、汝阳县、卢氏县、林州市、禹州市、孟州市、洛宁县、濮阳县、兰考县、确山县、襄城县、宝丰县。

三　县域经济所属地级市的发展质量特征分析

基于 102 个县（市）的县域经济高质量发展水平数据，本报告采用均值法得到 2018~2020 年河南省 102 个县（市）所属地级市的县域经济高质量发展水平，如表 4 所示。

表4　2018~2020年河南省102个县（市）所属地级市的县域经济高质量发展水平评价结果

单位：分

地级市	总体水平		发展规模		发展结构		民生幸福		发展潜力活力		发展效益		县(市)数量
	得分	排名	得分	排名	得分	排名	得分	排名	得分	排名	得分	排名	
郑州市	0.6252	1	0.6057	1	0.6303	1	0.8600	1	0.6782	1	0.3297	1	6
许昌市	0.5000	2	0.3849	2	0.5192	3	0.6443	3	0.6319	2	0.2158	7	4
三门峡市	0.4815	3	0.3283	3	0.4979	5	0.5575	4	0.6040	4	0.3157	2	4
洛阳市	0.4325	4	0.2651	4	0.4211	10	0.5127	6	0.6086	3	0.2130	8	7
鹤壁市	0.4246	5	0.2247	7	0.4363	8	0.4587	10	0.5113	16	0.2923	3	2
平顶山市	0.4150	6	0.1832	9	0.4034	12	0.5358	5	0.5915	7	0.2203	5	6
新乡市	0.4110	7	0.1722	10	0.4997	4	0.4793	8	0.5621	12	0.1921	9	8
漯河市	0.4008	8	0.2182	8	0.4617	6	0.3509	14	0.6026	5	0.1760	11	2
安阳市	0.3976	9	0.1581	12	0.4402	7	0.4701	9	0.5403	14	0.2482	4	5
南阳市	0.3964	10	0.1485	14	0.4096	11	0.4943	7	0.5972	6	0.1623	12	11
焦作市	0.3893	11	0.2362	5	0.5482	2	0.6883	2	0.3086	17	0.2176	6	6
开封市	0.3838	12	0.2305	6	0.4262	9	0.3562	13	0.5612	13	0.1785	10	4
信阳市	0.3642	13	0.1471	15	0.3877	14	0.3987	11	0.5782	9	0.1207	17	8
驻马店市	0.3537	14	0.1539	13	0.3683	15	0.3351	15	0.5672	10	0.1533	15	9
商丘市	0.3503	15	0.1632	11	0.3570	17	0.3884	12	0.5288	15	0.1608	13	7
周口市	0.3473	16	0.1463	16	0.3575	16	0.2936	16	0.5888	8	0.1338	16	8
濮阳市	0.3462	17	0.1193	17	0.3989	13	0.2796	17	0.5643	11	0.1591	14	5

（一）县域经济所属地级市的总体水平分析

2018~2020年，郑州市所辖6个县（市），总体水平得分0.6252，位居第1；许昌市所辖4个县（市），总体水平得分0.5000，位居第2；三门峡市所辖4个县（市），总体水平得分0.4815，位居第3；洛阳市所辖7个县（市），总体水平得分0.4325，位居第4；鹤壁市所辖2个县（市），总体水平得分0.4246，位居第5；平顶山市所辖6个县（市），总体水平得分0.4150，位居第6；新乡市所辖8个县（市），总体水平得分0.4110，位居第7；漯河市所辖2个县（市），总体水平得分0.4008，位居第8；安阳市所辖5个县（市），总体水平得分0.3976，位居第9；南阳市所辖11个县（市），总体水平得分0.3964，位居第10；焦作市所辖6个县（市），总体水平得分0.3893，位居第11；开封市所辖4个县（市），总体水平得分0.3838，位居第12；信阳市所辖8个县（市），总体水平得分0.3642，位居第13；驻马店市所辖9个县（市），总体水平得分0.3537，位居第14；商丘市所辖7个县（市），总体水平得分0.3503，位居第15；周口市所辖8个县（市），总体水平得分0.3473，位居第16；濮阳市所辖5个县（市），总体水平得分0.3462，位居第17。

（二）县域经济所属地级市的发展规模水平特征分析

2018~2020年，郑州市所辖县域经济，发展规模水平得分0.6057，位居第1；许昌市所辖县域经济，发展规模水平得分0.3849，位居第2；三门峡市所辖县域经济，发展规模水平得分0.3283，位居第3；洛阳市所辖县域经济，发展规模水平得分0.2651，位居第4；焦作市所辖县域经济，发展规模水平得分0.2362，位居第5；开封市所辖县域经济，发展规模水平得分0.2305，位居第6；鹤壁市所辖县域经济，发展规模水平得分0.2247，位居第7；漯河市所辖县域经济，发展规模水平得分0.2182，位居第8；平顶山市所辖县域经济，发展规模水平得分0.1832，位居第9；新乡市所辖县域经济，发展规模水平得分0.1722，位居第10；商丘市所辖县域经济，发展规模水平得分0.1632，位居第11；安阳市所辖县域经济，发展规模水平得分0.1581，位居第12；驻马店市所辖县域经济，发展规模水平得分0.1539，位居第13；南阳市所辖县域经济，发展规模水平得分0.1485，位居第14；信阳市所辖县域经济，发展规模水平得分0.1471，位居第15；周口市所辖县域经济，发展规模水平得分0.1463，位居第16；濮阳市所辖县域经济，发展规模水平得分0.1193，位居第17。

（三）县域经济所属地级市的发展结构水平特征分析

郑州市所辖县域经济，发展结构水平得分0.6303，位居第1；焦作市所辖县域经济，发展结构水平得分0.5482，位居第2；许昌市所辖县域经济，发展结构水平得分0.5192，位居第3；新乡市所辖县域经济，发展结构水平得分0.4997，位居第4；三门峡市所辖县域经济，发展结构水平得分0.4979，位居第5；漯河市所辖县域经济，发展结构水平得分0.4617，位居第6；安阳市所辖县域经济，发展结构水平得分0.4402，位居第7；鹤壁市所辖县域经济，发展结构水平得分0.4363，位居第8；开封市所辖县域经济，发展结构水平得分0.4262，位居第9；洛阳市所辖县域经济，发展结构水平得分0.4211，位居第10；南阳市所辖县域经济，发展结构水平得分0.4096，位居第11；平顶山市所辖县域经济，发展结构水平得分0.4034，位居第12；濮阳市所辖县域经济，发展结构水平得分0.3989，位居第13；信阳市所辖县域经济，发展结构水平得分0.3877，位居第14；驻马店市所辖县域经济，发展结构水平得分0.3683，位居第15；周口市所辖县域经济，发展结构水平得分0.3575，位居第16；商丘市所辖县域经济，发展结构水平得分0.3570，位居第17。

（四）县域经济所属地级市的民生幸福水平特征分析

郑州市所辖县域经济，民生幸福水平得分0.8600，位居第1；焦作市所辖县域经济，民生幸福水平得分0.6883，位居第2；许昌市所辖县域经济，民生幸福水平得分0.6443，位居第3；三门峡市所辖县域经济，民生幸福水平得分0.5575，位居第4；平顶山市所辖县域经济，民生幸福水平得分0.5358，位居第5；洛阳市所辖县域经济，民生幸福水平得分0.5127，位居第6；南阳市所辖县域经济，民生幸福水平得分0.4943，位居第7；新乡市所辖县域经济，民生幸福水平得分0.4793，位居第8；安阳市所辖县域经济，民生幸福水平得分0.4701，位居第9；鹤壁市所辖县域经济，民生幸福水平得分0.4587，位居第10；信阳市所辖县域经济，民生幸福水平得分0.3987，位居第11；商丘市所辖县域经济，民生幸福水平得分0.3884，位居第12；开封市所辖县域经济，民生幸福水平得分0.3562，位居第13；漯河市所辖县域经济，民生幸福水平得分0.3509，位居第14；驻马店市所辖县域经济，民生幸福水平得分 0. 3351，位居第 15；周口市所辖县域经济，民生幸福水平得分 0. 2936，位居第 16；濮阳市所辖县域经济，民生幸福水平得分 0. 2796，位居第 17。

（五）县域经济所属地级市的发展潜力活力水平特征分析

郑州市所辖县域经济，发展潜力活力水平得分 0. 6782，位居第 1；许昌市所辖县域经济，发展潜力活力水平得分 0. 6319，位居第 2；洛阳市所辖县域经济，发展潜力活力水平得分 0. 6086，位居第 3；三门峡市所辖县域经济，发展潜力活力水平得分 0. 6040，位居第 4；漯河市所辖县域经济，发展潜力活力水平得分 0. 6026，位居第 5；南阳市所辖县域经济，发展潜力活力水平得分 0. 5972，位居第 6；平顶山市所辖县域经济，发展潜力活力水平得分 0. 5915，位居第 7；周口市所辖县域经济，发展潜力活力水平得分 0. 5888，位居第 8；信阳市所辖县域经济，发展潜力活力水平得分 0. 5782，位居第 9；驻马店市所辖县域经济，发展潜力活力水平得分 0. 5672，位居第 10；濮阳市所辖县域经济，发展潜力活力水平得分 0. 5643，位居第 11；新乡市所辖县域经济，发展潜力活力水平得分 0. 5621，位居第 12；开封市所辖县域经济，发展潜力活力水平得分 0. 5612，位居第 13；安阳市所辖县域经济，发展潜力活力水平得分 0. 5403，位居第 14；商丘市所辖县域经济，发展潜力活力水平得分 0. 5288，位居第 15；鹤壁市所辖县域经济，发展潜力活力水平得分 0. 5113，位居第 16；焦作市所辖县域经济，发展潜力活力水平得分 0. 3086，位居第 17。

（六）县域经济所属地级市的发展效益水平特征分析

郑州市所辖县域经济，发展效益水平得分 0. 3297，位居第 1；三门峡市所辖县域经济，发展效益水平得分 0. 3157，位居第 2；鹤壁市所辖县域经济，发展效益水平得分 0. 2923，位居第 3；安阳市所辖县域经济，发展效益水平得分 0. 2482，位居第 4；平顶山市所辖县域经济，发展效益水平得分 0. 2203，位居第 5；焦作市所辖县域经济，发展效益水平得分 0. 2176，位居第6；许昌市所辖县域经济，发展效益水平得分0.2158，位居第7；洛阳市所辖县域经济，发展效益水平得分0.2130，位居第8；新乡市所辖县域经济，发展效益水平得分0.1921，位居第9；开封市所辖县域经济，发展效益水平得分0.1785，位居第10；漯河市所辖县域经济，发展效益水平得分0.1760，位居第11；南阳市所辖县域经济，发展效益水平得分0.1623，位居第12；商丘市所辖县域经济，发展效益水平得分0.1608，位居第13；濮阳市所辖县域经济，发展效益水平得分0.1591，位居第14；驻马店市所辖县域经济，发展效益水平得分0.1533，位居第15；周口市所辖县域经济，发展效益水平得分0.1338，位居第16；信阳市所辖县域经济，发展效益水平得分0.1207，位居第17。

四　政策建议

2023年，是党的二十大召开后的第一年，是河南锚定“两个确保”、持续推进实施“十大战略”的关键之年，也是河南省县域经济高质量发展的关键之年。当前，虽然受到疫情等超预期因素以及全球经济持续承压的影响，但全省县域经济发展稳中向好的发展格局未变，未来仍要持续推动创新驱动发展、不断推动产业结构优化升级、充分挖掘乡村振兴发展潜力、坚持向体制机制改革要效能，推动河南县域经济高质量发展。

第一，持续推动创新驱动发展。创新是县域经济高质量发展的动力来源。按照试点先行、稳步探索的发展思路，建立省、市、县科技创新及成果转化联动机制，尤其是要加快建设科技创新孵化联动机制，打破科技创新成果转化的“最后一公里”。建立以省科技创新战略引导基金为主，风险投资基金等社会资本为辅的科技创新基金，鼓励、引导和支持县域科技创新载体在科技创新研发、科技创新平台建设上提高经费拨付比例，推进县县有平台、县县有载体、县县有特色，打造县域经济科技创新生态。充分优化科技创新人才环境。在国内外发达地区及高教资源丰富地区，充分利用以项目招才、以才招才等多种形式，在高端人才孵化、人才技术成果转化等方面加大对人才的金融支持力度，使人才“引得来、留得住”。

第二，不断推动产业结构优化升级。充分发挥各地开发区经济建设主战场的关键地位，围绕“一县一省级开发区”的建设思路，持续推进产业结构优化升级。锚定高质量发展目标，坚持错位发展，鼓励和支持保障粮食安全、特色明显、生态功能突出的产业优先发展，尤其是对粮食安全领域的技术研发、生产加工、高端制造等企业进行重点培育，打造县域经济产业高质量发展格局。坚持把制造业高质量发展作为主攻方向，充分发挥郑州市、洛阳市等产业集群突出的优势，以产业链、创新链、人才链、文化链、服务链强链补链，加快释放中心城市的空间集群效应，形成一批批产业化集群，打造县域经济发展的新优势。锚定国家“3060”目标，坚持绿色低碳发展总体方向，有步骤地加快高污染、高耗能、高排放等落后产能的淘汰进程，加快产业绿色低碳转型步伐。

第三，充分挖掘乡村振兴发展潜力。河南省是人口大省、农业大省，乡村振兴是县域经济高质量发展的重要内容。要抓好“美丽乡村”建设的历史机遇，加快乡村基础设施建设，以路拉近村村、村镇、镇镇、镇县等之间的距离，以高速移动互联网络拉近乡村经济要素与全球市场的时空距离，加快推动乡村经济融入新发展格局。充分发挥国家粮食生产核心区的功能优势，在粮食生产上扛起重任，在食品加工制造业等产业高端化方面下功夫，打造数个国家百强县。围绕供应链、产业链、价值链推进链式重构，本着优势突出、特色明显原则，加快乡村产业结构重构，发展连接城乡、打通工农、联农带农的多类型多业态产业，推动农村经济发展焕发新活力。

第四，坚持向体制机制改革要效能。改革是县域经济高质量发展的重要动力。目前，河南省县域经济已经进入了高质量发展的新阶段，需要将创新、协调、绿色、开放、共享新发展理念作为指导理念，把准发展的方向。要持续推进县域营商环境建设，加快电子政务发展，打通县域行政审批的“最后一公里”，打造数个营商环境国家百强县市，发挥其示范引领作用。持续深化县域经济改革放权，以全面实施省直管财政管理体制改革为主线，探索财政分权的有效模式，赋予县域经济发展更多事权、财权。持续优化县域经济高质量发展考评机制，通过引入第三方考核评价机制，分类推进县域经济差异化发展，营造县域经济竞相发展的格局。

参考文献

李京文：《快速发展中的中国经济：热点·对策·展望》，社会科学文献出版社，1996。

任保平：《以质量看待增长：对新中国经济增长质量的评价与反思》，中国经济出版社，2010。

武义青：《经济增长质量的度量方法及其应用》，《管理现代化》1995年第10期。

郭克莎：《论经济增长的速度与质量》，《经济研究》1996年第1期。

钟学义等：《增长方式转变与增长质量提高》，经济管理出版社，2001。

毛海波：《浅谈经济增长质量的内涵》，《企业导报》2009年第4期。

单薇：《基于熵的经济增长质量综合评价》，《数学的实践与认识》2003年第10期。

李俊霖、叶宗裕：《中国经济增长质量的综合评价》，《税务与经济》2009年第4期。

毛燕玲、肖教燎、傅春：《中部6市经济增长质量的综合比较》，《统计与决策》2008年第9期。

王文彬、王雅华：《中部地区6省经济增长质量的评价与分析》，《价值工程》2009年第4期。

《关于发布2014年度产业集聚区考核综合排序的通知》，河南省发展和改革委员会，2015年6月2日，https：//fgw. henan. gov. cn/2015/06-02/700428. html。

分析预测篇

Analysis and Prediction

B.6

2022～2023年河南产业发展形势分析与展望

唐晓旺*

摘　要： 推进产业体系转型升级，是高水平建设现代化河南的重要任务和关键环节。2022年以来，河南第一、第二、第三产业均实现企稳回升，产业结构调整取得了新进展，企业经济效益有了进一步提升，产业转型升级取得了明显成效。同时，应该看到，与发达省份相比，河南的产业结构仍然落后，无论是工业、服务业还是农业，以传统行业为主的情况没有发生根本改变。2023年，河南的产业发展面临着复杂多变的国内外环境，既存在有利条件，也存在不利因素。因此，全省要按照党的二十大的要求，不断强化产业转型的政策引导，建立健全产业转型升级的体制机制，推进全省产业数字化智能化转型，持续推动营商环境不断优化升

* 唐晓旺，河南省社会科学院改革开放与国际经济研究所研究员，主要研究方向为区域经济与产业经济。

级，在全面建设现代化河南的新征程中推动产业发展向高质量迈进。

关键词： 产业结构 产业转型 数字化智能化

推进产业转型升级，是贯彻新发展理念，构建新发展格局，推动经济高质量发展的重要任务。2022 年以来，河南围绕“两个确保”，加快实施“十大战略”，产业转型升级取得了新的进展。目前，河南三大产业呈现出企稳回升、持续向好的态势，质量和效益有了明显改善。同时应当看到，河南产业结构不合理的状况并没有根本改变，全省产业转型升级的任务仍然繁重，探索农业大省、资源大省转型升级的道路仍然漫长。

一 对河南产业发展态势的总体分析及研判

（一）三大产业总体回升，但增速有所下滑

2022 年初以来，全省积极推进稳增长、保就业、惠民生，三大产业总体呈现企稳向好的态势。2022 年 1～6 月，第一产业增加值达到 2355.52 亿元，增速为 4.5%；第二产业增加值达到 13490.99 亿元，增速为 3.9%；第三产业增加值达到 14910.69.23 亿元，增速为 2.2%。纵向对比来看，河南 2022 年 1～6 月三大产业增速均低于 2021 年，但却高于 2020 年。与全国对比看，河南 2022 年 1～6 月第二、第三产业增加值增速分别高于全国平均水平 0.7 个、0.4 个百分点，而第一产业增加值增速则低于全国 0.5 个百分点。这表明，河南 2022 年 1～6 月产业发展趋势与全国同步，且总体上略好于全国。

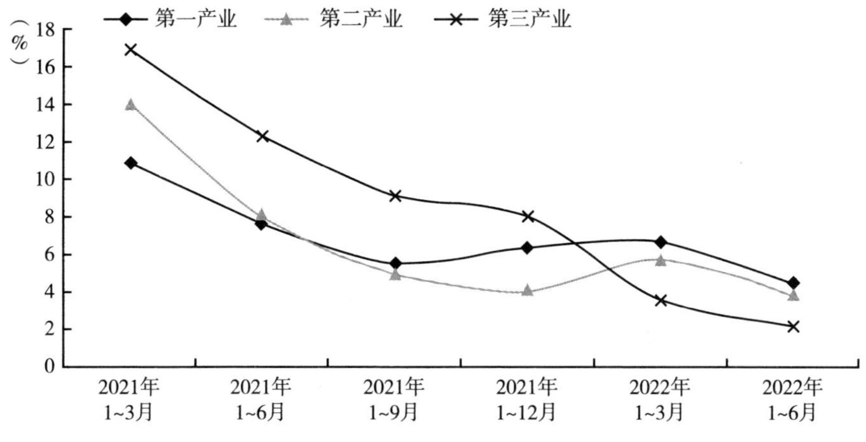

图 1　河南三次产业增加值增速变化趋势

资料来源：2022 年 7 月《河南统计月报》。

（二）产业结构持续优化，主导产业支撑有力

2022 年以来，河南三大产业呈现持续恢复发展势头，产业结构优化升级取得了新的成效。与上年同期相比，2022 年 1~6 月，第一产业比重降低了 0.6 个百分点，第二产业比重增长了 0.7 个百分点，第三产业比重降低了 1.2 个百分点。第二产业比重的上升，表明工业对全省经济增长的支撑作用增强。第三产业比重持续降低，反映了疫情防控对第三产业产生了较大影响。在工业内部，1~6 月全省五大主导产业增加值增长 6.3%，战略性新兴产业增加值增长 8.4%，高技术制造业增加值增长 16.8%，分别高于全省规模以上工业增速 0.9 个、3.0 个和 11.4 个百分点，而传统支柱产业增加值增长 3.8%，低于全省规模以上工业增速 1.6 个百分点。这一数据表明，河南战略性新兴产业和高技术制造业增加值增速明显快于传统支柱产业，工业转型取得了新的进展。在服务业内部，交通运输、仓储及物流业和金融业分别增长 4.2%、3.2%，表明全省现代服务业也实现了稳定增长；批发零售业和住宿餐饮业分别下降 2.3%和 5.5%，说明这两个行业受疫情的影响较大。

（三）工业经济企稳回升，转型升级步伐加快

在稳增长措施的稳步推进下，河南工业经济企稳回升，呈现向好的增长态势。2022 年 5 月、6 月和 7 月的规模以上工业增加值累计增速达到了最低点 5.4%，而 8 月的这一数值为 5.7%（见图 2），实现了企稳回升。从主要产品增长情况看，部分技术含量和附加值较高的工业新兴产品产量快速增长。2022 年 8 月，全省服务器、计算机整机、液晶显示屏产量分别增长 1586.1%、139.9% 和 79.2%，新能源汽车、轿车、光纤产量分别增长 13.9%、12.1%和 9.5%，均呈现迅猛发展势头。

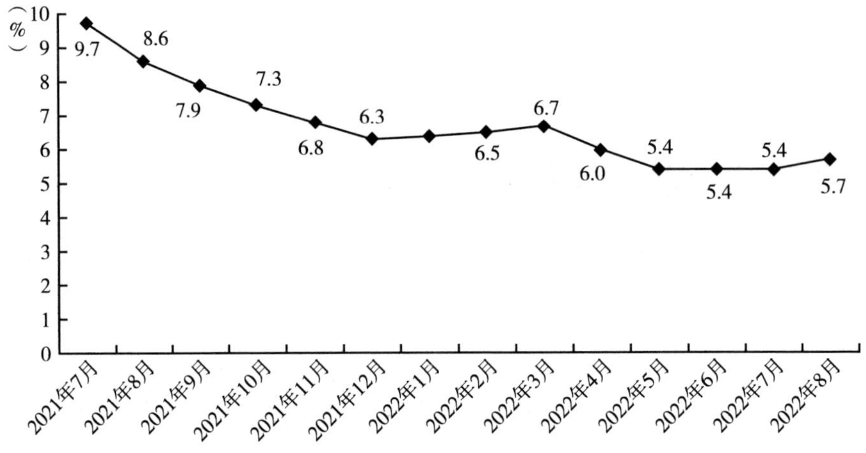

图 2　河南规模以上工业增加值累计增长趋势

资料来源：2022 年 8 月《河南统计月报》。

（四）新产业新业态增速放缓，回升态势初现

近年来，新一轮信息技术革命催生了新产业、新业态、新模式，新兴产业实现快速增长，特别是互联网销售、外卖送餐等消费新业态增长速度较快。鉴于新兴产业和新业态统计数据相对缺乏，很多处于萌芽状态的新兴产业无法获得统计数据，因此对新兴产业的发展我们近似地采用快递业务量的

增长来反映。可以看出，2022 年以来，随着经济下行压力加大，河南新兴产业和新业态经过前些年的快速扩张，增速开始呈现下降趋势。2022 年以来，河南快递业务总量累计增速呈下降的态势，5 月达到了最低点，快递业务总量累计增速仅为 4.3%，而 6 月、7 月快递业务总量累计增速则呈现回升势头，7 月达到了 7.8%。这一状况表明，河南新兴产业和新业态基本告别了颓势，呈现了回升的势头。

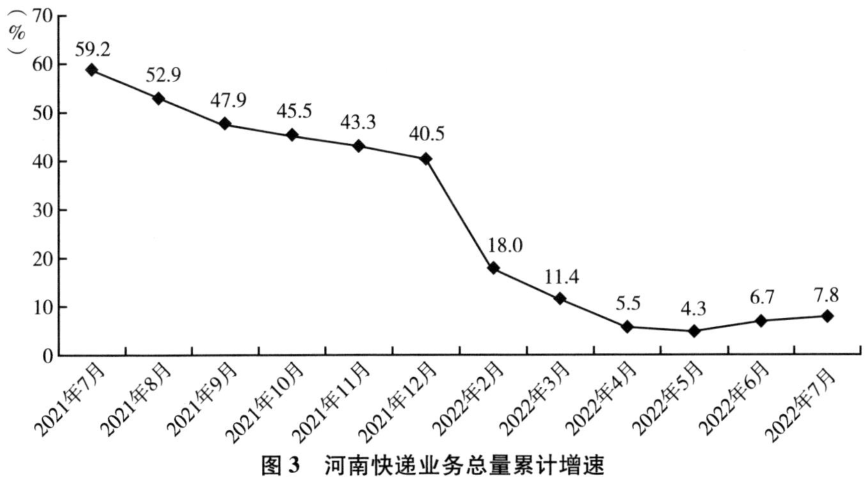

图 3　河南快递业务总量累计增速

资料来源：2022 年 7 月《河南统计月报》。

（五）经济效益逐步改善，发展质量明显好转

工业和服务业是河南经济增长的主体，因此通过考察全省规模以上工业和服务业营业收入及利润增长情况可以看出河南经济效益的变动情况。从工业来看，2022 年以来，全省规模以上工业营业收入及利润增速先升后降，但是下降的动能在减弱（见图 4）。从服务业看，2022 年 1 月以来，全省规模以上服务业营业收入及利润增速均呈现下降趋势，4 月、5 月、6 月的增速达到最低，7 月开始回升（见图 5）。2022 年以来规模以上工业和服务业营业收入及利润增长情况表明，河南企业经济效益企稳向好，经济高质量发展取得了新进展。

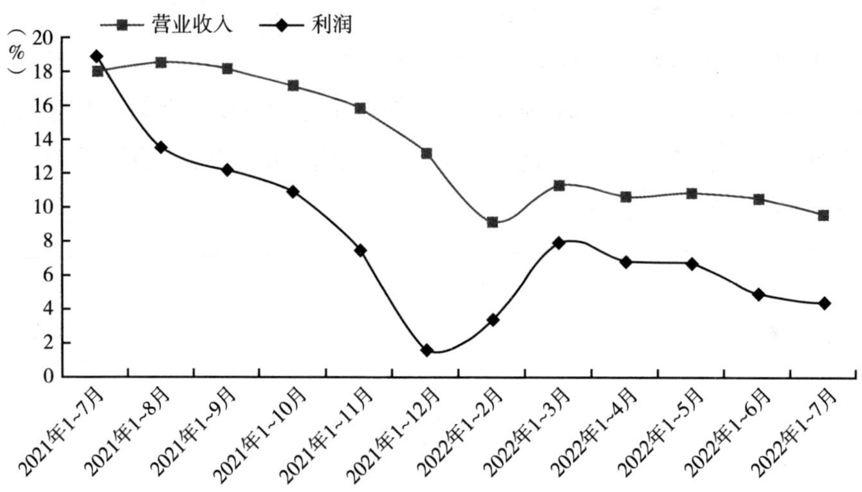

图 4　河南规模以上工业营业收入及利润增速变化趋势

资料来源：2022 年 7 月《河南统计月报》。

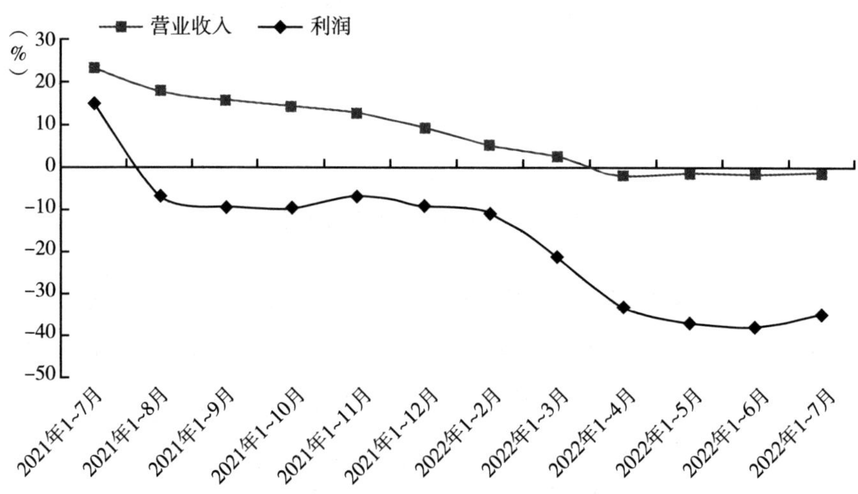

图 5　河南规模以上服务业营业收入及利润增速变化趋势

资料来源：2022 年 7 月《河南统计月报》。

二　河南产业发展中存在的突出矛盾和问题

（一）资源型高耗能产业比重偏大

长期以来，我国资源型产业比重较大，是工业发展的重要支柱。2022年1~7月，河南传统支柱产业增加值占比48.4%，能源原材料工业增加值占比47.0%，说明全省工业仍然以传统制造业和能源原材料产业为主。从纵向对比看，全省传统支柱产业增加值2022年1~7月占比为48.4%，比2017年增加了4.2个百分点；高耗能工业增加值2022年1~7月占比为40.0%，比2017年增长了7.3个百分点。这一数据表明，我国传统支柱产业和高耗能工业增加值占比并没有降低，反而是增加了。2022年1~7月，全省高技术制造业增加值占比11.2%，与2017年相比，占比只增长了3个百分点，增长较慢；1~7月，战略性新兴产业增加值占比24.6%，比2017年增长了12.5个百分点，战略性新兴产业尽管比重增长幅度较大，但是由于基数较小，总体上对全省工业的支撑力不强。

表1　2017年至2022年7月河南规模以上工业增加值构成

单位：%

指标名称	2017年	2018年	2019年	2020年	2021年	2022年1~7月
规模以上工业	100.0	100.0	100.0	100.0	100.0	100.0
能源原材料工业	38.5	35.2	41.9	41.8	44.1	47.0
消费品制造业	—	—	—	28.4	26.1	26.3
五大主导产业	44.6	45.2	45.5	46.8	46.8	46.1
传统支柱产业	44.2	46.6	46.7	46.2	46.2	48.4
战略性新兴产业	12.1	15.4	19.0	22.4	24.0	24.6
高技术制造业	8.2	10.0	9.9	11.1	12.0	11.2
高耗能工业	32.7	34.6	35.3	35.8	38.3	40.0

资料来源：2022年7月《河南统计月报》。

（二）新兴服务业发展相对落后

从全国来看，河南服务业具有一定优势的行业主要是交通运输、仓储和邮政业，批发零售业，住宿和餐饮业，这些行业属于传统服务业，附加值相对较低。2022 年 1~6 月，河南服务业分行业占地区生产总值的比重方面，交通运输、仓储和邮政业，批发零售业，住宿和餐饮业三项合计占 14.1%，处于比较高的状态，而现代物流业、金融保险业、信息服务业和文化旅游业等新兴服务业占比相对较低，与主要发达省份相比差距较大。从纵向对比看，2017 年以来，河南交通运输、仓储和邮政业以及批发零售业等传统服务行业的增加值占地区生产总值的比重一直比较高，部分年份还有增加的趋势，而金融业的比重相对不高。河南服务业“一高一低”的结构特征表明河南新兴服务业发展相对落后，未来一段时间，河南大力发展新兴服务业刻不容缓。

表 2　2017 年至 2022 年 6 月河南服务业分行业占地区生产总值比重

单位：%

时间	批发零售业	交通运输、仓储和邮政业	住宿和餐饮业	金融业	房地产业	其他服务业
2017 年	7.2	5.4	2.2	4.8	6.0	18.0
2018 年	7.4	5.7	2.1	5.1	6.2	20.3
2019 年	7.5	5.7	2.2	5.2	6.2	21.2
2020 年	7.6	5.2	1.9	5.4	6.6	21.8
2021 年 1~3 月	7.6	5.8	2.0	6.4	6.8	24.3
2021 年 1~6 月	7.1	5.9	1.8	5.6	6.6	22.1
2021 年 1~9 月	7.1	5.8	1.8	5.4	6.3	21.3
2021 年 1~12 月	7.6	5.7	1.9	5.3	6.3	21.7
2022 年 1~3 月	7.2	5.3	1.7	6.2	6.6	25.2
2022 年 1~6 月	6.8	5.7	1.6	5.6	6.1	22.0

资料来源：2022 年 7 月《河南统计月报》。

（三）科技自主创新能力不强

长期以来，河南高等教育资源不足，与湖北、四川、陕西等省份相比，高等教育是河南最大的短板。“河南学生考大学难”的问题一直没有得到很好的解决，河南人才外流问题突出，人才强省建设面临较大挑战。河南高等教育落后导致的一大问题是科技创新资源较弱，科技创新投入不足。根据官方公布的数据测算，2020年河南研发经费投入强度为1.64%，低于全国研发经费投入强度0.76个百分点，也低于湖北、山东、安徽等相邻省份。科学技术是第一生产力，河南研发经费投入不足，导致科技创新能力不足，影响经济可持续增长。

（四）产业附加值和层次相对较低

目前，河南农业、工业、服务业门类齐全，基础较好，三次产业融合协调发展水平在全国基本处于较靠前位置。但是与发达地区相比，河南产业整体处于产业链前端、价值链低端，产业的附加值和含税量不高，发展质量不高。一方面，河南资源型产业的比重仍然较大，发展动力相对不足。目前，煤炭、钢铁、有色金属等产业仍是全省经济的重要支柱，这些资源型产业附加值相对较低，对经济发展的带动能力相对较小。同时，这些产业还位于产业链的上游，易受到下游产业的影响，市场波动相对较大，难以形成持续的支撑。另一方面，产业转型升级较慢，新兴产业发展不足。近年来，河南大力推动产业转型，引进了电子信息、汽车制造、生物产业等一批战略性新兴产业，但这些产业的规模较小，难以形成强有力的经济支撑。在电子商务蓬勃发展的背景下，由于缺乏大型的互联网销售平台，河南的消费需求和购买力大量流失，税源也大量流失，对河南整体经济发展造成了一定的负面影响。

（五）企业规模偏小竞争不强

长期以来，河南企业规模相对较小，竞争力较弱，缺乏业态先进、竞争力强的领军企业。根据中国企业联合会、中国企业家协会发布的2022中国企业500强名单，在全部入围的企业中，河南企业仅有11家，数量在全国排第12位，与河南第五经济大省的地位不相称，与广东、山东、浙江、江苏等经济大省相比差距较大。2022 年河南企业入围中国企业 500 强的数量比上年减少 1 家，全国排名下降 1 位。排名最靠前的河南企业是万洲国际有限公司，排名第 151 位，与上年相比下降了 20 位，其营业收入为 17597435 亿元，与排名前十的企业差距较大。而且，2022 年河南入围中国企业 500 强的 11 家企业，主要集中在能源、电力等传统行业，战略性新兴产业和高技术制造业没有企业入围。

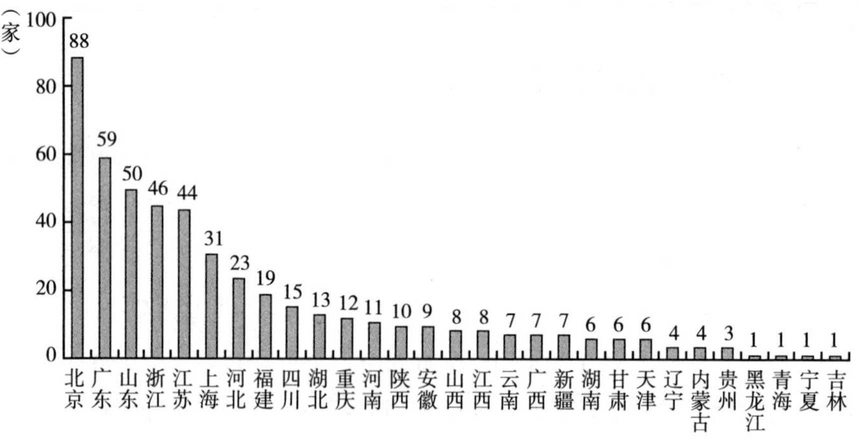

图 6　2022 年中国企业 500 强部分省（区、市）上榜数量

资料来源：中国企业联合会、中国企业家协会。

三　新时代推动河南产业高质量发展的政策建议

2022 年以来，河南围绕“两个确保”的总目标，积极实施“十大战略”，全省产业增长的动能不断累积，三次产业均保持了较好发展势头，呈现了良好的韧性。2023 年，河南产业发展总体上仍然是机遇与挑战并存，既存在诸多有利条件，也存在一系列不利因素。为此，全省上下必须深化体制改革，加快数字化转型，优化发展环境，推进体制机制创新，促进产业转型取得新的进展。

（一）强化产业转型升级的政策引导

新的条件下，推动河南产业转型升级发展，需要不断优化产业政策，强化产业发展的政策和要素支撑。一是强化对未来产业发展的顶层设计。加快制定高端产业和未来产业发展规划，围绕高端产业、高技术产业和未来产业，以产业思维、价值取向培育引进市场主体，推进全省产业向产业链后端、价值链高端进军。二是强化对战略性新兴产业的政策扶持。围绕新一代信息技术、高端装备制造、生物医药、新能源、新材料及节能环保等产业，加大政府补贴和支持力度，培育和引进一批技术含量高、发展潜力大、带动能力强的战略性新兴产业龙头企业。三是促进新兴产业的发展。围绕跨境电商、直播带货、文旅文创等新兴产业，出台一系列含金量高的支持政策，加快对新产业、新业态、新模式的培育和引进，促进新兴产业加快发展。

（二）建立健全产业转型的体制机制

推进产业转型升级，关键是要按照新发展理念的要求，推进体制和机制创新，不断激发企业发展动力和活力。一是坚持和完善新发展理念导向机制。创新发展、协调发展、绿色发展、开放发展、共享发展是新时代产业转型升级的基本纲领和重要遵循。未来河南加快产业转型发展，必须贯彻新发展理念，促进产业与科技、生态协同发展。二是坚持和完善创新导向机制。坚持创新导向，就是要按照新一轮科技革命的要求，大力发展高新技术产业，不断提升产业的科技水平和竞争能力，推进河南产业结构实现根本性转变。三是健全完善产业转型升级绩效考核机制。加快建立健全推动产业转型发展的制度框架和体系，将产业转型升级作为经济社会发展的主要目标，强化政府支持产业转型升级的目标约束机制。

（三）加快推进产业数字化智能化转型

加快产业转型升级，需要准确把握数字经济的发展规律，强化数字化赋能，全面提升产业数字化水平。一是要继续推进以 5G、互联网、云生态、人工智能为代表的“新基建”，加快基础能力和应用能力发展，为产业发展提供基础支撑。二是加快培育和引进一批数字经济企业。加强与浙江、广东、上海等数字经济发展比较好的省（市）的对接联系，通过产业链和价值链的合作，引进一批数字化企业和产业。三是大力发展新产业、新业态、新模式。以互联网经济为突破口，大力发展跨境电商、直播带货、微商团购等新经济模式，促进数字经济快速发展。

（四）持续推动营商环境不断优化升级

要发挥企业和企业家能动性，营造好的政策和制度环境，让国企敢干、民企敢闯、外企敢投。一是正确处理好有效市场和有为政府的关系。充分发挥市场在资源配置中的决定性作用，在更深层次上持续推进市场化改革，推动资源要素自由流动，建立公平公正高效的市场竞争秩序。二是提高政策透明度。强化按规则行政的意识和能力，提高政府行政的稳定性和可预测性，提升和稳定企业家信心。三是提高政府行政效能。深化简政放权改革，推动政务流程再造，建立健全一体化政务平台，提高各级机关的行政效能和服务效率。四是优化营商环境，强化服务意识和服务能力，构建亲商爱商重商的“亲”“清”新型政商关系。

参考文献

王玉荣、葛新红：《产业互联网：全产业链的数字化转型升级》，清华大学出版社，2021。

林毅夫、张军、王勇等：《产业政策总结、反思与展望》，北京大学出版社，2018。

刘涛雄等：《中国产业政策转型研究》，经济科学出版社，2017。

许启凡、邹甘娜、甘行琼：《财政投资、5G产业与经济增长》，《改革》2022年第8期。

陈晓东、杨晓霞：《数字化转型是否提升了产业链自主可控能力?》，《经济管理》2022年第8期。

B.7

2022~2023年河南固定资产投资形势分析与思考

李　斌*

摘　要： 2022年1~8月，河南投资政策举措密集出台，重大投资项目相继落地，投资拉动经济增长成效显著，固定资产投资整体呈现高速增长态势，预计第四季度全省固定资产投资仍将保持高速增长。2023年，河南推动投资增长要从以下方面发力：落实"投资拉动"战略，释放全省投资潜力；践行"项目为王"理念，加速布局重大项目；完善投资保障体系，全面提升投资效率；围绕重点投资领域，着力化风险补短板。

关键词： 固定资产投资　投资效率　投资结构

2022年以来，面对需求收缩、供给冲击、预期转弱"三重压力"叠加疫情等超预期因素影响的复杂局面，河南深入贯彻"项目为王"理念，推进实施"投资拉动"战略，增强市场主体投资信心，优化投资市场环境，强化投资要素保障，创新项目落地机制，全省固定资产投资呈现增速"高位企稳"态势，进一步发挥了拉动全省经济增长的关键作用，为全省稳经济大盘作出了贡献。

* 李斌，博士，河南省社会科学院经济研究所副研究员，主要研究方向为区域经济。

一　2022年1~8月河南固定资产投资总体情况

（一）总体投资增速高位企稳

自新冠肺炎疫情暴发以来，河南固定资产投资增速波动明显，投资对经济增长的拉动作用受阻。面对投资增速承压波动态势，2022年以来，河南坚持“项目为王”理念，深化“投资拉动”，截至2022年8月，全省固定资产投资增速呈现“高位企稳”态势，有力支撑了全省经济社会的发展，为全省稳经济大盘作出了巨大贡献。2022年伊始，全省投资增速强势上扬，1~2月，全省固定资产投资（不含农户）同比增长16.0%，3月以后，投资增速继续保持高位增长态势。1~3月，全省固定资产投资（不含农户）同比增长15.0%，比上年同期高0.4个百分点，其中，民间投资增长势头强劲，同比增长9.4%；1~4月，全省固定资产投资（不含农户）同比增长12.0%，比上年同期高1.9个百分点；1~5月，同比增长10.5%，比上年同期高2.7个百分点；1~6月，同比增长10.3%，比上年同期高2.5个百分点；1~7月，同比增长10.1%，比上年同期高4.3个百分点。从总体上看，2022年1~8月，全省固定资产投资（不含农户）同比增长9.8%，为新冠肺炎疫情暴发以来同期最高水平，呈现增速高位企稳态势，为经济发展“全年红”奠定了坚实基础。

（二）重点投资领域亮点频现

2022年以来，河南坚持“项目为王”，聚焦先进制造业和战略性新兴产业、产业链供应链安全、重大基础设施、生态环境、公共安全和社会民生等重点领域，不断加大投资力度，1~6月及1~8月全省重点投资领域亮点频现，整体表现优于全国平均水平。其中，1~6月，全省固定资产投资增速10.3%，高于全国4.2个百分点；1~8月，全省固定资产投资增速9.8%，高于全国4.0个百分点。工业投资保持高速增长态势，1~5月，全省工业投资增长 24.2%，高于全国 13.1 个百分点。其中，采矿业投资增长 39.5%，制造业投资增长 25.4%，工业技改投资增长 39.0%，高于全部投资增速 28.5 个百分点。1~6 月，全省工业投资增长 22.3%，高于全国 11.8 个百分点。1~8 月，全省工业投资增长 22.4%，比 1~7 月加快 0.1 个百分点，高于全国 11.9 个百分点。其中，制造业投资增长 25.4%，高于全国 15.4 个百分点，工业技改投资增长 34.9%，高于全省工业投资 12.5 个百分点。民生领域投资持续增长。1~8 月，全省社会领域投资增长 30.2%，其中卫生和社会工作投资增长 55.1%，文化、体育和娱乐业投资增长 27.1%。基础设施投资增速略有放缓。1~8 月，全省基础设施投资增长 8.0%，较 1~7 月回落 0.5 个百分点，由 1~7 月的高于全国 1.1 个百分点转为低于全国 0.3 个百分点。其中，占基础设施投资比重 53.1% 的公共设施管理业投资仅增长 3.7%，比 1~7 月回落 1.0 个百分点。

（三）投资政策举措密集出台

2022 年以来，河南以持续扩大有效投资为导向，先后出台了《河南省重大项目建设“三个一批”活动评价办法（试行）》《推进重大项目建设三项制度》《河南省进一步推进投资项目审批制度改革实施方案》《关于加强企业（项目）培育促进全省经济高质量发展的通知》《河南省全面加快基础设施建设稳住经济大盘工作方案》等一系列投资政策举措，为全省固定资产投资持续高位企稳提供了良好的政策保障。同时，积极推动各项政策举措落地见效。一方面，坚持加强财政投资与引导社会资本参与并举，积极扩大有效投资。不断强化财政投入保障，2022 年 1~8 月，统筹中央和省基建、车辆购置税等资金 391.5 亿元，重点支持十大水利工程等重大项目建设，新增专项债券 2086.0 亿元，同比增加 362.0 亿元，增长 21.0%，推动形成更多实物工作量。积极引导社会资本参与，规范推广应用 PPP 模式，截至 8 月底，全省纳入 PPP 管理库项目共 845 个、投资额达 1.06 万亿元，涉及市政工程、生态环保等 19 个行业领域，为社会资本创造了更多投资机会。另一方面，持续推动各项惠企政策落地，减轻投资主体负担，破解投资增长难题。落实新的组合式税费支持政策，省直部门和省属企业已减免租金8.7亿元，真正做到让利于企、让利于民。针对市场主体“融资难、融资贵”问题，统筹发挥中小微企业应急周转资金池、省级融资担保代偿补偿资金池等政策工具箱作用，截至8月底，通过中小微企业应急周转资金池带动银行贷款314亿元、惠及中小企业2185家。

（四）“投资拉动”战略成效初显

2022年以来，河南将重大项目作为拉动经济增长的重要抓手，坚持“项目为王”。一方面，围绕项目建设，持续推进“三个一批”行动，围绕重大基础设施建设、产业竞争力提升、创新驱动发展、重大民生保障改善等关键环节，高位推进实施了一批重大项目，为社会经济发展注入了强劲动能。另一方面，围绕项目落地过程中的难点、堵点，出台一系列重磅举措，精准施策、靶向发力，形成了推动实施“投资拉动”战略的良好氛围，有力地支撑了全省经济大盘企稳向好。2022年1~6月，滚动实施五期“三个一批”项目，总投资额累计达3万多亿元，同时，多渠道筹集建设资金，激发民间投资信心和活力，引导金融机构加大对企业的支持力度。此外，新开工项目投资拉动作用明显，1~5月，全省新开工项目4187个，同比增加1260个；新开工项目完成投资增长30.2%，拉动全部投资增长3.9个百分点。截至2022年8月底，全省亿元及以上项目投资增长12.6%，比上月加快0.2个百分点。全省新开工项目计划总投资、完成投资分别增长20.9%、20.9%，其中亿元以上新开工项目计划总投资、完成投资分别增长21.2%、19.4%，延续高速增长态势。

二　2022年1~8月河南固定资产投资分类情况

（一）三次产业投资分析

分产业情况来看，2022年1~8月，河南三次产业固定资产投资增速分化特征明显，呈现“第一产业投资势头回落、第二产业投资高速增长、第三产业投资稳步增长”的特点。从第一产业投资增速来看，2022 年 1~8 月河南第一产业投资增速呈下滑态势，1~2 月第一产业投资同比下降 5.6%，1~3 月第一产业投资同比下降 7.0%，1~6 月第一产业投资同比下降 13.0%，1~8 月第一产业投资同比下降 9.5%。全省投资结构持续调整，有效投资逐渐向第二、第三产业倾斜，进而出现“挤出效应”，导致第一产业有效投资不足，投资增速为负。从第二产业投资增速来看，2022 年 1~8 月，河南第二产业投资增速达到新冠肺炎疫情发生以来同期最好的状态，总体呈现“高位企稳、持续增长”态势。1~2 月第二产业投资增长 35%，比上年同期高 19.3 个百分点；1~3 月第二产业投资增长 34.7%，比上年同期高 28.8 个百分点；1~4 月第二产业投资增长 28.2%，比上年同期高 25.4 个百分点；1~5 月第二产业投资增长 23.8%，比上年同期高 22.5 个百分点；1~6 月，第二产业投资增长 21.9%，比上年同期高 14.4 个百分点；1~8 月第二产业投资增长 22.2%，比上年同期高 11.2 个百分点。1~8 月，河南省“投资拉动”战略的实施，叠加一大批高质量高成长性产业项目落地，有效推动了第二产业投资快速恢复且高位增长，为河南经济稳增长提供了强劲动力。从第三产业投资增速来看，截至 2022 年 8 月底，河南第三产业投资呈现“中速增长”态势。其中，1~2 月第三产业投资增长 9.7%，从 3 月开始，第三产业投资增速呈下降态势，1~3 月第三产业投资增长 8.3%，1~5 月第三产业投资增长 6.2%，1~6 月第三产业投资增长 6.4%，1~7 月第三产业投资增长 6.0%，1~8 月第三产业投资增长 5.1%。

（二）三大领域投资分析

2022 年以来，在“项目为王”理念引领下，河南投资拉动成效初显，工业投资、基础设施投资领域均表现出良好的增长态势，在全省稳定经济大盘过程中发挥了重要支撑作用，但是，房地产投资领域呈现明显的承压波动态势，反映出河南房地产投资领域呈现的新结构性瓶颈需要深入破解。从工业投资来看，2022 年以来，工业投资在保持高位增长开局的同时，增速一路高涨，呈现良好发展势头。1~2 月全省工业投资同比增长 35%，1~3 月全省工业投资同比增长 34.9%，第一季度工业投资增速高企，增长势头强劲；1~6 月工业投资同比增长 22.3%，比上年同期增速高 14.6 个百分点，1~8 月工业投资同比增长 22.4%，比上年同期增速高 11.6 个百分点，比 1~6 月及 1~7 月增速均高出 0.1 个百分点。基础设施投资 2022 年以来也呈现出良好的增长势头，1~6 月，全省基础设施投资（不含电力、热力、燃气及水生产和供应业）增长 6.8%，1~8 月增长 8.0%。此外，2022 年河南房地产投资增速呈现“先正后负”的发展态势，1~2 月全省房地产投资增速为 6.1%，第一季度房地产投资增速为 5.1%，第二季度开始房地产投资出现明显波动，1~6 月下降 0.4%，1~8 月下降 4.6%。作为三大固定资产投资领域之一，房地产投资的持续走低，将对全省经济大盘稳定带来一定的压力和风险，未来随着河南针对房地产行业出台的一系列纾困政策的落地实施，全省房地产投资增速由负转正前景可期。

（三）工业内部投资分析

2022 年 1~8 月，河南工业投资整体呈现高位增长态势，工业投资同比增长 22.4%，高于全国平均水平 11.9 个百分点。从其内部结构来看，制造业投资、工业技改投资分别增长 25.4%、34.9%，工业投资占比达到 33.7%，较上年同期提升 3.5 个百分点，工业投资对整体投资的引领作用更加凸显。从工业产业部门结构来看，采矿业、制造业和电力、热力、燃气及水生产和供应业等工业部门投资增长强劲，有力地支撑了工业投资整体高速增长。就采矿业投资而言，2022 年 1~2 月，采矿业投资同比增长 35.7%，较上年同期高 14.7 个百分点；1~3 月，采矿业投资同比增长 23.8%，较上年同期回落 0.2 个百分点；1~5 月，采矿业投资同比增长 39.5%，较上年同期高 32.5 个百分点；1~6 月，采矿业投资同比增长 27.6%，较上年同期高 7.5 个百分点；1~8 月，采矿业投资同比增长 32.5%，较上年同期高 23.0 个百分点。从制造业投资来看，2022 年伊始，河南制造业投资就“高开高走”，1~2 月，制造业投资增长 37.9%，较上年同期高 22.4 个百分点；1~3 月，制造业投资增长36.3%，较上年同期高29.6个百分点；1~4月，制造业投资增长28.7%，较上年同期高24.9个百分点；进入6月以后，制造业投资增速有所回落，1~6月，制造业投资增长25.3%，较1~5月增速收窄0.1个百分点；1~8月，制造业投资增长25.4%，较第一季度增速收窄10.9个百分点，但仍比上年同期高13.9个百分点。电力、热力、燃气及水生产和供应业投资增速表现出“高开低走”的特征，呈现“L”形增长态势，2022年1~2月，投资同比增长18.0%，较上年同期高3.7个百分点，1~6月投资同比增长4.6%，1~8月投资同比增长3.8%。

（四）基础设施投资分析

2022年以来，河南着重聚焦水利、环境和公共设施管理业（不含土地管理业），交通运输和邮政业，信息传输业等基础设施领域，持续加大投资力度。1~8月，基础设施投资（不含电力、热力、燃气及水生产和供应业）增长8.0%，有力地拉动了全省固定资产投资高速增长。1~2月，水利、环境和公共设施管理业（不含土地管理业）投资同比增长7.3%；1~3月，同比增长4.0%，增幅较1~2月收窄3.3个百分点；1~5月，同比增长6.5%，增幅较1~4月提高1.8个百分点；1~6月，同比增长7.8%，增幅较1~5月提高1.3个百分点；1~8月，同比增长9.1%，增幅较1~6月提高1.3个百分点，较上年同期提高8.8个百分点。从交通运输和邮政业投资情况来看，1~2月，河南交通运输和邮政业投资下降2.5%，3月以后投资止跌回升。1~3月交通运输和邮政业投资增长9.2%，1~5月增长4.3%，1~6月增长3.0%，1~8月增长4.1%，但与上年同期相比，1~8月增幅收窄0.2个百分点。就信息传输业投资情况而言，2022年河南信息传输业投资“低开高走”，1~2月增长3.1%，1~3月增长53.8%，1~6月增长37.3%，1~8月增长33.7%，增幅较1~2月提高30.6个百分点，较上年同期提高26.0个百分点。

此外，1~8月，河南社会领域投资增长强劲，增速达到30.2%，其中卫生和社会工作投资增长55.1%，文化、体育和娱乐业投资增长27.1%，对补齐民生短板起到了有力的支撑作用。同时，从全省固定资产投资隶属关系看，1~6 月，中央项目投资同比增长 11.5%，地方项目投资同比增长 10.2%；1~8 月，中央项目投资同比增长 52.4%，地方项目投资同比增长 8.9%。

三　2023年河南推动固定资产投资增长的政策建议

（一）落实“投资拉动”战略，释放全省投资潜力

深入贯彻落实省委省政府关于“四个拉动”的战略部署，立足河南自身特点和发展阶段，将投资作为推动经济提质提速的重要引擎，聚焦制造业转型升级、新兴产业壮大培育、未来产业前瞻布局、产业链供应链安全、重大基础设施、低碳绿色转型、社会民生补短板等重点领域，持续推动“投资拉动”战略落地见效。加强对投资方向的引导，鼓励资金投向供需共同受益、具有乘数效应的产业和领域，着重加强先进制造、现代综合立体交通网络、数字化基础设施等领域的投资布局，不断扩大有效投资，确保全省固定资产投资实现量的合理增长和质的稳步提升。

（二）践行“项目为王”理念，加速布局重大项目

项目建设是持续发展的重要支撑，必须坚持“项目为王”，持续推进“三个一批”，以重大投资项目带动全省固定资产投资持续快速增长。一方面，进一步强化重大项目布局，抓住国家重大基础设施、新基建、创新平台、高等教育、医疗资源等领域布局调整的重大机遇，围绕关系社会经济发展的关键项目、重大工程通盘谋划，系统推进，在产业转型、基础设施、公共服务等领域谋划一批重大项目。另一方面，建立推进有效投资重要项目协调机制，实行“一项目一清单一台账”管理，采取容缺办理、告知承诺或出具承诺函等超常举措，推进落实“并联办理+协调机制”，重塑再造投资审批流程，推动项目尽快开工建设。

（三）完善投资保障体系，全面提升投资效率

强化重点项目土地、资金、能耗、环保等要素保障，切实提高项目前期工作效率。绘制好重点产业链图谱和招商路线图，依托头雁企业重点推动以商招商、产业链招商，加快形成良好的产业生态、构筑集群优势。完善项目协调推进机制，及时研究解决项目建设中的困难和问题，做好项目全生命周期服务。持续优化营商环境，深化“放管服效”改革，提升便利化政务服务能力。优化企业融资服务，拓宽融资渠道，加大对重大项目融资及综合金融服务的支持力度。搭建银企对接平台，着力解决实体企业融资难问题。

（四）围绕重点投资领域，着力化风险补短板

房地产业作为国民经济的重要组成部分，与经济社会的发展关系密切。针对2022年以来河南房地产投资持续下滑态势，要坚持“房子是用来住的、不是用来炒”的定位，全面落实“因城施策”，以及稳地价、稳房价、稳预期的长效管理调控机制，深入落实房地产领域纾困政策，引导市场预期，重振房地产投资信心，推动房地产领域化风险与补短板并举，加大对城市更新和存量住房改造提升领域的投资力度，做好城镇老旧小区改造，推动房地产开发投资平稳增长，促进房地产投资健康发展。

参考文献

阮金泉、王承哲：《坚定信心看大势，破难应变稳增长》，人民网，2022年7月15日，http：//henan. people. com. cn/n2/2022/0715/c351638-40038721. html。

河南省统计局：《2022年上半年全省经济运行情况分析》，2022年7月22日，https：//tjj. henan. gov. cn/2022/07-19/2489821. html。

河南省统计局：《2022年8月份全省经济运行情况分析》，2022年9月19日，https：//tjj. henan. gov. cn/2022/09-19/2609357. html。

B.8

2022~2023年河南省消费品市场形势分析与展望

石　涛*

摘　要： 2022年，河南省消费品市场保持了稳中趋暖的发展态势，规模持续扩大，增速明显收窄。从区域层面看，河南省在中部六省中持续保持领先的规模优势，增速位次明显前移，同时，河南各地区消费品市场规模和增速变化明显。从结构层面看，全省商品零售收入增速明显快于餐饮收入增速，大宗消费保持较好增长态势，城镇消费市场明显好于农村消费市场。2023年，预计全省消费品市场规模将继续扩大，增速保持在4.0%左右。

关键词： 消费品市场　消费结构　河南省

2022年，在全球形势更为复杂、突发因素超预期的客观现实下，河南省锚定"两个确保"，坚持稳经济、稳发展，持续培育消费热点、挖掘消费潜力，全省消费品市场稳中趋暖，规模持续扩大。2023年，国内外经济环境会更加复杂，在国家保持稳中有进的发展态势下，河南省消费品市场发展机遇与挑战并存。为此，分析2022年河南省消费品市场形势，展望2023年发展趋势，对于促进河南省消费品市场持续健康发展，释放河南省高质量发展的消费潜能，具有重要意义。

---

* 石涛，管理学博士，河南省社会科学院（鹤壁分院）助理研究员，主要研究方向为区域金融。

一　2022年河南省消费品市场运行总体状况

2022 年，河南省消费品市场保持了反弹强劲、逐渐趋稳的发展势头，1~8 月全省实现社会消费品零售总额 15716.2 亿元，同比名义增长 1.5%，较 2022 年全国同期水平高出 1.0 个百分点。中部六省中河南省消费品市场持续保持规模领先优势，增速位次前移，河南省各地区消费品市场发展差异明显。

（一）河南省社会消费品零售规模及总体状况

图 1 显示了 2022 年 1~8 月全国和河南省社会消费品零售总额及其增速变化趋势。从规模角度来看，2022 年 1~8 月，河南省社会消费品零售总额达到 15716.2 亿元，较上年同期增加 229.5 亿元；全国社会消费品零售总额达 282560.00 亿元，较上年同期增加 1336.00 亿元，河南省和全国社会消费品零售总额规模持续扩大。值得注意的是，2022 年 1~8 月，河南省社会消费品零售总额占全国的比重为 5.6%，较 2021 年同期提高了 0.04 个百分点，河南省消费品规模占全国的比重稳步提升。从增速角度来看，2022 年 1~8 月，河南

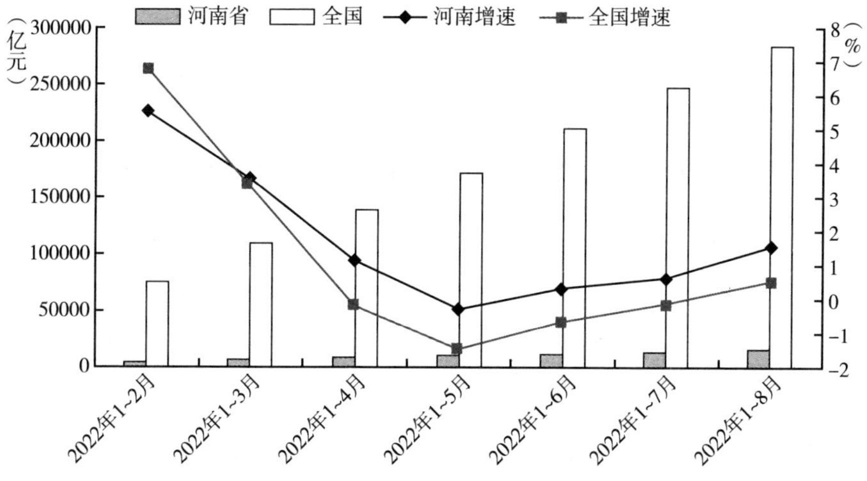

图 1　2022 年 1~8 月全国和河南省社会消费品零售总额及其增速变化趋势

省社会消费品零售总额增速为1.5%，较上年同期收窄10.8个百分点；全国社会消费品零售总额增速为0.5%，较上年同期收窄17.6个百分点，河南省消费品市场增速明显好于全国平均水平。综上，2022年河南省消费品市场总体保持了增速收窄、整体趋稳、稳中趋暖的发展态势，仍需持续激活消费活力。

（二）中部六省消费品市场发展速度对比分析

表1显示了2022年1~6月中部六省社会消费品零售总额规模及增速情况。一是在消费品市场规模上，河南省持续保持中部六省第一位的规模优势。2022年1~6月，河南省社会消费品零售总额为11848.44亿元、安徽省为10742.40亿元、湖北省为9866.17亿元、湖南省为9029.30亿元、江西省为5817.50亿元、山西省为3585.80亿元。其中，河南省同期值高出安徽省1106.04亿元、高出湖北省1982.27亿元、高出湖南省2819.14亿元、高出江西省6030.94亿元、高出山西省8262.64亿元。二是在消费品市场增速上，河南省位次明显前移。2022年1~6月，河南省社会消费品零售总额增速为0.3%、安徽省为-0.3%、湖北省为3.9%、湖南省为1.5%、江西省为5.6%、山西省为-1.4%。其中，河南省增速位居中部六省第4，较2021年同期前移2位，分别低于湖北省3.6个百分点、湖南省1.2个百分点、江西省5.3个百分点，分别高于安徽省、山西省0.6个百分点、1.7个百分点。由此可见，2022年1~6月，中部六省社会消费品零售总额保持了稳中有进

表1　2022年1~6月中部六省社会消费品零售总额规模及增速对比

单位：亿元，个百分点

省份	规模	规模差	增速	增速差
河南省	11848.44	—	0.3	—
湖北省	9866.17	-1982.27	3.9	3.6
湖南省	9029.30	-2819.14	1.5	1.2
安徽省	10742.40	-1106.04	-0.3	-0.6
江西省	5817.50	-6030.94	5.6	5.3
山西省	3585.80	-8262.64	-1.4	-1.7

注：规模差以河南省社会消费品零售总额为基准值，增速差以河南省增速为基准值。

的发展态势，消费规模稳步扩大，在中部六省中河南省继续保持规模领先优势，消费品市场增速比 2021 年同期位次前移。

（三）河南省地市消费市场发展状况

图 2 显示了 2022 年 1~8 月河南省各地区的社会消费品零售总额及其增速变化趋势。一是总体趋势上，2022 年 1~8 月，河南省 18 个地区社会消费品零售总额均值为 873.12 亿元，同比增速均值为 1.90%，消费规模稳步扩大，消费增速有所收窄。二是消费品市场规模上，2022 年 1~8 月，郑州、洛阳、南阳、周口及商丘 5 个地区的社会消费品零售总额居全省 18 个地区的前 5 位，它们的社会消费品零售总额之和占全省的 53.7%，较 2021 年同期略有上升，河南省消费品市场持续保持空间集中趋势。三是消费品市场增速上，驻马店、南阳、鹤壁、开封、商丘 5 个地区的社会消费品零售总额增速居全省 18 个地区的前 5 位，它们的增速均值达到 3.5%，高于 18 个地区的同期增速均值 1.6 个百分点，但明显低于 2021 年同期水平。同时，2022 年 1~8 月，全省有 7 个地区的社会消费品零售总额增速低于 18 个地区的增速平均值，其中，增速为负数的地区有 3 个，同时部分消费规模较大城市的增速持续放缓，未能有效地释放大城市的消费规模效应。

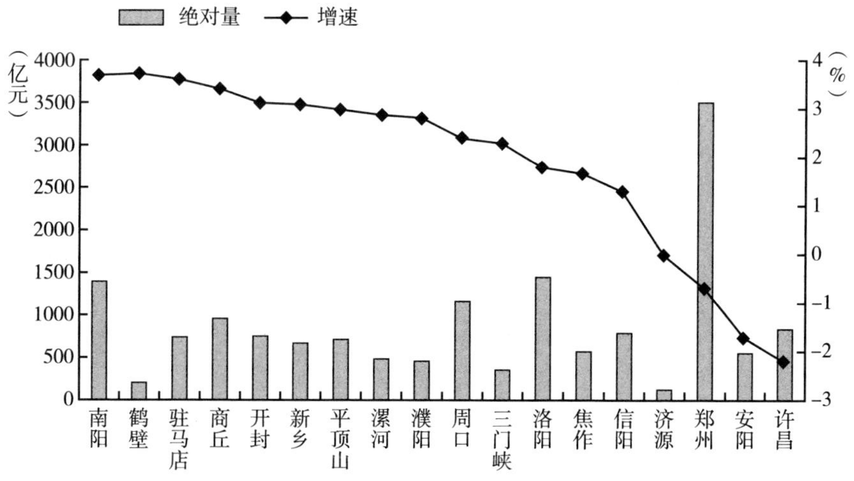

图 2　2022 年 1~8 月河南省各地区社会消费品零售总额及其增速变化趋势

二 2022年河南省消费品市场运行特点分析

（一）商品零售收入增速持续快于餐饮收入

图 3 显示了 2022 年 1~8 月河南省限额以上单位商品零售收入与餐饮收入的规模及增速。总体上，河南省的餐饮收入持续低于商品零售收入，商品零售收入增速保持领跑态势。2022 年 1~8 月，河南省限额以上单位餐饮收入、商品零售收入分别为 243.72 亿元、4301.09 亿元，较 2021 年同期分别增加 19.42 亿元、346.19 亿元，限额以上单位餐饮收入及商品零售收入持续上升。增速上，2022 年 1~8 月，限额以上单位商品零售收入、餐饮收入增速分别为 6.7%、1.8%，二者均与上年同期相比明显收窄，同时，餐饮收入增速明显低于商品零售收入增速。结构上，限额以上单位商品零售收入、餐饮收入占限额以上单位商品零售额的比重分别为 94.64%、5.36%，餐饮收入占比持续下降，商品零售收入占比明显提高。

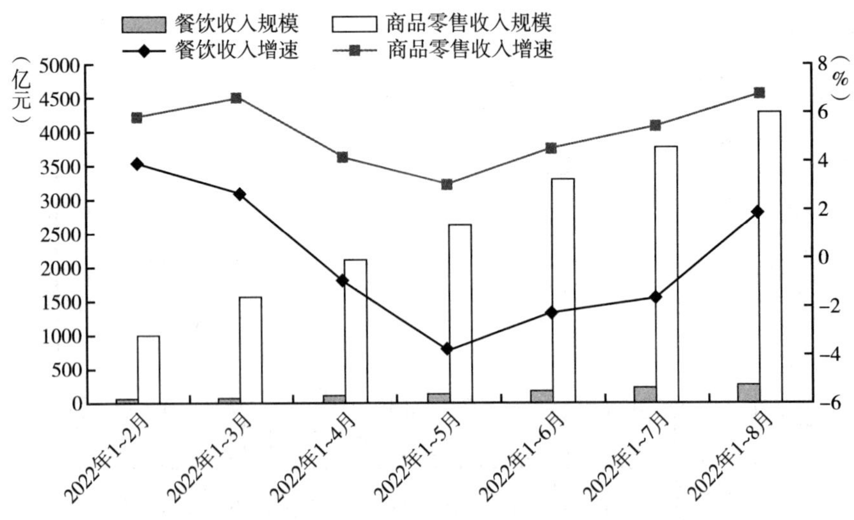

图 3 2022 年 1~8 月河南省限额以上单位商品零售收入与餐饮收入的规模及增速

（二）消费结构变化明显

从消费种类结构来观察河南省15种商品的零售额规模及增速的变化趋势，如图4所示。一是发展趋势上，2022年1~8月，全省15种商品零售额合计4030.36亿元，较上年同期增加了294.06亿元，重要商品消费规模持续扩大；15种商品零售额增速平均为7.1%，较上年同期有所收窄，增速有所放缓。二是消费规模上，2022年1~8月，汽车类，石油和制品类，粮油食品类，服装、鞋帽、针纺织品类，中西药品类5种商品零售额分别为1325.77亿元、510.86亿元、405.85亿元、226.48亿元、210.88亿元，5种商品累计零售额占15种商品零售额的比重为66.49%，较上年同期略有提高，集中度继续保持高位。三是增速上，2022年1~8月，建筑和装潢材料类、烟酒类、石油和制品类、粮油食品类、中西药品类5种商品零售额的增速分别为22.5%、16.2%、16.1%、14.5%、11%，5种商品零售额的平均增速为16.06%，较上年同期略有收窄；河南省15种商品中零售额增速排名前5的商品较2021年同期有较大变化。此外，2022年1~8月，服装、鞋

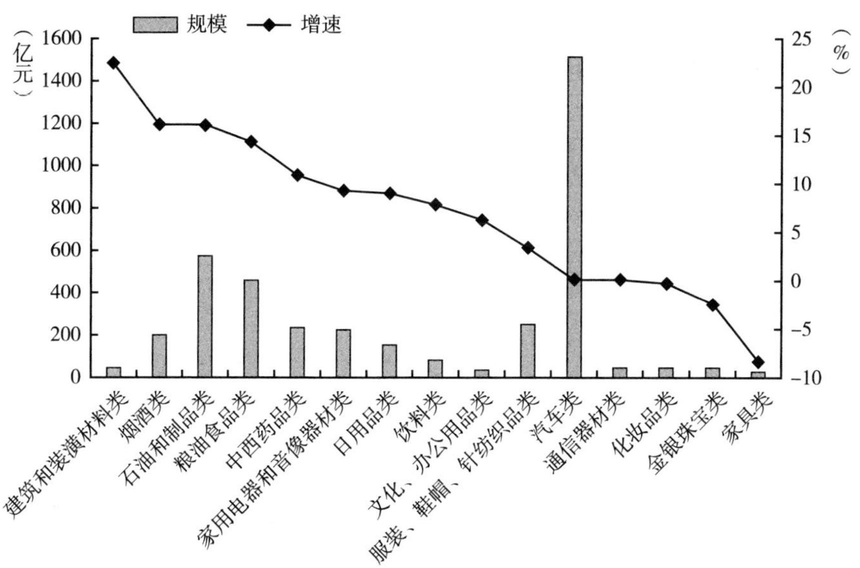

图4　2022年1~8月河南省15种商品的零售额规模及增速变化趋势

帽、针纺织品类，文化、办公用品类等 7 种商品的零售额增速低于 15 种商品的零售额平均增速，其中，化妆品类、金银珠宝类、家具类 3 种商品的零售额增速为负，在一定程度上制约了全省消费品规模的扩大。

（三）城乡消费收入变中趋稳

图 5 显示了 2022 年 1~8 月河南省城镇和乡村限额以上单位消费品零售额规模及增速变化趋势。从规模来看，2022 年 1~8 月，河南省城镇限额以上单位消费品零售额达到 4284.72 亿元，同期乡村限额以上单位消费品零售额为 260.09 亿元，分别较 2021 年同期高出 328.72 亿元、36.89 亿元，全省乡村和城镇限额以上单位消费品零售额规模持续扩大。2022 年 1~8 月，全省城镇限额以上单位消费品零售额的月均值为 535.59 亿元，相应地乡村限额以上单位消费品零售额的月均值为 32.51 亿元，乡村消费规模较 2021 年同期有所收窄，城镇消费规模较 2021 年有所扩大。从增速来看，2022 年 1~8 月，河南省城镇限额以上单位消费品零售额的月均增速为 6.47%，同期乡村限额以上单位消费品零售额的月均增速为 10.60%，农村消费市场增速持续快于城镇。此外，2022 年 1~8 月，全省城镇和乡村限额以上单位消费品零售额的比值为 16.47，较 2021 年同期有所缩小，表明城乡消费市场规模差距出现缩小迹象。

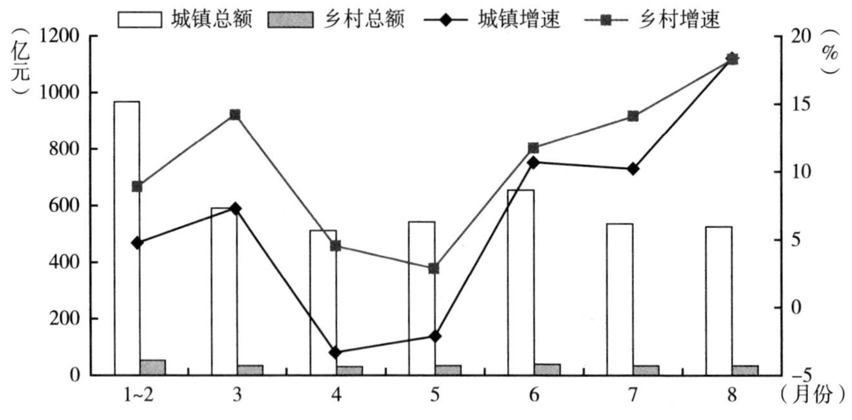

图 5　2022 年 1~8 月河南省城镇和乡村限额以上单位消费品零售额规模及增速

三　2022年河南省消费品市场的重要影响因素

2022 年，河南省经济社会保持稳中向好发展态势，实体经济发展基础稳固，城乡居民收入和消费支出稳步增加，对全省消费稳定发展起到了支撑作用。但是，受全省经济发展持续承压及疫情反复等多种因素制约，2022 年河南省消费市场发展潜力释放程度较往年有所下降。

（一）河南省消费品市场发展的支撑因素

1. 城乡居民收入和消费支出稳步增长，消费价格温和上涨

2022 年 1~7 月，河南省居民人均可支配收入和人均消费支出分别为 13322 元、9412 元，较 2021 年同期分别增加了 587 元、325 元，居民收入和消费支出稳步提高；全省居民人均可支配收入和人均消费支出增速分别为 4.6%、3.6%，虽较上年同期略有收窄，但在疫情反复情况下仍保持上升态势，为全省消费市场发展提供了有力的支撑。2022 年 1~7 月，全省居民消费价格指数同比上涨 2.3%，较全国平均水平低 0.4 个百分点，全省居民消费价格指数保持了温和上升的态势，“稳” 住了全省消费市场。

2. 电子商务规模稳步扩大，网上零售快速发展

2022 年 1~6 月，河南省服务类、商品类电子商务交易额为 5722.8 亿元，居全国第 11 位，较上年同期增加 137.5 亿元，保持较好发展态势。其中，商品类电子商务交易额达到 4488.97 亿元，同比增长 3.2%，与全国电子商务发展趋势保持一致。网上零售保持较快增长态势。2022 年 1~6 月，河南省网上零售额、实物商品网上零售额分别为 1707.0 亿元、1448.3 亿元，同比增速分别为 14.0%、19.5%，其中，实物商品网上零售额增速快于全国平均水平 13.9 个百分点。此外，全省跨境电子商务进出口额保持了较快增长态势。2022 年 1~6 月，河南省跨境电子商务进出口额（含快递包裹）达到 1111.8 亿元，较上年同期增长 9.6%，其中，跨境电子商务出口额达到 836.7 亿元，较上年同期增长 15.1%，保持了良好的发展趋势。

3. 实体经济趋暖回升，消费根基更为扎实

一是工业生产逐步趋暖。2022 年 1~8 月，全省规模以上工业增加值较上年同期增长 5.7%，较全国同期平均水平高出 2.1 个百分点。同时，计算机及其他电子设备制造业增加值增速较高，达到 22.9%；高技术制造业、战略性新兴产业及汽车制造业增加值同样保持较快增长速度，分别达到 17.2%、10.3%、5.8%，为全省消费品市场发展打下了坚实基础。二是固定资产投资持续上升。2022 年 1~8 月，全省固定资产投资同比增长 9.8%，高于全国 4.0 个百分点，持续保持增长态势，其中，工业技改投资、制造业投资、工业投资的增速分别为 34.9%、25.4%、22.4%，激发了创新驱动发展的活力。三是农业生产稳定增长。2022 年上半年，河南省夏粮产量为 762.61 亿元，较上年同期增长 0.3%，稳居全国第 1 位。同时，上半年蔬菜产量达到 3136.41 万吨，同比增长 3.4%，为全省消费品市场价格稳定提供了有效支撑。

（二）河南省消费品市场发展的制约因素

2022 年，全省经济发展持续承压、疫情反复等突发性因素在一定程度上对全省消费品市场的健康发展形成了制约，全省消费品市场发展潜力释放程度较往年有所下降。

1. 经济发展持续承压

2022 年 1~6 月，河南省 GDP 为 30757.20 亿元，同比增长 3.1%，较 2021 年同期下降 7.1 个百分点。2022 年 1~8 月，河南省社会消费品零售总额增速为 1.5%，较同期全国平均水平高出 1 个百分点，但较上年同期水平有所收窄。此外，2022 年 1~8 月，全省财政收入、对外贸易等指标同比收窄迹象也较为明显。全省经济持续承压，在一定程度上对 2022 年全省消费品市场的发展产生了制约作用。

2. 疫情等突发性因素影响加大

2022 年以来，受疫情等突发性因素的影响，全省大部分地区消费市场发展受阻，进而影响了全省消费市场的健康发展。作为消费规模基数大、消

费潜力大的地区，郑州、许昌 2022 年 1~8 月的社会消费品零售总额分别为 3498.01 亿元、844.36 亿元，较上年同期规模减小、增速收窄。突发性事件导致大城市消费的引领作用得不到有效发挥，一定程度上制约了 2022 年河南省消费市场的发展。

3. 家居类及日常消费类商品增长活力不足

2022 年 1~8 月，河南省餐饮和商品零售收入增速较上年同期明显收窄。但是在河南省多项消费政策的刺激下，全省消费品市场出现强劲反弹趋势，建筑和装潢材料类、烟酒类、石油和制品类商品零售额增长迅猛，然而，汽车类等零售额规模较大的商品增速却有所收窄。受疫情等突发性因素影响，全省部分消费品的零售热度有所下降。

四　2023年河南省消费品市场运行态势分析

2023 年，是党的二十大召开后的第一年，是锚定“两个确保”，持续推进实施“十大战略”的关键之年。深挖市场消费潜力，是推动河南省经济高质量发展的重要之举。河南省消费品市场将继续呈现稳中趋暖、稳中向好的基本态势，预计 2023 年全省社会消费品零售总额增速将保持在 4.0%左右，高于 2022 年。

（一）2022年河南省消费品市场发展的支撑条件

1. 消费市场更加通畅

2022 年以来，我国先后发布的《“十四五”现代流通体系建设规划》《中共中央　国务院关于加快建设全国统一大市场的意见》《关于进一步释放消费潜力促进消费持续恢复的意见》明确指出，逐步破除妨碍商品服务流通的体制机制障碍，破除消费领域的痛点堵点，使得国内消费市场变得更加畅通。此外，《关于进一步释放消费潜力促进消费持续恢复的意见》《关于继续大力实施消费帮扶巩固拓展脱贫攻坚成果的指导意见》《商务部等 13 部门关于促进绿色智能家电消费若干措施的通知》，还明确在促进实物消费升级、康养服务、文化旅游消费、绿色智能家电、以旧换新等领域提出多项举措，为2023年河南省消费市场环境建设提供了有利条件。

2. 消费引力更强

2022年，河南省持续加强消费环境建设，从促进消费有序恢复、增强消费动能、提升消费潜力、营造消费环境、夯实消费基础等方面出台了26条具体举措，强化市场监管，畅通产销衔接渠道，挖掘消费潜力，激活消费活力，稳住了消费的基本方向。此外，河南省还出台了《进一步释放消费潜力促进消费持续恢复实施方案》《河南省支持小微商贸企业个体工商户恢复发展若干措施》《关于促进消费加快回升若干措施的通知》，利用财政奖补、发放消费券等多种方式，积极引导消费，为2023年河南省强化消费提供了完善的政策引领体系。

3. 消费举措更加精准

2022年，河南省积极培育消费热点，激发消费新动能，消费举措更加精准。一方面，加强县域商业体系的建设，引导商贸流通领域三级保供，发布了《河南省县域商业体系建设实施意见》，确定了29个示范县、10个特色农产品供应链示范县、73个农产品供应链体系建设项目、2179家"四保"白名单企业，实现双线运行、平急转换，为2023年河南省激发消费活力营造了稳定的消费环境。另一方面，激发消费新动能。刺激汽车消费，对河南省内汽车消费给予5%的消费补贴，每台最高不超过10000元；鼓励和支持各地区在餐饮、体育、住宿、康养等领域发放消费券，省财政按照不超过30%的比例给予奖补；开展智能设备、消费级无人机、电视机等以旧换新活动，以及增值税发票抽奖活动等。更加精准、务实的消费举措，为2023年河南省激发消费潜力、促进消费稳中向好提供了有力的政策支撑。

（二）2022年河南省消费品市场发展的制约因素

1. 全球经济仍然面临发展困境

2023年，全球疫情的不稳定性对全球经济增长造成了负向冲击，俄乌地缘政治风险引发了全球大宗商品价格上升，全球经济发展仍然面临较大困境。2022 年 7 月，世界货币基金组织的《世界经济展望》报告将 2022 年全球经济增长预期下调至 3.2%，并指出在全球通货膨胀影响下，全球经济增速 2023 年预计将降至 2.0%，其中，新兴市场和发展中经济体的增速为 3.6%，全球经济发展持续承压。同时，世界货币基金组织调低了中国的经济增长预期，预计 2022 年中国经济增速为 3.3%。全球经济发展面临的困境，将通过价格机制给 2023 年河南省消费市场带来不利影响。

2. 房地产市场发展不及预期

2022 年以来，国家各部门相继加大了对房地产市场的调控力度，房地产发展的结构性特征仍然显著。2022 年 1~7 月，河南省房地产开发投资下降 3.7%，住宅投资下降 3.8%，商品房住宅销售面积下降 10.4%，房地产开发企业实际到位资金下降 14.6%，房地产市场整体趋冷。在坚持“房住不炒”“房子是用来住的”的政策导向下，2023 年河南省房地产市场仍将面临发展，不利于建材、家具等房地产相关消费的增长。

3. 消费环境仍有提升空间

一是消费诉求持续增加。2022 年 1~6 月，河南省各级“12315”工作机构共接收各类诉求案件 104.4 万件，同比增长 27.6%，其中，投诉、举报、咨询诉求案件分别有 25.9 万件、9.9 万件、68.7 万件，占比分别为 24.8%、9.5%、65.8%。二是消费诉求仍然相对集中。2022 年 1~6 月，河南省“12315”消费投诉仍然主要是商品消费类、服务消费类投诉，聚焦合同、质量、食品安全及售后服务四个方面，表现在一般食品、家具用品、服装鞋帽、烟酒、交通工具等领域。三是广告违法举报仍然较多。2022 年 1~6 月，河南省各级“12315”机构接收的涉嫌广告违法、涉及食品的举报分别有 43935 件、12793 件，占总举报数的比重分别为 44.3%、12.9%，涉及虚假打折、虚假促销、食品腐败变质等方面。消费投诉情况是河南省消费环境建设的重要参考，消费环境不优将会在一定程度上制约 2023 年河南省消费活力的释放。

参考文献

河南省统计局、国家统计局河南调查总队：《河南统计月报》，2022 年 9 月。

河南省统计局、国家统计局河南调查总队：《河南统计月报》，2022 年 9 月。

国际货币基金组织：《世界经济展望》，2022 年 8 月，https：//www. imf. org/zh/Publications/WEO。

河南省市场监督管理局：《2022 年上半年河南省 12315 消费维权数据分析报告》，2022 年 7 月 21 日，https：//scjg. henan. gov. cn/2022/08-24/2566529. html。

B.9

2022~2023年河南对外贸易形势分析及展望

陈 萍*

摘 要： 2022年1~8月，河南对外贸易总体呈现进出口总额与增速均在波动中前行、进出口商品结构依然有待优化、外贸经营主体活力持续增强、新兴市场得到进一步拓展、贸易方式进一步优化的特征。展望2022年第四季度与2023年全年，得益于经济持续向好带来的支撑，如果2022年第四季度没有更多特殊因素的干扰，在稳外贸一揽子政策措施落地见效的过程中，市场主体活力将得到有效激发，河南外贸进出口将进一步稳中提速、稳中提质。为此，推动对外开放不断迈上新台阶的关键在于大力推进实施制度型开放战略，完善河南与RCEP的对接机制，指导企业布局多元化的国际市场，提升跨境电商制度创新和监管服务水平，加快科技对外开放步伐。

关键词： 河南省 对外贸易 RCEP

面对更趋复杂的发展环境和“多点散发”的疫情，河南全省认真贯彻习近平总书记指示批示精神，按照“疫情要防住、经济要稳住、发展要安全”的重大要求，统筹疫情防控和经济发展，落实稳经济一揽子政策措施。尤其是2022年5月19日，河南省商务厅、省财政厅联合出台支持外贸平稳发展一揽子政策，就助力企业开拓市场、高质量发展、应对贸易摩擦等进一

* 陈萍，河南省社会科学院副研究员，主要研究方向为国际贸易。

步加大资金支持力度。从2022年1~8月的数据看，河南外贸依然保持充足韧性。然而，新冠肺炎疫情的影响依然存在，国际形势依然严峻复杂，河南外部环境面临的不确定、不稳定因素依然很多，稳外贸压力依然存在。展望2022年第四季度与2023年全年，得益于经济持续向好带来的支撑，如果第四季度没有更多特殊因素的干扰，在全省稳外贸政策措施落地见效的过程中，河南外贸进出口将继续保持稳中提速、稳中提质的发展趋势。

一 2022年1~8月河南对外贸易形势分析

（一）进出口总额与增速均在波动中前行

2022年1~8月，河南外贸进出口总值为5175.6亿元，同比增长8.4%，较2020年1~8月增长59.3%。其中，出口3180.0亿元，同比增长7.5%；进口1995.6亿元，同比增长9.8%；贸易顺差1184.4亿元，扩大3.8%。①

相较于2021年高速增长的态势，2022年1~8月，河南外贸增速整体放缓，而且波动较大，进出口总额、出口总额及进口总额的增速基本保持相同的变化态势。河南进出口总值在2022年前两个月同比小幅下降的情况下，3月开始正增长，对外贸易总体实现平稳开局。4月受疫情影响，河南进出口总值较3月有所下降，为稳外贸，5月河南出台支持外贸平稳发展一揽子政策，之后对外贸易出现小幅回升，7月进出口总值再次转为负增长，8月对外贸易大幅增长，进出口总值达到643.2亿元，同比增长23.7%，环比增长12.8%（见图1）。

（二）进出口商品结构依然有待优化

2021年1~8月，河南机电产品出口1896.3亿元，下降0.2%，占全省出口的59.6%。出口排名前5的商品为手机，未锻轧铝及铝材，农产品，纺

① 资料来源：郑州海关网，http：//zhengzhou.customs.gov.cn/。

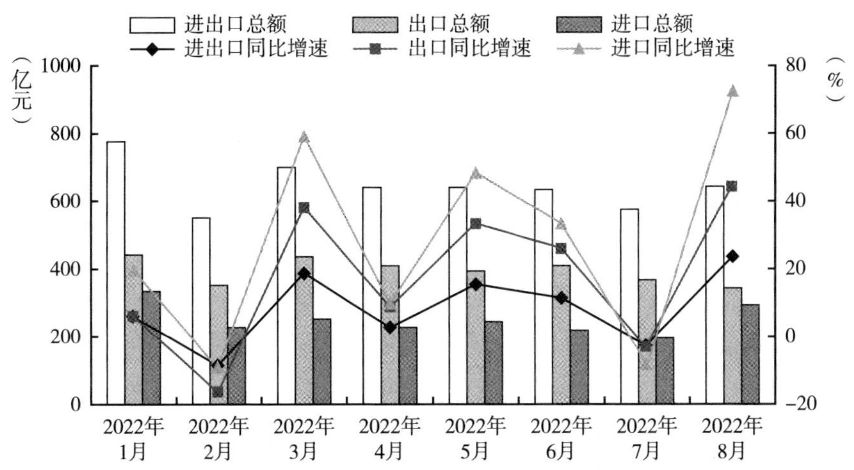

图1　2022年1~8月河南进出口总额、进口总额、出口总额及增速变化趋势

资料来源：郑州海关。

织纱线、织物及其制品，基本有机化学品，这些商品基本与传统的重点出口商品相同，除手机外，其他都是劳动密集型产品。值得注意的是手机的出口金额为1448.1亿元，占全省出口的45.5%，且首次出现负增长，增速为-5.9%。劳动密集型产品出口229.4亿元，同比增长13.5%，占全省出口的7.2%。其中纺织纱线、织物及其制品出口62.1亿元，同比增长22.8%；家具及其零件出口52.6亿元，同比增长-8.2%；服装及衣着附件出口49.9亿元，同比增长21.8%。同期，未锻轧铝及铝材出口174.6亿元，同比增长94.5%；农产品出口128.7亿元，同比增长61.5%（见表1）。

2022年1~8月，机电产品进口1315.9亿元，同比增长12.2%，占全省进口的65.9%。其中，集成电路进口650.2亿元，同比增长8.2%；音视频设备及其零件进口299.8亿元，同比增长39.9%；平板显示模组进口131.6亿元，三项合计占全省进口的54.2%。金属矿及矿砂进口317.3亿元，同比增长-5.6%，占全省进口的15.9%。其中，铜矿砂进口130.3亿元，同比增长3.2%；铁矿砂进口74.1亿元，同比增长-18.6%（铁矿砂进口金额下降是进口均价下跌31.4%导致的）。此外，原油进口77.7亿元，同比增长212.4%（见表2）。

表 1　2022 年 1~8 月河南主要出口商品出口金额及同比增速

单位：亿元，%

商品名称	出口金额	同比增速
手机	1448.1	-5.9
未锻轧铝及铝材	174.6	94.5
农产品	128.7	61.5
纺织纱线、织物及其制品	62.1	22.8
基本有机化学品	61.0	43.6
家具及其零件	52.6	-8.2
罐头	52.0	150.7
服装及衣着附件	49.9	21.8
汽车(包括底盘)	45.0	66.0
服装	44.6	25.2

资料来源：郑州海关，2022 年 8 月河南省出口主要商品量值表。

表 2　2022 年 1~8 月河南主要进口商品进口总金额及同比增速

单位：亿元，%

商品名称	进口金额	同比增速
集成电路	650.2	8.2
金属矿及矿砂	317.3	-5.6
音视频设备及其零件	299.8	39.9
平板显示模组	131.6	—*
原油	77.7	212.4
农产品	64.6	4.7
未锻轧铜及铜材	45.9	15.4
美容化妆品及洗护用品	36.1	-22.1
粮食	19.5	71.7

* 新增 HS 编码，暂无同比数据。

资料来源：郑州海关，2022 年 8 月河南省进口主要商品量值表。

（三）外贸经营主体活力持续增强

2022 年 1~8 月，在不同性质的企业中，民营企业进出口商品金额最大，达2568.6亿元，同比增长16.4%，占同期河南外贸进出口总额的49.6%；外商投资企业进出口商品金额与2021年1~8月相比基本持平，达2120.4亿元，占进出口总额的41.0%。国有企业的进出口商品金额仅为456.8亿元，在进出口总额中的占比为8.8%，相比2021年1~8月增长13.8%。虽然国有企业进出口商品金额同比稍有增长，但其在进出口总额中的占比与民营企业相距甚远（见表3）。

表3　2022年1~8月河南不同性质的企业进出口商品金额情况

单位：亿元，%

企业性质	进出口金额	同比增速	在河南省外贸进出口总额中的占比
国有企业	456.8	13.8	8.8
外商投资企业	2120.4	0.1	41.0
民营企业	2568.6	16.4	49.6
报关单位	13.7	-64.3	0.3
其　他	16.2	92.2	0.3

资料来源：郑州海关，2022年8月河南进出口商品企业性质总值表。

（四）新兴市场得到进一步拓展

2022年1~8月，河南前五大贸易伙伴分别是美国、东盟（10国）、欧盟（27国，不含英国）、中国台湾和韩国。美国依然是河南第一大贸易伙伴，1~8月河南对美国进出口总额达到1036.9亿元，同比下降2.5%；与对美国贸易下滑相反，河南对东盟（10国）、欧盟（27国，不含英国）、越南、俄罗斯联邦的进出口保持快速增长，其中对东盟（10国）进出口总额达715.4亿元，同比增长37.1%；对欧盟（27国，不含英国）进出口总额为567.0亿元，同比增长11.9%；对中国台湾地区进出口总额为505.1亿元，同比增长17.0%；对越南进出口总额369.3亿元，同比增长44.6%；对韩国进出口总额为442.3亿元，同比增长9.4%（见表4）。

表4　2022年1~8月河南进出口主要贸易伙伴情况

单位：亿元，%

地区	进出口总额	同比增速	在河南省外贸进出口总额中的占比
美国	1036.9	-2.5	20
东盟(10国)	715.4	37.1	13.8
欧盟(27国,不含英国)	567.0	11.9	11
中国台湾	505.1	17.0	9.8
韩国	442.3	9.4	8.5
越南	369.3	44.6	7.1
日本	194.5	-11.7	3.8
中国香港	176.8	-10.9	3.4
澳大利亚	158.3	7.2	3.1
俄罗斯联邦	145.0	30.0	2.8

资料来源：郑州海关，2022年8月河南进出口商品国别（地区）总值表。

其中值得一提的是，在深耕欧美、日韩等传统市场的同时，河南还积极拓展新兴市场。自从RCEP生效实施后，河南积极对接RCEP经贸新规则，河南省商务厅牵头制定了《河南省落实〈区域全面经济伙伴关系协定〉行动方案》，举办了中国（河南）—RCEP成员国开放共享经贸合作洽谈会，既为各地、各部门抢抓机遇精准施策和企业开拓RCEP成员国市场提供了借鉴和指引，又深化与东盟及日本、韩国、澳大利亚、新加坡的合作。2022年1~8月，河南省对其他RCEP成员国进出口总额达1517.6亿元，同比增长16.7%；对“一带一路”沿线国家进出口总额达1415.1亿元，同比增长33.3%。

（五）贸易方式进一步优化

2022年1~8月，河南一般贸易进出口金额达1964.4亿元，同比增长12.3%，占进出口总额的38.0%，比上年同期增加1.3个百分点。其中出口金额为1426.4亿元，同比增长19.1%，进口金额为538.0亿元，同比稍有下降。加工贸易进出口金额达2913.6亿元，同比增长3.2%，占进出口总额的56.3%，比上年同期减少2.5个百分点（见表5）。虽然一般贸易与加工贸易进出口金额在进出口总额中所占比重与往年相差不大，但整体上呈现一般贸易进出口金额占比略增，加工贸易进出口金额占比略降的趋势，一般贸易相比加工贸易的产业链更长、附加值更高，所以一般贸易进出口金额占比的提升，对河南优化贸易方式和商品结构具有重要意义。

表5　2022年1~8月河南进出口贸易方式情况

单位：万元

贸易方式	进出口金额	出口金额	进口金额
合计	51756263.5	31799671.7	19956591.8
一般贸易	19644248.2	14263840.3	5380407.9
加工贸易	29136401.2	16606478.3	12529922.9
寄售代销贸易	2588.0	0.0	2588.0
加工贸易进口设备	1057.9	0.0	1057.9
对外承包工程出口货物	73317.3	73317.3	0.0
租赁贸易	137.7	137.7	0.0
外商投资企业作为投资进口的设备、物品	80.0	0.0	80.0
出料加工贸易	5959.2	3113.9	2845.3
保税物流	2618242.2	605202.8	2013039.4
其他贸易	256083.8966	246490.1138	9593.7828

资源来源：郑州海关，2022年8月河南省进出口商品贸易方式总值表。

二　河南对外贸易发展面临的国内外环境分析

（一）国际环境

河南外贸发展面临着不利的外部环境。受全球疫情、俄乌冲突、汇率波动等诸多因素影响，许多经济体的经济指标预示着全球经济增长低迷。俄乌冲突大幅推高能源和食品价格，加剧通货膨胀压力，2022年第二季度，全球经济发展停滞，通货膨胀率达到40年来的高位。经济合作与发展组织在2022年9月26日发布的中期经济展望中指出经济形势不容乐观，2022年全球经济增速预计仅为3.0%，而且2023年将进一步降低至2.2%。2022年美国经济预计增长1.5%，2023年增速将放缓至0.5%；欧元区经济2022年预计增长3.1%，2023年增速将放缓至0.3%；二十国集团2022年、2023年预计分别增长2.8%和2.2%。复杂的外部经济环境将对河南外贸的发展产生极大的限制作用。但同时，河南外贸发展也存在一些利好因素。首先是与美国的贸易关系有望改善。自中美贸易摩擦出现以来，美国对中国实施惩罚性关税，抑制了中美贸易的良性发展，但是三年来，美国仍然是中国的第一大出口国，中美依然是彼此最重要的贸易伙伴。美国正在经历40多年来最严重的通货膨胀，急需取消对华产品加征关税以改善国内供给，这将成为中国出口增长的积极因素之一。其次是RCEP协定的全面实施，将促进各类经济要素，如人员、货物等的顺利有序流通。加强域内国家间的生产分工合作，有效推动区域产业链供应链的安全稳定与加速融合，对外贸的增长将产生很大的促进作用。此外，我国也正在研究加入CPTPP、DEPA（数字经济伙伴关系协定），如果顺利，这将使我国的数字贸易和服务贸易出口潜力得到进一步释放，促进出口的继续增长。

（二）国内环境

从国内环境的不利方面来看，首先，疫情管控政策对产业链供应链造成的局部断裂影响、对企业信心造成的不利影响以及对国外采购商造成的冲击可能还会存续一段时间，经济和外贸的恢复可能还需要一段时间。其次，随着其他国家疫情管控措施的完全放开和生产能力恢复，许多国外订单可能向别国转移，从而对我国出口造成长期影响。从国内环境的有利方面来看，第一，国内经济活动开始企稳回升。2022年8月，规模以上工业增加值同比实际增长4.2%（扣除价格因素的实际增长率），规模以上工业增加值环比增长0.32%。1~8月，规模以上工业增加值同比增长3.6%。第二，为扭转疫情造成的外贸下降问题，我国推出了一系列稳外贸稳外资的政策，这些政策将对出口起到促进作用。中央和各地出台了一系列优惠政策，如大规模减税降费，加强出口信贷支持，鼓励金融机构提供低成本汇率避险服务，加快出口退税进度等，帮助企业稳订单稳生产。海关总署专门出台了若干促进外贸增长和降低成本的措施，各地海关结合关区实际和企业诉求快速细化落实这些措施，全力支持外贸稳增长。针对外资企业的国外转移问题，我国也出台了一系列措施推动企业尽快复工复产并提供各项优惠。这些政策的出台，将使河南外贸在 2023 年步入愈加稳定的通道。

（三）河南全省经济运行向好

第一，全省经济运行总体向好，部分主要经济指标增长明显加快且持续高于全国。2022 年以来，河南全省上下健全防疫和生产双线嵌合机制，着力落实稳经济一揽子政策和接续政策措施，全省经济稳中向好态势进一步巩固。2022 年 8 月，全省社会消费品零售总额 1968.83 亿元，同比增长 7.9%，比 7 月提高 5.2 个百分点。1~8 月，全省规模以上工业增加值增长 5.7%，高于全国 2.1 个百分点；全省社会消费品零售总额达到 15716.18 亿元，增长 1.5%，高于全国 1.0 个百分点。全省着力推进重大项目建设，积极扩大有效投资，投资规模持续扩大，1~8 月，全省固定资产投资同比增长 9.8%，高于全国 4.0 个百分点，仍延续较快增长态势。[①] 第二，出台了一揽子稳外贸举措。2022 年 5 月 19 日，河南省商务厅牵头出台了支持外贸稳定发展若干政策措施，聚焦外贸企业发展存在的突出问题，提出了包括创新融资模式、加大补贴在内的一揽子的稳外贸举措，帮助企业降低成本、开拓市场、培育品牌。从 1~8 月数据看，河南外贸依然保持充足韧性。

展望 2022 年第四季度与 2023 年全年，如果第四季度没有更多特殊因素的干扰，在全省稳外贸政策措施落地见效的过程中，河南外贸进出口将继续保持稳中提速、稳中提质的发展趋势。

---

① 河南省统计局：《2022 年 8 月份全省经济运行情况》，http：//tjj.henan.gov.cn/2022/09-19/2609357.html。

三　加快河南对外贸易发展的政策建议

（一）大力推进实施制度型开放战略

一要以自贸区制度创新作为推进实施制度型开放战略的引领。在自贸区的政务、监管、金融、法律和多式联运五大服务体系方面，持续升级创新。主动对标国际经贸规则，在新技术、新产业、新场景等领域探索新的规则制度。建立更具弹性的包容审慎监管制度，坚持竞争中性原则。二要拓宽开放工作的新空间。聚焦“空中丝绸之路”，完善国际航线的布局，并将此作为促进开放通道优势提升的首位工作。加快中欧班列（中豫号·郑州）扩量提质，让“陆上丝绸之路”越跑越快。探索“跨境电商+空港+陆港+邮政”运营模式，加速向“买全球，卖全球”目标迈进，让“网上丝绸之路”越来越便捷。加强铁海联运枢纽网络建设，让“海上丝绸之路”越来越畅通。三要打造一流的市场化法治化国际化营商环境。大力发展“互联网+政务”，推行“一枚印章管审批”。深化“证照分离”“照后减证”改革，推进物流降本增效综合改革，实施“双随机、一公开”监管。深入推进营商环境法治化建设。认真贯彻落实国务院《优化营商环境条例》《河南省优化营商环境条例》及相关配套制度。依法规范多元化纠纷解决机制，加快推进公共法律服务体系建设。大力营造公平竞争市场环境，推动破除各种形式的市场准入不合理限制和隐性壁垒。加强社会信用建设，加大反垄断和反不正当竞争执法力度，建立知识产权纠纷多元解决机制。

（二）完善河南与 RCEP 的对接机制，指导企业布局多元化的国际市场

建立 RCEP 领导推进机制，协调对接 RCEP 经贸规则和国家指导意见，在河南实现有序实施、落地见效。一要加强培训。要组织专业讲师，就 RCEP 的经贸规则、实施方案展开专门培训，对商务部门领导、外贸企业一

线工作人员等进行知识普及，让企业充分利用 RCEP 经贸规则，比如原产地累积原则，指导企业更好地布局多元化的国际市场。二要在相应部门设立 RCEP 企业服务中心。比如可在自贸区设立专门机构，为企业提供市场监管、海关税务、贸易促进、涉外法律等服务。三要谋划建设地方经贸合作示范区。充分利用两个市场、两种资源，充分衔接两种规则，深化河南企业与 RCEP 成员国全方位、多层次、深领域的合作，打造全省高水平对外开放平台。四要联合金融机构，优化 RCEP 服务机制。应与中国信用保险进出口公司、进出口银行等专业金融机构，共同制定服务工作机制，为外贸企业特别是出口企业提供融资便利。五要拓展合作，夯实通道。推动具备条件的地市开通至老挝、越南等 RCEP 成员国的货运专列，支持建设中国—新加坡国际陆海贸易新通道，鼓励越南铁路总公司在郑州设立代表处，进一步拓展河南与 RCEP 成员国之间的贸易通道。推动柬埔寨国家航空公司在郑州航空港经济综合实验区设立中国总部，推动河南—柬埔寨—东盟“空中丝绸之路”建设，进一步拓展以郑州机场为中心的双枢纽功能空间，加快融入 RCEP。

（三）提升跨境电商制度创新和监管服务水平

在疫情持续多年的环境下，跨境电商成为促进河南外贸可持续健康发展的重要力量，在稳对外贸易发展大盘中的作用越发凸显。2022 年 1~6 月，全省跨境电商交易额达 1111.7 亿元，同比增长 9.6%。郑州率先开展的网购保税进口模式、创新海关监管的“1210”模式，促进了传统企业“上线触网”。为更好地发挥跨境电商在外贸发展中的作用，一要创新跨境电商交易制度。积极与贸易伙伴合作制定新规则、规范和机制，消除国际支付服务中的市场壁垒。二要建立国际数据标准。为确保跨境支付市场与全球经济无缝连接，应推广国际认可的金融数据传输标准，实现数据标准一体化。三要深化公共部门和跨境电商企业以及执法机构之间的跨界合作，确保支付系统的安全性。四要优化跨境电商监管服务体系。由于跨境电商在商品、物流、通关、税收等领域面临复杂的跨境监管，加快完善跨境电商监管制度成为促进跨境电商行业健康发展的重要保障。要依托高科技手段，改造跨境电商交易中的服务、物流和支付环境，提高跨境电商物流、通关、仓储等方面的运行效率，推动跨境电商通关一体化和监管模式创新。

（四）加快科技对外开放步伐

坚持以习近平新时代中国特色社会主义思想为统领，全面贯彻党的十九届六中全会精神，对标对表落实省第十一次党代会精神，把创新摆在发展的逻辑起点和现代化建设的核心位置。巩固提升郑州在“一带一路”中的战略节点地位，以科技对外开放促发展、促创新，加快打造内陆开放高地，提升对外开放科技创新能力。一要大力培育企业开放合作创新能力。围绕主导产业和战略性新兴产业，凝练一流创新课题，支持龙头企业与高校院所组建创新联合体，攻克一批前沿关键共性技术，引领支撑产业发展。二要打造一批产业技术创新联盟。瞄准先进制造业集群，集中优势资源，促进产业链上各企业交流融合和抱团发展，推动创新链和产业链融合。

参考文献

孙静：《我省外贸外资如何逐浪扬帆》，《河南日报》2022年5月20日。

侯爱敏：《2022年重点实施十大战略》，《郑州日报》2022年2月16日。

江南：《跨境电商是稳外贸重要抓手》，《中国贸易报》2022年3月8日。

侯爱敏：《前8个月河南外贸同比增长8.4%》，《郑州日报》2022年9月14日。

杨晓卉：《政策加持　河南外贸彰显韧性》，《国际商报》2022年7月25日。

张涛：《跨境电商再扩容　连续九年写入〈政府工作报告〉》，《中国商报》2022年3月16日。

孙静：《奋力打造内陆开放新高地》，《河南日报》2022年1月12日。

吴春波、裴熔熔：《稳中向好态势进一步巩固》，《河南日报》2022年9月27日。

石大东、裴蕾、李娜等：《以科技创新最强音奏响郑州发展主旋律》，《郑州日报》2022年2月18日。

杜元钊：《河南：打造更具竞争力的内陆开放高地》，《国际商报》2021年12月30日。

曹婷：《打造跨境电商“郑州模式” 买卖全球声声铿锵》，《郑州日报》2022 年 3 月 9 日。

唐仁敏：《我国经济将继续保持恢复发展态势》，《中国经贸导刊》2021 年 9 月 25 日。

刘芳：《经合组织下调明年全球经济增长预期》，《人民日报》2022 年 9 月 27 日。

B.10
2022~2023年河南省财政形势分析与展望

郭宏震　赵艳青*

摘　要： 2022年河南省财政收支运行呈现总体平稳态势，为全省经济社会发展提供了有力支撑。但同时，受宏观经济波动、疫情反复，以及基数效应减弱等因素影响，财政运行“紧平衡”状态更加突出。2023年应继续坚持以习近平新时代中国特色社会主义思想为指导，坚定树立以政统财、以财辅政的理念，在锚定“两个确保”、支持实施“十大战略”中彰显财政更大作为。

关键词： 财政收支　财政改革　河南省

2022年，面对复杂严峻的国际形势和艰巨繁重的国内改革发展稳定任务，全省各级财政部门坚持以习近平新时代中国特色社会主义思想为指导，坚决落实党中央“疫情要防住、经济要稳住、发展要安全”重大要求，在省委省政府的坚强领导下，锚定“两个确保”，实施“十大战略”，继续做好“六稳”“六保”工作。坚持积极的财政政策适当靠前发力，加强财政资源统筹，实施新的组合式税费支持政策，加快政府债券发行速度，保证财政支出强度，优化支出重点和结构，推动财力下沉，持续改善民生，着力稳住经济大盘，全省财政总体保持平稳态势，为经济高质量发展提供了有力支撑。

---

* 郭宏震，河南省财政厅社会保险基金管理中心主任，主要研究方向为财政学；赵艳青，河南省财政厅社会保险基金管理中心一级主任科员，主要研究方向为财政学。

一 2022年河南省财政运行情况分析

2022 年以来，全省各级财政部门紧紧围绕省委省政府决策部署，依法加强和改进财政预算管理，财政运行总体平稳，但财政收入持续稳定增长仍面临较大压力。1~8 月，全省一般公共预算收、支分别下降 2.5%、1.2%，同口径分别增长 10.9%、4.6%，科技、公共卫生、最低生活保障、灾害防治及应急管理等支出保障较好。

（一）财政收入企稳回升

随着稳经济大盘系列政策加快落地显效和疫情防控形势持续向好，2022 年 1~6 月全省实现地区生产总值（GDP）30757.2 亿元，同比增长 3.1%，高于全国 0.6 个百分点，扭转了自 2020 年第三季度以来连续 7 个季度累计增速低于全国的被动局面。8 月，全省一般公共预算收入增速由负转正，增长 6.6%；1~8 月，全省一般公共预算收入为 2988.2 亿元，扣除留抵退税因素后的增速为 10.9%，按自然口径计算下降了 2.5%，相比 1~7 月（下降 3.3%）降幅有所收窄，且高于全国地方级一般公共预算收入增速 4.0 个百分点，收入规模在全国排第 8 位，增速也排第 8 位。分类别看，地方税收收入 1797.4 亿元，扣除留抵退税因素后增长 8.9%，按自然口径计算下降 11.4%；非税收入 1190.8 亿元，同比增长 14.9%；税收占一般公共预算收入比重扣除留抵退税因素后为 65.5%。分区域看，17 个省辖市及济源示范区一般公共预算收入按自然口径计算合计增长 5.7%，同比提高 0.5 个百分点，除郑州和三门峡外，其余 15 个省辖市及济源示范区均为正增长，其中南阳市、平顶山市、驻马店市、商丘市分别增长 22.6%、18.1%、16.0%、15.2%。

（二）工业税收下降较多

受 2022 年实施大规模增值税留抵退税政策的影响，2022 年 1~8 月，全省工业税收下降 5.2%，同比回落 22.5 个百分点。其中工业增值税下降 33.3%，同比回落 68.0 个百分点。具体来说，化工、钢坯钢材、有色金属行业增值税分别下降 55.9%、43.0%、38.2%；通用设备、专用设备、汽车、电气器材行业增值税分别下降 35.2%、41.3%、68.9%、119.3%；煤炭、卷烟行业增值税增长 78.9%、41.3%。分行业看，传统产业的税收下降了 9.7%，其中化工、冶金、建材、轻纺行业的税收分别下降 7.8%、15.7%、26.2%、29.4%。主导产业中汽车、装备制造行业的税收分别下降了 42.5%、25.9%，而电子信息、食品行业的税收分别增长了 5.4%、13.7%。

（三）房地产税收面临困难

受房地产市场持续低迷影响，2022 年 1～8 月，全省房地产业、建筑业税收分别下降 61.8%、19.6%，同比分别回落 59.6 个、25.9 个百分点。其中房地产业、建筑业增值税分别下降 132.4%、31.3%，同比分别回落 138.8 个、44.2 个百分点，且二者已连续 11 个月为负增长。房地产业、建筑业企业所得税分别下降 25.2%、10.3%，同比分别回落 5.1 个、13.9 个百分点。从与房地产市场密切相关的收入看，契税、土地出让收入分别下降 16.8%、40.2%，同比分别回落 31.6 个、36.1 个百分点。全省土地出让收入方面，除开封、济源示范区分别增长 11%、120%外，其余省辖市均为负增长，其中郑州、洛阳、濮阳、焦作、鹤壁、信阳分别下降 51.4%、65.5%、55.7%、62.2%、58.1%、50.2%。

（四）重点支出保障较好

全省财政支出增幅有所下降，但重点支出保障较好。2022 年 1～8 月，全省一般公共预算支出 7307.6 亿元，下降 1.2%。分科目看，科技、公共卫生、乡村振兴、金融等重点支出分别增长 49.7%、29.1%、2.0%、519.3%。灾害防治及应急管理支出增长 1.2 倍，主要是郑州、新乡、鹤壁等地持续加大灾后重建支持力度，支出同比增加 74.5 亿元带动的。省财政坚持“紧日子保基本、调结构保战略”，腾出宝贵财政资金支持“十大战略”有力实施。如2022年初预算安排科技支出112.6亿元，同比增长124.4%，占一般公共预算支出比重超过全国平均水平一倍以上；将土地出让收益用于农业农村的比例提高至32%，并逐步提高财政衔接推进乡村振兴补助资金投向产业项目的比重。

（五）财金联动更加有效

充分发挥政府债券、PPP模式、政府投资基金等的稳投资、补短板、促发展作用。一是统筹各级各类财政资金。2022年以来，统筹中央和省基建资金等229.7亿元，支持十大水利工程、贾鲁河综合治理工程等加快建设，带动“三个一批”重大项目滚动推进。二是发挥专项债券作用。紧抓国家大幅增加地方政府专项债券规模的机遇，在全国率先建立专项债券项目，谋划储备常态化、项目建设和资金支出月调度、使用管理督导核查等制度，全力做好政府专项债券发行、使用、管理工作。截至目前，累计争取专项债券资金突破8000亿元，债券发行进度连续四年全国领先。三是高效规范推广PPP模式。坚持规范发展、阳光运行，省、市、县联动推介PPP项目，力促市政工程、生态环保等19个行业领域的一大批大项目、好项目落地，截至2022年8月，全省纳入财政部PPP管理库项目共845个、投资额10640.9亿元。四是发挥政府投资基金引导作用。重塑省级政府投资基金管理体制，实行统一归口管理，引入更多社会资本支持河南省发展。目前，河南共有省级政府投资基金22只，涵盖创新创业、中小企业发展、产业转型升级、基础设施和公共服务四大领域，总规模达2153.7亿元。五是认真履行省属金融企业出资人职责。督促引导省属金融企业发挥功能作用，2022年1~8月，7家省属金融企业通过贷款投放、保险、信托、投资基金、担保等各类金融业务投放资金约6771.66亿元，为全省经济持续健康发展提供了有力的金融支撑。

（六）财政改革持续深化

围绕财税体制改革、县域综合改革、科技创新体制改革、省管金融企业

改革等方面，积极推进 20 项重点改革任务落地见效。一是聚焦县域经济“成高原”，印发《深化省与市县财政体制改革方案》，完善转移支付制度，调整优化省与市县收入分配关系，将省财政直管县范围扩大至全部县（市），转移支付和债券资金实现省财政直接下达县（市）。二是聚焦深化预算管理制度改革，印发《河南省人民政府关于进一步深化预算管理制度改革的实施意见》，将省委省政府对财政工作提出的“紧日子保基本、调结构保战略”“项目为王、大抓项目”“压缩非生产性支出”“以结果为导向”等新要求新指示融入改革中，积极发挥财政职能作用。三是聚焦科技改革攻坚，印发《关于深化新型研发机构科研经费管理改革的若干意见》，实施新型研发机构“放权限、四自主”等“以信任和绩效为核心”的科研经费管理改革。完善“双一流”资金管理机制，省财政于年初一次性下达“双一流”建设资金，由郑州大学、河南大学自主安排确定项目。四是聚焦保障金融领域安全，切实履行省属金融企业出资人职责，建立健全“1743”国有金融资本监管体系，优化省属国有金融资本战略性布局，实现中原银行吸收合并洛阳银行等 3 家银行，有效化解城商行经营风险。

二　2023年财政形势展望

当前的国际形势严峻复杂且变数增多，面对俄乌冲突、通胀压力，世界经济的复苏之路将是漫长的、不平衡的且充满不确定性的，我国经济持续稳定恢复增长仍面临较大困难和挑战，同时河南省自身长期结构性矛盾依然存在，加之房地产市场恢复不及预期，财政收入保持稳定增长的难度较大。而科技、教育、常态化疫情防控、乡村振兴、“三保”等领域刚性支出仍然较大，预计 2023 年，财政收支矛盾会更加凸显，财政收支紧平衡将进一步加剧。

从全国情况看，2022 年以来，疫情出现多地散发、反复态势，加上部分地区受高温干旱少雨等极端天气的影响较大，一些地区的生产、投资和消费等受到了影响，第二季度全国经济增长只有 0.4%。市场需求不足，企业生产经营困难，制约了经济的快速稳定恢复。现阶段，外部形势变化充满不确定性，国际环境依然错综复杂，国内面临的“三重压力”，即需求收缩、供给冲击、预期转弱逐渐加大，经济恢复的基础仍不牢固。2023 年是“十四五”时期的第三年，同时是党的二十大召开后的第一年，是关键的一年，因此在复杂的国际国内形势下保持经济稳定增长极为重要，预计 2023 年全国 GDP 增长目标或在 4. 5%左右。

从河南省情况看，2022 年以来，在高效统筹疫情防控和经济社会发展的各项政策作用下，全省经济呈现恢复向好态势，8 月部分主要经济指标的增速明显加快且持续高于全国平均水平，经济运行总体稳定向好。其中 1~8 月，全省规模以上工业增加值的增速为 5. 7%，比 1~7 月的增速提高了 0. 3 个百分点，高于全国 2. 1 个百分点；1~8 月全省固定资产投资同比增长 9. 8%，比 1~7 月微落 0. 3 个百分点，但仍高于全国 4. 0 个百分点，延续较快增长态势。但也要看到，部分经济指标当月出现的增速提升，主要还是受上年同期基数明显偏低影响，全省经济回升的基础尚不稳固，前期影响经济运行的不利因素依然存在，特别是对房地产业持续下行、市场预期疲弱、个别省辖市恢复缓慢等问题需要予以高度关注，预计 2023 年河南省 GDP 增长目标或在 5%左右。

从财政自身看，2022 年以来，受国内外复杂形势、疫情以及集中实施增值税留抵退税政策等的影响，财政收入有所下降，1~8 月，全国一般公共预算收入规模为 138043. 0 亿元，扣除留抵退税因素后的增速为 3. 7%，按自然口径计算下降了 8. 0%。财政收入回落的同时，刚性支出不减，财政紧平衡态势仍然存在，预计 2023 年全省的财政收入增速将继续放缓。一方面，各省辖市为对冲大规模减税降费政策对财政收入的减收影响，近两年不断加大盘活存量资源资产的力度，未来可用于盘活的资源资产相对有限，通过多渠道筹集收入的难度明显加大。另一方面，财政部门围绕贯彻落实中央和省委省政府决策部署，在加快落实稳经济一揽子政策、支持实施“十大战略”、保障和改善民生等各方面的资金需求较大。综合分析，2023 年财政收支平衡压力将更加突出，预计全省一般公共预算收入增长目标或在 4. 5%左右。

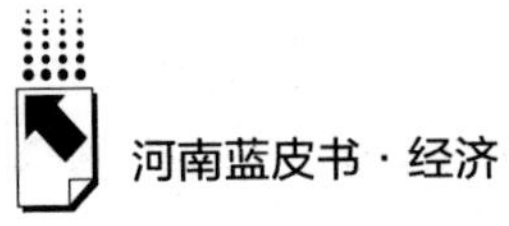

三　2023年财政政策建议

2023年，河南省将坚持以习近平新时代中国特色社会主义思想为指导，认真贯彻落实中央和省委省政府决策部署，坚持稳中求进工作总基调，全面落实“疫情要防住、经济要稳住、发展要安全”的重大要求，高效统筹疫情防控和经济社会发展，更好地统筹发展和安全，继续做好“六稳”“六保”工作，落实落细扎实稳住经济一揽子政策措施，积极支持扩大有效需求，着力保障和改善民生，保持经济运行在合理区间。

（一）加强重大战略任务财力保障

一是积极主动抓好财政研究。增强宏观思维，从战略和全局高度积极开展前瞻性研究，在强化财政保障、规范财政管理、推进财政改革、防控财政风险等方面加强研究，为省委省政府当好参谋助手。二是积极主动做好需求测算。密切跟进省委省政府出台的各类具体措施、规划、方案，加强与相关职能部门的沟通衔接，进行科学、精准的财力测算，明确资金需求，定好资金盘子。三是积极主动做好财政保障。强化财政统筹，建立大事要事保障清单管理制度，集中一切可用的财政资金资源，保障科技创新、产业转型升级、乡村振兴等重大战略任务的资金需求。四是发挥财政资金“四两拨千斤”作用，充分发挥财政资金投入的引导性、保底性、撬动性作用，通过财政贴息、保费补贴、担保补偿、政府采购等措施，引导银行、保险、担保等多方“金融活水”精准支持重大战略落地实施。

（二）因地制宜培植财源税源

一是通过夯实财政收入恢复增长的基础，加大财政资金统筹整合、盘活使用力度，健全财源建设激励机制，着力构建厚植财源、增加财力的长效机制。二是促进县域经济发展。完善省对市县的转移支付制度，通过强化一般性转移支付“促均衡、保基本”的功能，提高市县财政保障能力。突出专项转移支付重大决策保障功能，强化对县域特定目标的政策引导。创新开发区财政支持政策，打造县域经济发展增长极。三是完善现代税收制度。坚持税法统一、税负公平、调节有度，推进地方税体系建设，按照国家统一部署，研究调整完善税制结构，培育丰富地方税源，充分调动地方积极性。实施好各项组合式税费支持政策，针对市场主体反映的突出问题，及时进行研究解决，让政策红利持续释放，助力市场主体纾困发展。四是全面推进综合治税。稳步推进涉税信息共享，扩大涉税数据采集范围。完善综合治税信息系统功能，开展涉税数据分析对比，指导市县开展综合治税工作。

（三）确保财政平稳运行

一是推进“过紧日子”制度化常态化，坚持“紧日子保基本、调结构保战略”，大力推进节约型机关建设，强化预算安排同执行、评审、审计、绩效的挂钩机制，惩治浪费、激励节约，腾出宝贵资金稳住经济大盘。二是扎实做好基层“三保”工作，加大下沉财力到县区的力度，加强县（市）财政运行的分析调度，及时发现和帮助基层解决实际困难，确保基层“三保”不出问题。三是积极稳妥防范化解政府债务风险，严格按照“分类施策、因地施策、一债一策”原则，用好债务在线监测平台，加快健全完善覆盖全面、科学规范、管理严格的政府债务管理制度体系，严禁各类违法违规融资担保行为，坚决遏制隐性债务增量。四是发挥债券资金效能，在项目储备、工程推进和资金支出等方面采取有效措施，推动债券早发行、工程早建设、资金早见效，做好专项债券与政策性开发性金融工具的政策衔接工作，形成推进有效投资的合力。五是防范金融风险，构建政府、金融机构和企业三方联合处置机制，做好利用专项债券补充中小银行资本金和化险工作，扎实推进融资平台公司市场化转型，严格防范融资平台风险，防范金融风险向社会领域传导。

（四）切实保障和改善民生

一是强化资金保障，推动重点民生实事项目顺利实施，解决人民群众最关心最直接最现实的利益问题。二是保障困难群众的基本生活，及时帮扶失业人员和需纳入低保的对象、临时遇困人员等，积极纾解疫情对群众生活的影响。三是全面推进乡村振兴，巩固拓展脱贫攻坚成果，持续改善脱贫群众生产生活条件，确保不出现规模性返贫。四是进一步稳定和扩大就业，通过税费减免、社保补贴、创业贷款等政策鼓励企业吸纳就业，大力支持拓宽市场化就业渠道，落实落细引导毕业生到基层就业的优惠政策。五是支持发展托幼、社区养老、用餐、保洁等多样化服务，持续做好义务教育、基本住房、基本医疗等民生工作。

（五）持续深化财政改革

一是全面落实河南省深化预算管理制度改革意见，加强财政资源统筹，强化收支管理，健全国有资产调剂盘活机制。二是深化预算绩效管理改革，完善支出标准体系建设，切实做到“花钱必问效、无效必问责”。三是深化国资国企改革。规范高效履行省属金融企业出资人职责，充分发挥省属金融企业作用，畅通融资渠道，助力河南省新技术、新产业对接资本市场，在服务省委重大战略上加力提效。四是深化投融资体制改革。发挥地方政府债券的撬动作用，推动项目申报数量和质量的提升，充分发挥债券资金效益。完善政府投资基金管理体制和运行机制，聚焦河南省十大新兴产业链，进一步优化投资布局，充分发挥省级政府投资基金引资、引智、引人才、保战略、促产业的作用。

B.11

2022~2023年河南物流业运行分析及展望

毕国海　李 鹏　秦华侨*

摘　要： 2022年以来，河南围绕锚定"两个确保"、实施"十大战略"，出台了一系列物流业发展支持政策措施，促进交通区位优势加快向枢纽经济优势转变，物流业延续总体平稳、稳中有进的发展态势。预计2023年，全省物流业发展的宏观环境持续向好，物流业与先进制造业、现代农业、现代服务业的融合发展更加密切，"通道+枢纽+网络"的现代物流运行体系更加畅通，全省物流业高质量发展水平将进一步提升，物流业对经济社会高质量发展的拉动作用将进一步显现。

关键词： 现代物流运行体系　枢纽经济　河南省

一　2022年以来河南物流业总体运行态势

2022年以来，河南深入贯彻落实国家和省委省政府关于推动物流业高质量发展、加快物流强省建设的相关要求，全省物流运行保持趋稳态势。

* 毕国海，中国物流学会兼职副会长、河南省物流与采购联合会执行副会长，郑州大学、郑州轻工业学院硕士生导师，河南省"十四五"规划专家咨询委员会成员，主要研究方向为物流学；李鹏，河南省物流与采购联合会秘书长、高级物流师，主要研究方向为物流学；秦华侨，河南省物流与采购联合会现代物流信息中心副主任，主要研究方向为物流学。

（一）社会物流需求平稳增长

2022 年上半年，河南全省社会物流总额达到 84753.0 亿元，同比增长 4.3%（按可比价格计算）（见图 1），高于全国平均增速 1.2 个百分点，扭转了连续 5 个季度增速低于全国平均水平的被动局面。

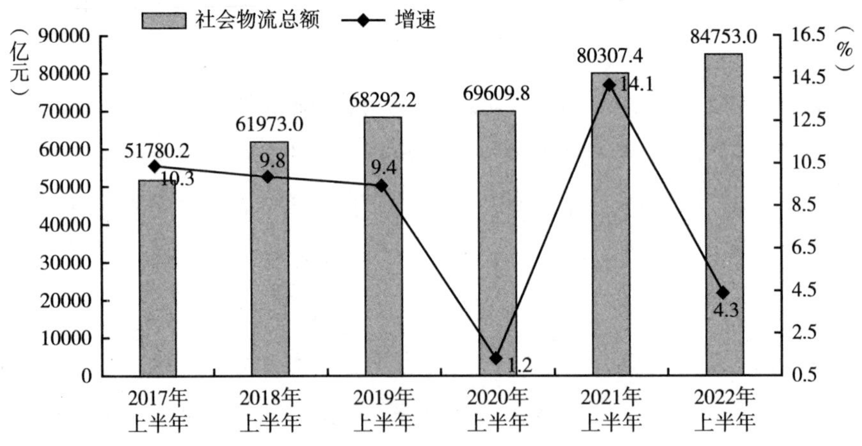

图 1　近年来河南全省社会物流总额及增速

注：增速按可比价格计算，需要排除价格波动因素影响，因此不同年份的数据不可直接相比较。

资料来源：河南省物流与采购联合会。

从需求结构来看，2022 年上半年，工业平稳增长和制造业新动能培育持续加速，工业品物流需求稳步增长，物流总额同比增长 4.5%；消费市场持续稳定恢复，外省流入物品物流总额同比增长 0.6%；农业生产稳定增长，带动农产品物流总额同比增长 5.1%；进口需求持续扩张，进口货物物流总额同比增长 9.8%；受疫情影响，居民消费习惯向线上转型，网购消费占比持续提升，与网购相关的单位与居民物品物流总额同比增长 10.3%；受碳达峰、碳中和等相关政策理念影响，再生资源物流总额同比增长 6.3%（见表 1）。

表 1　2022 年上半年河南全省社会物流总额及构成情况

单位：亿元，%

指标名称	物流总额	增长	占比
社会物流总额	84753.0	4.3	100
其中:农产品物流总额	4995.6	5.1	5.9
工业品物流总额	71079.2	4.5	83.9
进口货物物流总额	1501.1	9.8	1.8
再生资源物流总额	61.4	6.3	0.1
与网购相关的单位与居民物品物流总额	528.0	10.3	0.6
外省流入物品物流总额	6587.7	0.6	7.8

资料来源：河南省物流与采购联合会。

（二）物流运行效率不断提升

随着一系列物流保通保畅和纾困解难政策的贯彻落实，河南全省社会物流成本持续回落，成本结构不断优化，物流运行质量持续提升。2022 年上半年，全省社会物流总费用为 4358.1 亿元，同比增长 6.3%，社会物流总费用占 GDP 的比例为 14.2%，与上年同期持平（见图 2）。

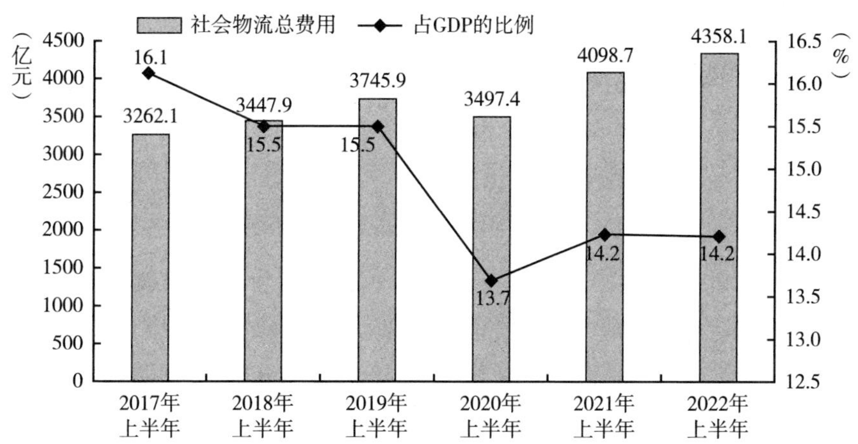

图 2　近年来河南全省社会物流总费用及其占 GDP 的比例

资料来源：河南省物流与采购联合会。

从物流各环节的费用看，运输费用、保管费用和管理费用分别占社会物流总费用的56.5%、31.1%和12.4%（见表2），其中，运输费用占比同比上升0.4个百分点，保管费用、管理费用占比分别同比下降0.3个百分点、0.1个百分点。

表2　2022年上半年河南全省社会物流总费用及构成

单位：亿元，%

指标名称	费用总额	增速	占比
社会物流总费用	4358.1	6.3	100
其中:运输费用	2464.2	7.1	56.5
保管费用	1353.3	5.3	31.1
管理费用	540.6	5.4	12.4

资料来源：河南省物流与采购联合会。

（三）物流市场规模不断壮大

河南全省经济规模的不断增大以及物流产业规模和物流市场主体的持续壮大，《支持物流行业纾困解难若干政策措施》《支持现代物流强省建设若干政策》等一系列支持政策的出台，为全省物流行业、企业发展注入了强

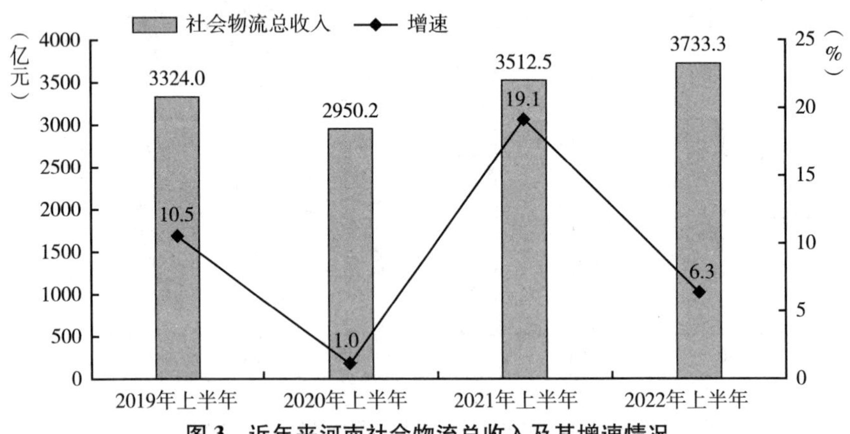

图3　近年来河南社会物流总收入及其增速情况

资料来源：河南省物流与采购联合会。

心剂。2022 年上半年，全省社会物流总收入达到 3733.3 亿元（见图 3），同比增长 6.3%，较第一季度上升 8.5 个百分点。2022 年 1~8 月，全省交通运输、仓储和邮政业固定资产投资同比增长 4.2%（见图 4），比 1~6 月高 2.3 个百分点。第三十四批 A 级物流企业名单显示，2022 年全省 A 级以上物流企业达到 264 家，增长态势平稳（见图 5）。河南入选全国冷链物流百强企业的企业数量变化幅度不大，2022 年共 9 家企业入选（见图 6）；全省星级冷链物流企业有 10 家，约占全国的 8.7%。

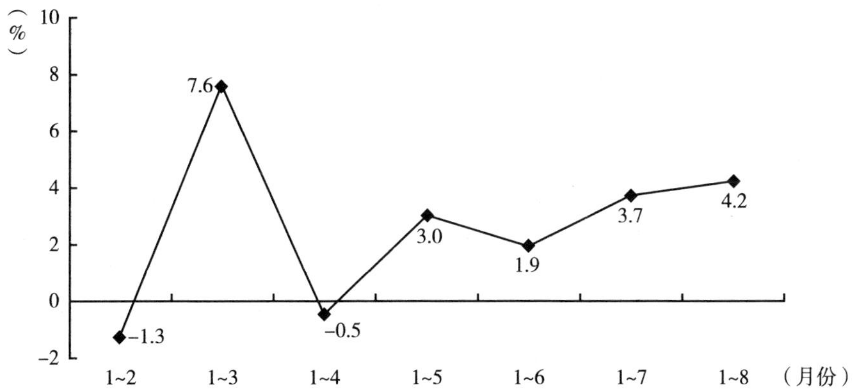

图 4　2022 年 1~8 月河南全省交通运输、仓储和邮政业固定资产投资同比增长情况

资料来源：河南省统计局。

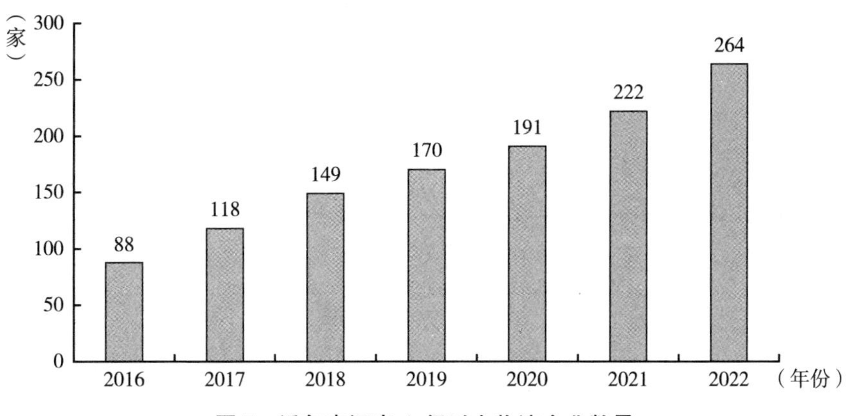

图 5　近年来河南 A 级以上物流企业数量

资料来源：中国物流与采购联合会《关于发布第三十四批 A 级物流企业名单的通告》。

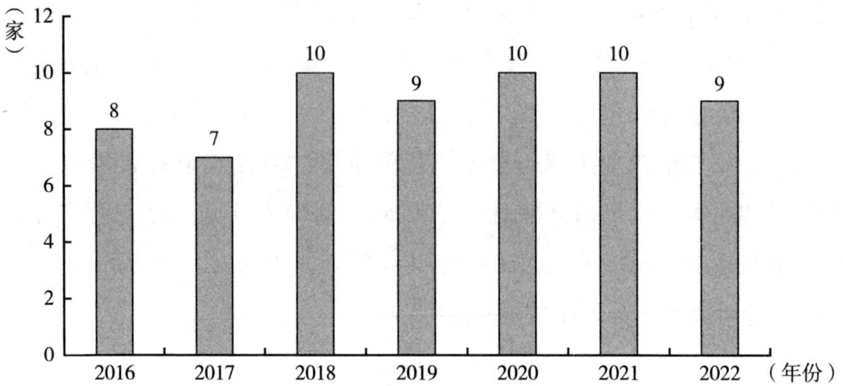

图 6　近年来河南入选全国冷链物流百强企业的企业数量

资料来源：中国物流与采购联合会《中国冷链物流发展报告（2022）》。

（四）货物运输实物量平稳增长

2022 年上半年，全省货物运输量达到 12.2 亿吨，同比下降 0.2%；货物周转量 5475.9 亿吨公里，同比增长 7.8%（见图 7）。其中，铁路、公路、水路货物运输量分别约占总货物运输量的 4.4%、88.3%、7.3%，增速分别同比上升-0.1 个、-0.3 个、0.4 个百分点；铁路、公路、水路货物周转量

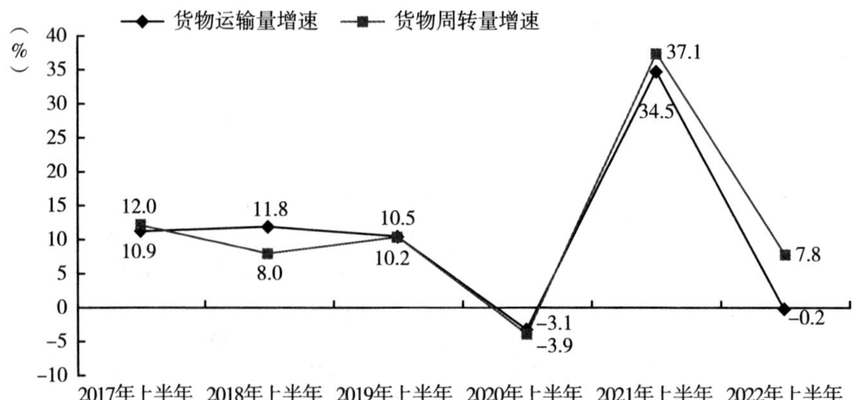

图 7　近年来河南货物运输量、周转量增速

资料来源：河南省统计局。

分别约占总周转量的 21.8%、66.7%、11.5%（见表 3），增速分别同比上升 0.7 个、-0.3 个、-0.4 个百分点。

表 3　2022 年上半年全省货物运输量与周转量情况

运输方式	货物运输量（亿吨）	增速（%）	占比（%）	货物周转量（亿吨公里）	增速（%）	占比（%）
铁路	0.5	-2.4	4.4	1194.9	11.1	21.8
公路	10.8	-0.6	88.3	3651.6	7.4	66.7
水路	0.9	6.0	7.3	627.0	4.3	11.5
航空	0.002	-4.6	—	2.3	-3.5	—
总计	12.2	-0.2	100	5475.9	7.8	100

注：数据因四舍五入原因，略有误差。
资料来源：河南省统计局。

（五）快递物流发展不断加快

受疫情等因素影响，居民消费方式向线上消费转型，全省快递业务、跨境电商进出口等持续增长（见图 8、图 9），快递、跨境电商物流需求持续提高。在全国跨境电商综试区评估中（评估共分四档），郑州位列第一档（全国前 10），洛阳、南阳位列第二档（全国前 50）。

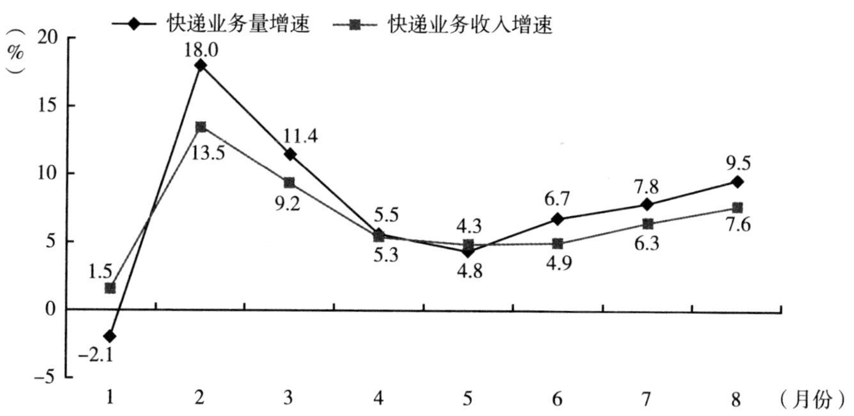

图 8　2022 年 1~8 月河南快递业务量和快递业务收入增速

资料来源：河南省邮政管理局。

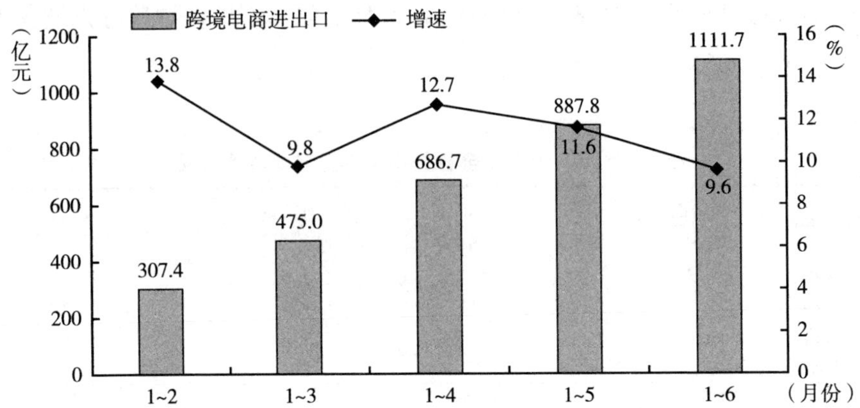

图9　2022年1~6月全省跨境电商进出口情况

资料来源：河南省商务厅。

（六）中欧班列（中豫号）提质增效

2022年上半年，中欧班列（中豫号）累计开行875班，同比增长16.5%（见图10），集货范围覆盖全国3/4的区域，境外可达30多个国家130多个城市；自2013年7月18日首班中欧班列开行以来，总累计

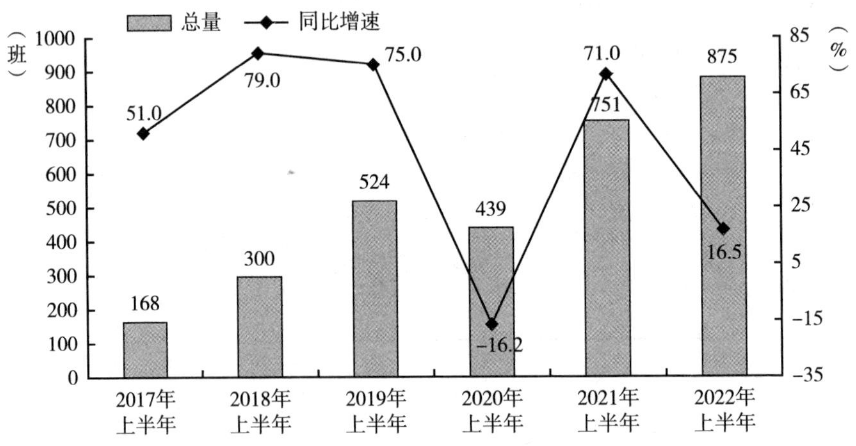

图10　近年来河南中欧班列开行情况

资料来源：河南省物流与采购联合会。

开行超6000列、货重近400万吨，实现每周16列去程、18列回程的高频次往返对开模式，培育了恒温班列、数字班列、运贸一体化等河南特色品牌，班列重箱率、回程比例、综合运营能力等6项指标均居全国前列。

（七）航空货运增长放缓

2022年上半年，河南全省机场货邮吞吐量达32.6万吨，同比下降4.6%（见图11）。其中，郑州机场、洛阳机场、南阳机场上半年货邮吞吐量分别为32.5万吨、300.4吨、308.6吨，分别同比下降4.6%、33.2%、20.5%。

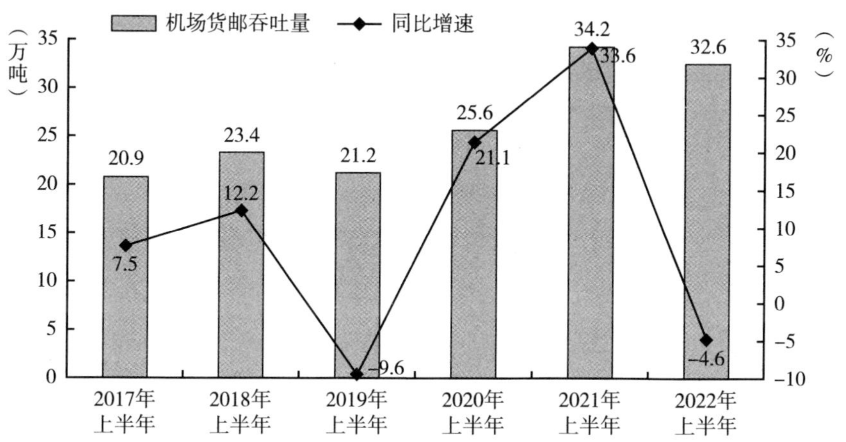

图11　近年来全省机场货邮吞吐量情况

注：不同年份之间统计口径有调整。
资料来源：河南省物流与采购联合会。

（八）物流行业景气水平下降

2022年上半年，河南全省物流业景气指数（LPI）平均值为48.6%，低于上年同期6.5个百分点，低于全国平均水平0.8个百分点。业务活动预期指数平均值为55.2%，位于较高景气区间（见图12）。

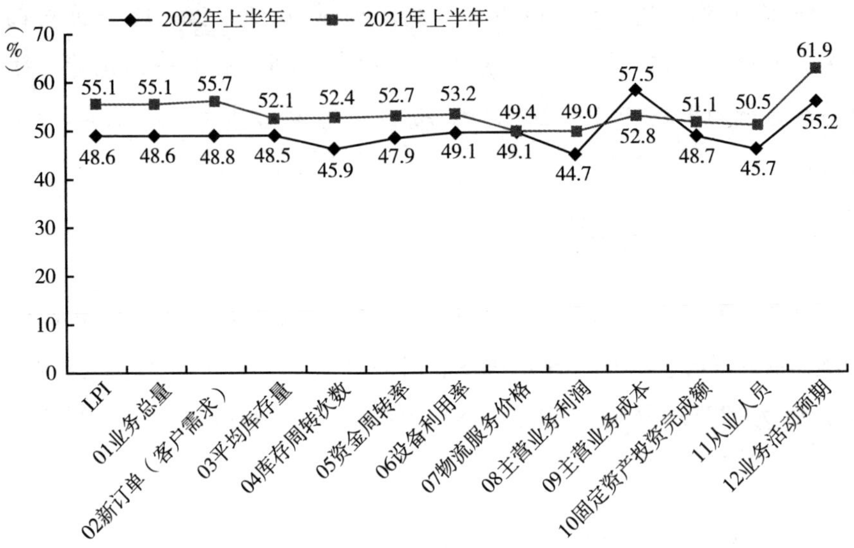

图 12　2021 年上半年与 2022 年上半年物流业景气指数情况

资料来源：河南省物流与采购联合会。

二　2023年河南物流业运行态势分析和预测

预计 2023 年，河南物流支持政策的叠加效应将持续显现，宏观经济环境总体向好，物流业高质量发展趋势将更加凸显。

（一）社会物流需求规模持续扩张

2022 年以来，河南全省物流业受经济运行承压波动、供应链上下游缓慢恢复、疫情散发等不利因素的影响，发展增速有所放缓，但物流业供应链韧性不断提高，呈现“加速修复、企稳向好”态势，成为支撑国民经济恢复的稳定力量。围绕锚定“两个确保”、实施“十大战略”，出台了《河南省“十四五”现代物流业发展规划》《关于加快现代物流强省建设的若干意见》《支持现代物流强省建设若干政策》等一系列纾困解难、减税降费政策措施，使物流业对经济增长的拉动作用持续增强，推动河南交通区位优势加速向枢纽经济优势转变。初步预计 2023 年全省社会物流总额将达到 20.2 万亿元，同比增长 7%左右。

（二）物流运行效率持续提升

为更好地发挥物流业在保增长、保民生、保稳定等方面的重要作用，2022 年 5 月，国家发展改革委等部门联合下发了《关于做好 2022 年降成本重点工作的通知》，明确提出从实施新的组合式税费支持政策、持续降低制度性交易成本、缓解企业人工成本上升压力、降低企业用地房租原材料成本、推进物流提质增效降本等八个方面降低物流业的显性成本与隐性成本，加大纾困支持力度，助力物流恢复发展。河南印发了《支持物流行业纾困解难若干政策措施》，从落实税费优惠政策、降低物流通行成本、加大金融扶持力度等七个方面推动物流业高质量发展。初步预计 2023 年河南全省社会物流总费用约 9200 亿元，同比增长 8%左右。

（三）物流市场主体加速壮大

为加快现代物流企业引育，支持物流企业做大做强，打造特色物流服务品牌，提升全省物流企业市场竞争力，河南省出台《河南省“十四五”现代物流业发展规划》和《关于加快现代物流强省建设的若干意见》，明确提出培育 100 家左右全国领军型、特色标杆型、新兴成长型物流“豫军”企业，并配套出台了《支持现代物流强省建设若干政策》，对新引进的全国知名企业、新晋国家示范物流园区和 A 级物流企业、新认定的“豫军”企业给予一次性奖励。郑州、洛阳、驻马店等城市纷纷出台物流业发展支持政策，加大对物流“豫军”企业、A 级物流企业、星级冷链物流企业的支持力度，壮大市场主体。随着各项支持政策逐步贯彻落实，2023 年全省物流企业的发展活力将持续增强、全国影响力和服务能力将持续提升，进而推动物流强省建设持续加速。

（四）现代物流运行体系不断完善

2018 年，国家发展改革委、交通运输部联合印发《国家物流枢纽布局和建设规划》，郑州、洛阳、商丘、安阳、南阳、信阳等6个城市10个枢纽被纳入国家规划。截至目前，郑州空港型枢纽、洛阳生产型枢纽、商丘商贸型枢纽、安阳陆港型枢纽4个枢纽已被纳入国家年度建设名单，郑州陆港型枢纽、南阳商贸型枢纽争取进入2022年的国家年度建设名单。《“十四五”冷链物流发展规划》指出要布局建设100个左右国家骨干冷链物流基地，推动冷链物流深度融入“通道+枢纽+网络”现代物流运行体系，郑州、洛阳、商丘、新乡、漯河5个城市被纳入国家规划。其中郑州已成功入选首批17个国家骨干冷链物流基地，商丘、漯河争取入选2022年的国家骨干冷链物流基地。此外，“十四五”规划和“强省意见”明确提出要加强国家物流枢纽建设，打造区域物流枢纽和节点，争创国家物流枢纽经济示范区，力争成为现代化、国际化、世界级物流枢纽基地。预计2023年，随着国家物流枢纽、区域物流枢纽（节点）、国家骨干及省级冷链物流基地的加快建设，物流业对经济高质量发展的拉动作用将显著提升。

（五）物流行业人才供给结构不断优化

为深入贯彻落实习近平总书记关于人才工作的重要指示精神，国家从强化人才培养、职业教育、在职培训、竞赛比赛、职称评定、先进评选等多角度、全方位加强物流人才培育。河南鼓励高等院校、职业学校等开设物流相关课程，加强人才供给；鼓励学校与协会、企业加强协作，提升从业人员综合素质和实践能力；为持续推进“人人持证、技能河南”建设，河南省人力资源和社会保障厅印发了《关于组织开展2022年河南省职业技能竞赛活动的通知》，将“河南省物流行业职业技能大赛”列入省级行业一类赛，对获奖选手按相关规定晋升相应职业资格（职业技能等级），颁发相应等级职业资格（职业技能等级）证书；对优秀选手授予“河南省技术能手”荣誉称号，支持符合条件的选手申报“河南省五一劳动奖章”“河南省青年岗位能手”“河南省巾帼建功标兵”等。2022年9月，河南省发展改革委、河南省人力资源和社会保障厅联合下发了《关于举办2022年河南省行业职业技能竞赛——河南省第一届物流行业职业技能大赛的通知》，提出组织开展全省物流行业职业技能大赛，加强物流行业高技能人才选育，为现代物流强省建设提供有力人才支撑。随着“人人持证、技能河南”建设和物流行业职业技能大赛的持续推进，河南全省物流行业人才供给结构将不断优化，物流行业人才的专业性、理论水平、技能水平将不断提升。

（六）区域物流协同发展持续加强

随着物流资源加速向城市群、都市圈等地区集中和转移，河南对优化区域物流设施布局，加强区域物流联动，培育壮大区域物流市场，统筹城乡物流协调发展提出了新的要求。河南在《河南省“十四五”现代物流业发展规划》和《河南省“十四五”现代流通体系发展规划》中明确要立足服务新发展格局，紧密对接重大国家战略和市场需求，创新区域物流合作机制，构建区域协同、多业联动、城乡互补的物流发展格局，促进区域、城乡高质量均衡发展，强化推动国际物流交流合作、加快区域物流协同发展、加强物流标准衔接、推进一体化分拨配送等。随着各项工作的有序推进，物流强省建设将持续加快，物流空间协调、功能互补发展趋势将不断加强，物流业区域协同带动能力将持续提升。

（七）物流枢纽经济加快发展

2022 年初，河南省委经济工作会议强调实施优势再造战略，加快形成枢纽经济，为全省物流业加速发展提供了根本遵循、指明了前进方向、提出了鲜明目标、增添了攻坚动力。2022 年 6 月 20 日，高铁郑州航空港站正式启用，站内设有空铁换乘中心和高铁物流中心，远期规划建设物流专用站台和线路，形成规模化的现代完备物流体系，与新郑国际机场国际货运相互配合衔接，实现空铁联运；8 月 16 日，郑州机场北货运区开始试运营，郑州机场货运站总面积达到 19.8 万平方米，货机位 25 个，年货邮保障能力达到 110 万吨，位居中部第一、全国前列；8 月 16 日，河南中豫港口集团组建揭牌，负责全省四级及以上航道、港口、岸线和临港产业等领域投资建设和运营管理，将打造全省陆港业务“一张网”，河港业务“一条链”，畅通水运通道、促进全省港航一体化发展。河南印发的《河南省“十四五”现代综合交通运输体系和枢纽经济发展规划》提出，构建“一核四区、四带牵引、五型支撑”的综合交通运输体系和枢纽经济融合互促的总体发展布局，明确发展目标，强化重点任务实施，配套完善保畅措施，加速推动交通区位优势向枢纽经济优势转化。

（八）新业态新模式加快培育

受科技进步等因素影响，大数据、人工智能等新技术加速赋能传统物流业态转型升级，新装备、新业态、新模式等不断涌现，推动传统物流发展模式加速向数字化、智能化、网联化、低碳化的物流新模式转变。《河南省“十四五”现代流通体系发展规划》指出，以科技赋能为驱动，统筹智慧绿色低碳促发展转型，加快发展智慧物流、网络货运、航空物流、高铁物流等新业态新模式，实现流通全行业数字化转型、智能化改造和绿色化发展。预计未来，随着科技进步、物流业低碳任务持续推进，河南物流业发展的科技引领、绿色低碳化趋势将持续加强。

参考文献

《国务院办公厅关于印发“十四五”冷链物流发展规划的通知》，中国政府网，2021年11月26日，http：//www.gov.cn/zhengce/zhengceku/2021-12/12/content_ 5660244.htm。

河南省人民政府：《关于印发河南省“十四五”现代流通体系发展规划的通知》2022年1月24日，http：//www.henan.gov.cn/2022/01-24/2387553.html。

河南省人民政府：《关于印发河南省“十四五”现代综合交通运输体系和枢纽经济发展规划的通知》，2022年1月26日，http：//www.henan.gov.cn/2022/01-26/2389095.html。

《河南省政府工作报告——2022年1月6日在河南省第十三届人民代表大会第六次会议上河南省人民政府省长王凯》，2022年1月14日，http：//district.ce.cn/newarea/roll/202201/14/t20220114_ 37258451.shtml。

何黎明：《抓住市场恢复关键期　共谋物流高质量发展新策略》，《现代物流报》

2022 年 8 月 12 日。

河南省人民政府：《关于印发河南省 2022 年国民经济和社会发展计划的通知》，2022 年 3 月 22 日，http：//www. henan. gov. cn/2022/03-29/2422527. html。。

河南省人民政府：《关于印发河南省“十四五”现代物流业发展规划的通知》（豫政〔2022〕12 号）。

河南省人民政府办公厅：《关于印发支持物流行业纾困解难若干政策措施的通知》，2021 年 6 月 21 日，https：//www. henan. gov. cn/2022/06-21/2472438. html。

B.12 2022~2023年河南省居民消费价格走势分析

袁金星*

摘　要： 2022年1~8月，全省居民消费价格指数（CPI）同比上涨1.4%，整体呈稳步回升、温和上涨态势。影响价格的因素依旧复杂，预计2022年CPI涨幅相比2021年将有所扩大，2023年全省CPI将处于合理区间。报告的最后提出了2023年河南要扎实保民生兜底线、抓好农副产品的生产和市场供应、加大对市场和价格的监管力度等政策措施。

关键词： 居民消费价格指数　河南省　保供稳价

居民消费价格指数（CPI）是反映一定时期内居民所购买的生活消费品和服务项目价格变动趋势和程度的相对数，是衡量通货膨胀或者紧缩程度的重要指标，与居民生活息息相关，同时也是政府宏观经济决策的重要参考指标。近两年，国内外环境发生了重大变化，大宗商品价格持续走高、能源及粮食价格大幅上升，全球通胀的压力愈加凸显，欧美等主要经济体CPI不断"爆表"，各国对CPI的关注度与日俱增。面对这种情况，中央相关部门多措并举，采取了供需调节、市场监管、预期引导等一系列保供稳价措施，价格形势保持总体稳定。但是，外部输入性通胀的压力依旧很大，不可避免地对国内、省内产生一定影响，在这种情况下，分析全省CPI变动情况、展望

* 袁金星，河南省社会科学院创新发展研究所副研究员，主要研究方向为国民经济、科技经济。

未来全省CPI变动趋势对于河南省进一步落实中央保供稳价政策、更好应对经济形势变化等具有重要意义。

一　2022年1~8月河南省居民消费价格指数总体情况

进入2022年，全球通胀压力持续加大，但国内价格形势保持总体稳定。2022年全省上下坚决落实党中央"疫情要防住、经济要稳住、发展要安全"重大要求，坚持稳字当头、稳中求进，高效统筹疫情防控和经济社会发展，全力保障重要民生商品供应。1~8月，全省居民消费价格指数（CPI）同比上涨1.4%，涨幅较上年同期提高0.6个百分点，较1~6月提高0.2个百分点，整体呈温和上涨态势。

（一）价格涨幅较上年同期小幅上升

1~8月，河南CPI同比上涨1.4%，涨幅较上年同期提高0.6个百分点。2020年下半年，全球能源价格以及化肥、粮食、食用油等商品的价格就已经出现大幅上涨。进入2022年后，国际局势复杂多变、地缘政治冲突加剧。2022年3月以来，受俄乌冲突影响，全球能源价格和粮食价格进一步上涨，而粮食价格上涨导致了食品价格上涨，加之国内、省内一些地区疫情散发、多发，蔬菜价格、瓜果价格都有所上涨，但涨幅偏低，猪肉价格较上年同期也有所提高，但涨幅逐渐放缓，成品油价格连续两轮下调，交通工具用燃料项CPI有明显回落。与此同时，全省加大了市场保供稳价力度，政策效果逐步显现。综合上述因素影响，全省CPI出现小幅上涨，反映了在疫情影响下，市场正逐渐恢复正常，消费需求正逐步提升。

（二）同比涨幅波动上升

从同比看，2022年1月至8月，河南省CPI同比分别上涨0.4%、0.2%、1.0%、1.6%、1.7%、2.0%、2.3%和1.8%，呈现前低后高、波动上升的走势。

如图1所示，1~2月，CPI走势相对平稳，自3月开始，受国际能源价格持续高位运行、国内及省内疫情多点散发等因素影响，CPI同比涨幅逐渐扩大，7月达到2.3%；7月下旬以来，国家有关部门引导各地生猪养殖企业加快生猪出栏节奏，市场供应量有所增加，8月上中旬猪肉价格有所下降，但是随着传统节日中秋节的临近，居民对肉类的消费需求有所回升，猪肉价格出现了一定幅度的上涨。但从整个8月来看，猪肉价格环比涨幅比上月已有回落，加之疫情防控形势向稳趋好，物流逐步畅通，当月CPI同比涨幅出现小幅回落，降至1.8%。

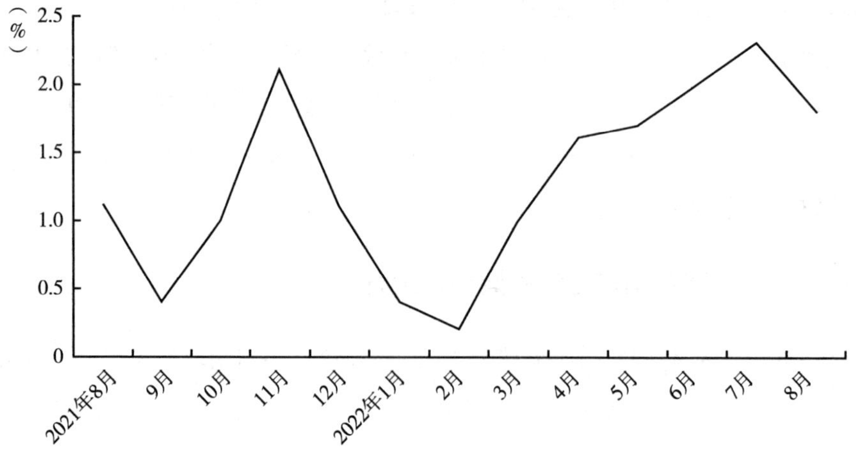

图1　2021年8月至2022年8月河南省CPI同比变化情况

资料来源：《河南统计月报》。

（三）月度环比变化以涨为主

从环比看，1~8月河南省CPI月度环比“五涨三降”（见图2）。其中，1月、2月，受“双节”因素和国际能源价格波动等影响，环比分别上涨0.5%和0.2%；3月随着节日因素影响消散，食品和服务需求有所下降，CPI环比仅上涨0.1%；4月国内多地疫情散发、频发，叠加国际能源价格高企，CPI环比上涨0.2%；5月、6月，各地疫情防控形势普遍向好，生产生活秩序开始陆续恢复，消费市场供应总体充足，CPI环比分别下降0.3%、0.3%；7月，受猪肉价格上涨，以及多地持续高温天气带动鲜果鲜菜价格上涨的影响，CPI 环比上涨 0.6%；8 月，由于猪肉和鲜菜价格涨幅回落，国际油价下行的滞后影响进一步显现，CPI 环比下降 0.1%。

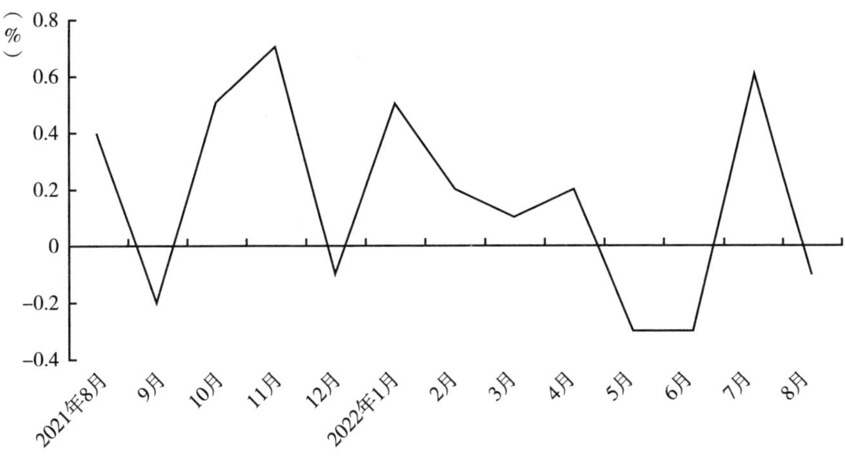

图 2　2021 年 8 月至 2022 年 8 月河南省 CPI 环比变化情况

资料来源：《河南统计月报》。

（四）八大类商品及服务价格呈“八升”态势，CPI 同比涨幅低于全国平均水平

从分类构成看，2022 年 1~8 月，河南八大类商品及服务价格同比呈现“八升”态势（见图 3）。其中，交通和通信类价格上涨 5.1%，教育文化和娱乐类上涨 1.4%，其他用品和服务类、食品烟酒类均上涨 1.1%，生活用品及服务类上涨 0.9%，医疗保健类上涨 0.8%，衣着类上涨 0.7%，居住类上涨 0.4%。

2022 年 1~8 月，全国居民消费价格指数比上年同期上涨 1.9%，河南同比上涨 1.4%，涨幅较全国平均水平低了 0.5 个百分点。将全国 31 个省（区、市）CPI 涨幅从高到低排序，河南与贵州并列排在第 27 位，处于靠后位置。分类别看，1~8 月，河南八大类商品及服务价格与全国平均水平相比呈“二高六低”特征（见图 4），除衣着类、医疗保健类涨幅高于全国平均水平外，其余六大类涨幅均低于全国平均水平，特别是居住类、交通和通

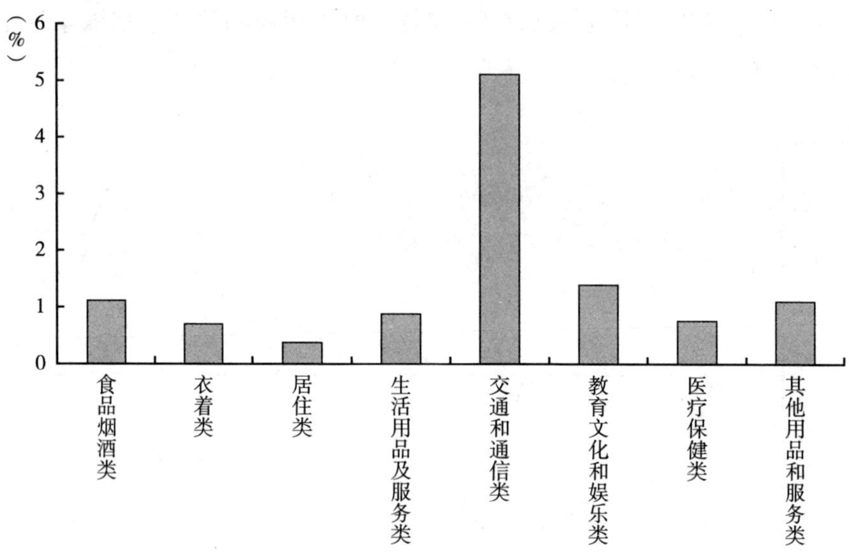

图 3　2022 年 1~8 月河南省八大类商品及服务价格同比变动情况

资料来源：《河南统计月报》。

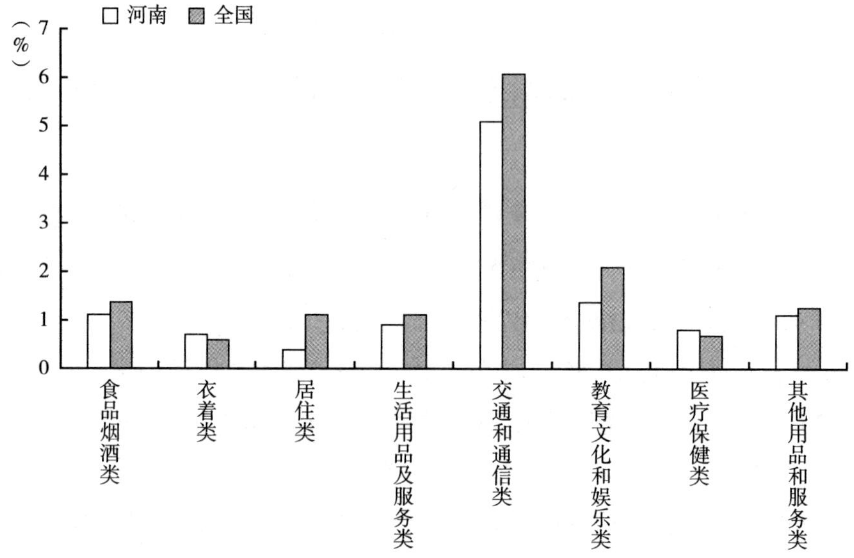

图 4　2022 年 1~8 河南省及全国八大类商品及服务价格同比变动情况

资料来源：《河南统计月报》。

信类、教育文化和娱乐类涨幅与全国平均涨幅差距较大，是河南 CPI 涨幅低于全国平均水平的主要影响因素。

二 2022年1~8月河南省主要商品和服务价格运行特点

（一）食品烟酒类价格小幅上涨

1~8 月，河南省食品烟酒价格同比上涨 1.1%，其中，进入 6 月以来，猪肉价格和鲜菜等菜篮子商品价格反弹走高，推动食品价格由跌转涨，达到 1.1%。

1. 畜肉类价格降幅收窄

2021 年以来，生猪产业扶持政策逐步落地见效，生猪产能显著恢复，猪肉市场供应充裕，使得 2022 年第一季度全省猪肉价格“旺季不旺、持续走低”。随着中央储备猪肉收储工作的持续开展，生猪产能调减效应逐步显现，2022 年 4 月猪肉价格开始反弹；受部分养殖户压栏惜售、疫情趋稳、消费需求有所增加等因素影响，5~6 月猪肉价格继续上涨。从 7 月初开始，国家相关部门密集约谈头部生猪养殖企业和行业协会，要求企业不得通过延迟出栏等方式哄抬价格，并在 8 月开始投放国家储备冻猪肉以平抑猪肉价格。受此影响，猪肉价格的上涨势头得到遏制，蓄肉类价格整体较上半年降幅收窄 6.9 个百分点。

2. 鲜菜价格小幅上升

由于上年同期基数较高，加上相关部门持续加大重要民生商品保供稳价力度，鲜菜价格在 1 月同比增长 4.1%之后，2 月同比下降 5.5%。3 月开始多地出现散发疫情，对蔬菜采收、运输造成不同程度的干扰，同时汽柴油价格上涨导致运输成本增加，带动鲜菜价格持续上涨，3~5 月，全省鲜菜价格同比分别上涨 17.6%、22.7%、10.2%；受供应增加、物流好转和囤货需求减少等因素影响，6 月的鲜菜价格同比下降 2.7%；在经历了 7 月的价格上升后，8 月同比下降 4.3%。总体来看，1~8 月，全省鲜菜价格较上年同期上涨 5.6%。

3. 其他菜篮子商品价格以涨为主

国内、省内疫情散发导致货运不畅、囤货需求增加，因此其他鲜活食品价格以涨为主。其中，1～8 月，鲜果、鸡蛋价格同比分别上涨 13.7%和 5.0%，水产品价格较上年同期下降 5.6%。受国际粮油价格走高影响，1～8 月全省粮食价格较上年同期上涨 5.8%。

（二）工业品出厂价格涨幅呈收窄态势

1~4 月，受新冠肺炎疫情、地缘冲突加剧等多重因素影响，国际大宗商品价格持续上涨，带动国内石油、有色金属等相关行业价格上涨，PPI 传导效应不断显现，推动工业品出厂价格有所上涨。进入 5 月，全国疫情局部反弹，工业生产整体呈现“强预期弱现实”的局面，需求持续偏弱，同时，需求偏弱也导致企业库存偏高，上游原材料厂商开始主动去库存，企业为了保住份额开始选择主动降价，带动国内生产资料价格大幅下跌，5~8 月 PPI 环比涨幅分别下降 0.7 个、0.6 个、0.4 个和 0.4 个百分点，涨幅呈收窄态势。1~8 月，全省工业品出厂价格同比上涨 7.6%，涨幅较 1~6 月收窄 1.1 个百分点，较第一季度收窄 2.0 个百分点。同时，由图 5 可知，1~8 月，全省 PPI 与 CPI “剪刀差”继续收敛，表明上、中、下游之间的价格传导渐趋顺畅。

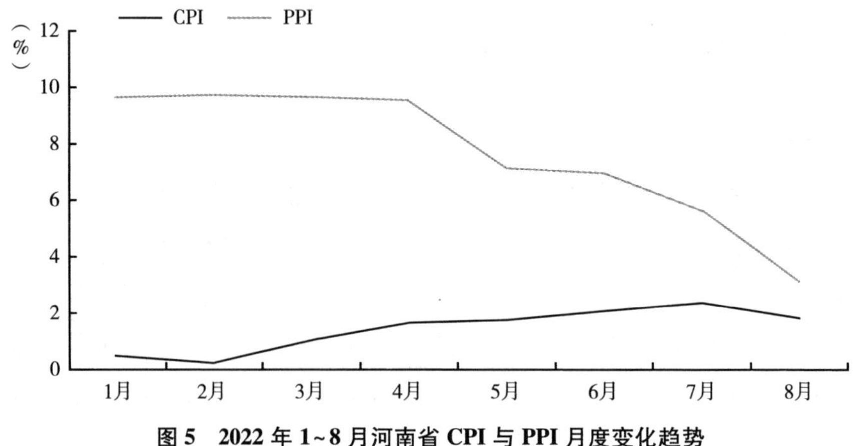

图 5　2022 年 1~8 月河南省 CPI 与 PPI 月度变化趋势

资料来源：《河南统计月报》。

（三）非食品类价格温和上涨

2022 年 1~8 月，全省七类服务价格涨幅较上年同期呈“五扩大一收窄一不变”特点，衣着类、生活用品及服务类、交通和通信类、医疗保健类、其他用品和服务类五类价格涨幅扩大。其中，涨幅扩大最明显的是交通和通信类。受主要原材料成本上涨，以及新能源购车补贴退坡等因素影响，年初小汽车和非机动车等厂家开始出现不同程度的提价；进入第二季度，国家减征部分车辆购置税，地方政府持续开展促消费活动，带动汽车消费需求增加，推动交通工具价格普遍上涨，1~8 月，全省交通和通信类价格较上年扩大 3.2 个百分点。

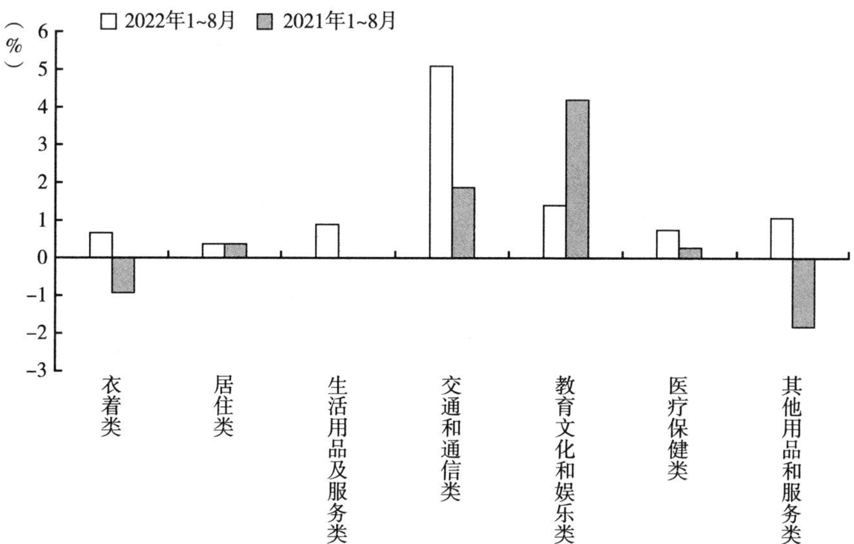

图 6　2021 年 1~8 月与 2022 年 1~8 月非食品类居民消费价格同比涨幅

资料来源：《河南统计月报》。

三　后期价格走势展望

近两年，国际能源、粮食等价格呈现大幅上涨态势，主要经济体如美国、欧洲等地通胀水平居高不下，CPI 屡创新高，给我国价格总水平带来一定冲击，也对河南省带来了较大影响。党中央、国务院高度重视稳物价工作，从 2021 年第四季度开始，各项政策提前发力，省委省政府坚决落实中央保供稳价政策，扎实做好“六稳六保”工作，以保供稳价的确定性应对外部环境的不确定性，全省价格总水平持续运行在合理区间。从 1~8 月的数据看，河南省价格总体走势与全国基本保持一致，呈现稳步回升、温和上涨态势，但上涨幅度仍低于全国平均水平，整体走势向好。与此同时，也要清醒认识到，当前及下年影响价格的因素依旧复杂，需要予以密切关注。

（一）稳物价的不确定因素

一是输入性通胀存在不确定性。2022 年以来，美欧等主要发达经济体面临着持续的高通胀。产生高通胀的主要原因是，新冠肺炎疫情反复和产能下降带来供应紧张，俄乌冲突、贸易保护等因素带来严重干扰。在此背景下，国际粮食、石油、天然气、铁矿石等大宗商品价格，在第四季度以及 2023 年可能依然保持高位运行，大宗商品价格会带来输入性影响，会加大 PPI 向下游消费端传导的压力。特别是地缘政治冲突对全球能源及部分粮食产品价格的影响比较大，未来仍然充满不确定性。

二是猪肉价格可能会波动上涨。在我国 CPI 的“食品烟酒类”项中，猪肉等肉类的权重较高，这是与我国居民消费习惯密不可分的。食品项较非食品项对于 CPI 的影响更显著，而猪肉价格则是影响食品项乃至 CPI 的重要因素。同时，作为现实生活中最重要的消费品之一，猪肉的价格并没有像其他消费品那样受到严格限制，因此，价格波动较大，以至于仅猪肉价格这一项就可以左右包含众多消费品在内的 CPI 的走势。6 月下旬以来，受部分养殖户压栏惜售、疫情趋稳消费需求有所增加等因素影响，猪肉价格出现短期快速上涨。随后，国家发展改革委迅速反应，启动新一轮中央储备冻猪肉投放工作，同时积极指导各地适时联动投放冻猪肉储备，从上至下形成调控合力，防范生猪价格过快上涨。第四季度是生猪出栏和猪肉消费旺季，预计猪肉价格仍有一定的上涨压力。与此同时，国际粮价上涨导致生猪生产成本上行压力较大，加之新冠肺炎疫情仍存在反复风险，居民有一定的囤货冲动，未来，猪肉价格将继续保续波动上涨态势，但不具备大幅上涨的基础。

（二）稳物价的确定性因素

一是经济运行加速修复。随着国内、省内疫情防控形势持续向好和一揽子稳增长的政策措施逐步落地见效，重点产业链供应链逐步畅通，市场信心逐渐恢复，经济运行回归常态，市场活力重新显现，消费品市场供应总体充足，为价格保持总体平稳奠定了良好基础。

二是食品价格稳定有保障。我国粮食产量连续 7 年稳定在 1.30 万亿斤以上，库存目前还处于高位。2022 年的夏粮和早稻都实现了增产，秋粮生产形势总体稳定。特别是就河南而言，2022 年河南省夏粮生产在高基点上实现了新的突破，夏粮总产量达 762.61 亿斤，播种面积达 8525.64 万亩，单位面积产量达 447.25 公斤/亩，夏粮总产量、播种面积数据均居全国第一，秋粮播种面积超过 7600 万亩，丰收在望，粮食市场供应充足，这些都为食品价格稳定提供了重要保障。

三是有能力应对市场价格异常波动。2022 年 5 月 31 日国务院印发《扎实稳住经济的一揽子政策措施》，推出 6 方面 33 项措施，助力全国经济持续恢复发展；粮油肉蛋奶果蔬等重要民生商品供应充足，煤炭、油气等基础能源保障有力；我国工业体系完整，生产能力强，除能源以外的工业品保障稳定，服务供应总体充足。这些都为河南保持价格平稳注入了动力。

综上所述，猪肉上行周期启动、PPI 向 CPI 传导效应增强，都将对 CPI 上涨形成推动作用。但是，国际国内主要大宗商品价格高位回落的趋势比较明显，部分能源和原材料供需矛盾明显缓解，全国及河南商品和服务市场供应总体充足的局面没有改变，特别是夏粮丰收为全年粮食稳产提供坚实支撑，因此，预计 2022 年 CPI 涨幅相比 2021 年将有所扩大，而 2023 年全省 CPI 将处于合理区间。

四 若干建议

（一）扎实保民生、兜底线

认真贯彻落实中央稳经济大盘四季度工作推进会议的精神，阶段性扩大低保覆盖范围、将低保边缘户纳入低保补助，做到应保尽保。落实和完善失业保障扩围政策，使返乡农民工也能拿到补助或救助。将登记失业半年以上人员纳入一次性吸纳就业补贴范围。

（二）抓好农副产品的生产和市场供应

认真落实中央保供稳价的政策措施，特别是在农业生产方面，要继续加大对种粮的补贴力度，同时出台相应的激励政策，引导农民有计划有步骤地扩大粮食、油料特别是蔬菜等农作物的种植面积，同时积极引导发展生猪、奶牛、禽蛋生产。切实做好粮油肉奶菜等基本生活必需品和其他紧缺商品的产运销衔接，鼓励广大农民抓住商机，大力发展畜牧养殖和蔬菜生产，以充足的市场供应平抑物价，增加收入。加强对粮食收购、运输、储备、销售各个环节的管理，进一步完善粮食最低收购价政策，确保主要农产品供给不断档、不脱销。

（三）加大对市场和价格的监管力度

坚决打击囤积居奇、哄抬价格、串通涨价、散布涨价谣言、蛊惑人心等违法行为，建议相关部门充分运用价格机制和价格调控杠杆，加强对主要商品供求、价格运行状况的监测、分析预测，维护正常有序的市场秩序。抓好价格监管，做好对教育收费、医药价格、农资价格及涉农收费的监督检查。

参考文献

《2022 年 8 月份全省经济运行情况》，河南省统计局官网，2022 年 9 月 9 日，

https：//tjj. henan. gov. cn/2022/09-19/2609357. html。

袁金星：《2021~2022 年河南省居民消费价格指数走势分析》，载王承哲、完世伟主编《河南经济发展报告（2022）》，社会科学文献出版社，2021。

金观平：《物价持续稳定运行有支撑》，《经济日报》2022 年 7 月 19 日。

B.13
河南省跨境电商发展指数评价报告*

河南省跨境电商发展指数评价课题组**

摘　要： 2021年，河南省跨境电商进出口交易额达2018.3亿元，同比增长15.7%，占河南省进出口总额的24.6%，其中，出口1475.5亿元，同比增长15.7%；进口542.8亿元，同比增长16.0%。跨境电商作为外贸新业态，已成为河南省外贸发展转型升级的新渠道和高质量发展的重要抓手。本报告首先分析了2021年河南省跨境电商发展状况，然后从主体规模、成长速度、环境支撑、经济影响等方面出发构建了评价指标体系，通过熵权法得到了河南省跨境电商发展综合指数与各分项指数，并据此将河南省跨境电商发展水平分为萌芽期、成长期、成熟期三个阶段，以反映河南省跨境电商发展现状，找出发展中存在的问题，提出具有针对性和前瞻性的建议，如加快跨境电商和传统产业融合、扶持本土企业做大做强、提升本土跨境电商产品国内外知名度、完善跨境电商人才培养体系等。

关键词： 跨境电子商务　指数评价　河南省

2021年，我国货物贸易进出口总额达39.1万亿元人民币，同比增长21.4%。其中，出口额为21.73万亿元，同比增长21.2%；进口额为17.37

---

* 本报告系“一带一路背景下河南省跨境电商发展现状与提升研究”（2023KYJ26）阶段性研究成果。

** 课题组组长：常广庶，郑州航空工业管理学院教授，航空经济发展河南省协同创新中心研究员，河南省电子商务协会专家委员会主任。课题组成员：孙琪、张苏丰、熊壮、刘少卿、孙明萌、朱利利。执笔：熊壮，郑州航空工业管理学院讲师，主要研究方向为互联网创新；刘少卿（通讯作者），郑州铁路职业技术学院助教，主要研究方向为电子商务。

万亿元，同比增长 21.5%。而跨境电商是一种外贸新业态，受重视程度日益提高，国家对其政策支持力度也在不断加大。2021 年我国跨境电商进出口交易总额为 1.98 万亿元，同比增长 15.0%，占货物贸易进出口总额的 5.1%。其中跨境电商出口额为 1.44 万亿元，同比增长 24.5%。尽管新冠肺炎疫情仍间歇性小范围出现，为跨境电商发展带来许多困难，但是中国跨境电商依然保持高速增长态势，投资不断升温，物流效率越来越高，跨境支付结算越来越安全，客户服务满意度越来越高，产品质量与知名度越来越高，中国跨境电商正在向高质高效的新发展阶段大步迈进。

2021 年，河南省跨境电商综试区建设水平居中国前列、中西部首位，跨境电商物流基础设施更加完善。空中、陆上、海上、网上丝绸之路“四路协同”，共同发力，海外仓正有序有质加速布局，跨境支付更加集中便捷，政府扶持力度不断加大，监管制度更加完善，运营模式不断创新，河南省跨境电商在实现“买全球、卖全球”的目标上又迈进了一大步。为此，本报告编制了河南省跨境电商发展指数，以期准确、客观地反映河南省各地区跨境电商发展水平、优势及潜力，为相关部门完善跨境电商发展关键节点，改进弱势创新优势，推进全省跨境电商高质量、高效率、高速度发展提供决策参考。

一 河南省跨境电商发展现状

（一）跨境电商保持快速增长态势

2021 年，河南省跨境电商进出口交易额达 2018.3 亿元，同比增长 15.7%，约占全省进出口总额的 24.6%、全国跨境电商进出口交易总额的 10.2%；拥有 3 个跨境电商综试区（分别位于郑州、洛阳、南阳），7 个跨境电商零售进口试点城市（郑州、洛阳、南阳、商丘及新增的开封、焦作、许昌）。

郑州作为河南省跨境电商发展的主阵地，2021 年跨境电商进出口交易额为 1092.5 亿元，约占全省总额的 54.1%，同比增长 17.35%；郑州海关累计验放跨境电商零售进出口货值达 395.0 亿元，同比增长 29.0%。洛阳 2021 年跨境电商

进出口交易额达61.7亿元，同比增长18.7%，洛阳综试区跨境电商零售进口试点和B2B出口试点（9710、9810）业务累计通关70万单。南阳2021年跨境电商进出口交易额达134.2亿元，位列全省第三，同比增长57.2%，跨境电商企业超2000家，带动当地就业人数约18万人。许昌2021年跨境电商交易进出口额达180.6亿元，同比增长14.8%，其中出口达212.7亿元，同比增长79%，出口商品中发制品出口额达到151.6亿元，占北美、西欧、非洲超过30%的市场份额。

（二）跨境电商物流规模逆势平稳增长

依托河南的中部区位交通优势，河南省跨境电商物流基础设施投资不断加大，物流规模实现逆势平稳增长。2021年，中欧班列（郑州）高频高质开行，中欧班列境外目的站点新增波兰卡托维兹、意大利米兰、土耳其、俄罗斯加里宁格勒，已形成涵盖13个境外直达站点和6个出入境口岸的国际线路网络，实现每周“去程16班、回程18班”的高频次往返状态。2021年全省班列共开行1631班，其中郑州开行1546班，新乡、洛阳分别开行57班、28班，运送货物102.3万吨，货值达60.4亿美元，同比增长41.2%、40.1%。2021年，河南省机场货邮吞吐量达70.7万吨，同比增长10.2%。新郑机场国际货运航班突破1万架次，货邮吞吐量达70.5万吨，同比增长10.2%，其国际地区货邮吞吐量达54.5万吨，同比增长20.8%，占新郑机场货邮吞吐量的77.3%，位居全国第六；洛阳机场货邮吞吐量达923.5吨，同比增长30.7%；南阳机场货邮吞吐量达861.1吨，同比增长1.4%。截至2021年，作为河南省机场群主要枢纽的新郑机场的在营全货运航空公司达31家，其中跨国公司25家、本土企业2家，全货机国际航线38条，新开通7条国际定期货运航线，从郑州出发可通达全球42个城市，28个全球货运量排名前50位的机场，连接“一带一路”沿线17个国家和地区，覆盖了欧、美、亚三大经济区。河南省国际货运航线网络辐射范围逐渐增大，枢纽航线优势得到进一步强化。

（三）“跨境电商+产业集群”模式成果显著

随着河南省跨境电商的高速发展，河南省本土各地区产业集群的许多产品有了更高的国际知名度，形成了具有较强竞争力的跨境电商特色产业带。其中洛阳的钢制家具产业带拥有2000多家企业，年产值约200亿元，销售份额占国内市场的八成，产品出口至欧盟、北美、澳洲、中东等120多个国家和地区，已成为全国最大的钢制家具产销和出口基地；鹿邑县依托化妆刷产业带，立足国内外市场，充分发挥当地资源优势，荣获“中国化妆刷之乡”称号，并升级为“中国化妆刷之城”；许昌假发产业带2021年发制品出口额达151.6亿元，是世界上最大的发制品集散地和出口基地，出口发制品的相关企业近300家，年出口总量超20亿美元，占全国相关产品出口总量的60%。“跨境电商+产业集群”模式有助于提高“河南制造”国际竞争力，抢占国际贸易竞争制高点，深度嵌入全球价值链，推动外贸转型升级，进而全面优化产业结构，构建“双循环”新发展格局。

（四）运营模式不断创新，成果显著

河南省目前已是功能性口岸数量最多与功能最全的省份，其跨境电商在“立足郑州、梯次推进、全省推开、共同发展”总目标的指导下，不断创新运营模式，成果显著，并初步形成多城协同、线上线下融合、进出口并重的新格局。郑州跨境电商在发展过程中首创了“1210模式”“关检三个一”“查验双随机”“跨境秒通关”“PPP运营机制”等运营模式，并在全国复制推广。“单一窗口”平台日通关承载能力稳定在3000万单以上，已实现加工贸易、服务贸易、一般贸易和跨境电商4大领域100余项事项全部线上办理，覆盖口岸通关全流程。同时，郑州海关采用技术手段结合政策调整，将每票调拨货物办理时间缩短30分钟，场站周转效率提升30%，进一步提升了货物通关效率，为畅通国内外“双循环”、加快构建新发展格局提供了有力支撑。2021年5月，河南正式获批全国唯一的跨境电商零售进口药品试点，再次走到了跨境电商产业发展改革创新的前沿。郑州航空港经济综合实验区开辟了“跨境出口+口岸进口”专线模式，实现“一带一路”空运、陆运双驱动，郑州已成为全国第三大口岸。

二　河南省跨境电商发展综合指数

2021 年河南省跨境电商发展综合指数主要是从河南省各地区跨境电商产业主体规模、成长速度、环境支撑、经济影响四个方面分析考量河南省跨境电商产业总体发展水平。本指数不仅关注跨境电商既有的发展规模与速度，而且还关注各地区跨境电商基础支撑、对传统经济的影响程度，河南省跨境电商发展综合指数测评结果如图 1 所示。

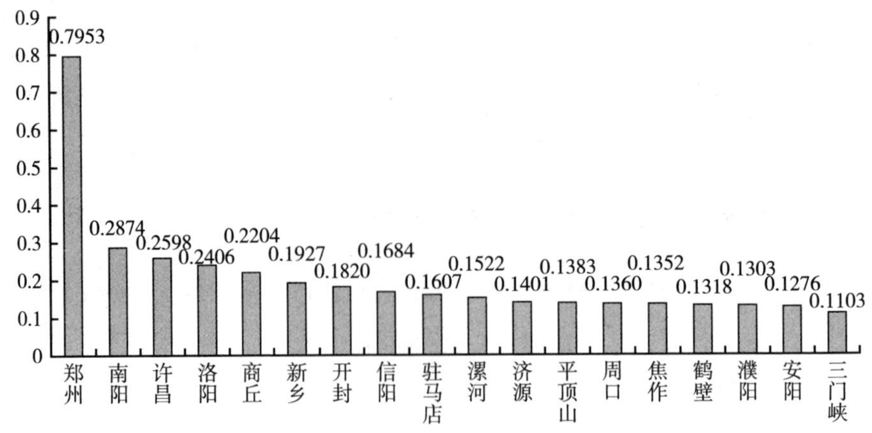

图 1　河南省各地区跨境电商发展综合指数

资料来源：笔者计算所得。

从综合指数测评结果可以发现，各地区之间的跨境电商发展水平存在显著差异，但各个地区的综合指数相比上年均有所提高，河南省跨境电商产业综合实力有了全方位的提升。其中郑州跨境电商发展依旧占据主导地位，综合实力仍然大幅领先其他地区，南阳、许昌、洛阳、商丘四个城市的跨境电商发展水平次之，这五个城市处于河南省跨境电商发展水平的成熟期；新乡、开封、信阳、驻马店、漯河的综合指数相比上年有明显提高，处于河南省跨境电商发展水平的成长期；济源、平顶山、周口、焦作、鹤壁、濮阳、安阳、三门峡的综合指数相比上年有所提高，但跨境电商发展水平依然较低，处于河南省跨境电商发展水平的萌芽期。

三 河南省跨境电商发展分项指数

（一）规模指数

规模指数反映的是各地区跨境电商的整体情况。发展规模主要通过各地区的跨境电商进出口交易额、跨境电商企业密度、跨境电商培训孵化示范基地数量以及跨境电商综合园区数量等二级指标来反映。其中跨境电商进出口交易额可以直观反映地区跨境电商产业发展程度，跨境电商企业密度是从企业数量的角度考察地区跨境电商产业活跃程度，而跨境电商培训孵化示范基地数量以及跨境电商综合园区数量则反映了跨境电商发展所必需的支付、物流、政策等基础配套设施的建设情况。一个地区的跨境电商进出口交易额、跨境电商企业密度越大，跨境电商培训孵化示范基地数量以及跨境电商综合园区数量越多，该地区跨境电商规模指数越大，该地区的跨境电商发展水平也就越高。各地区跨境电商发展规模指数测评结果如图 2 所示。

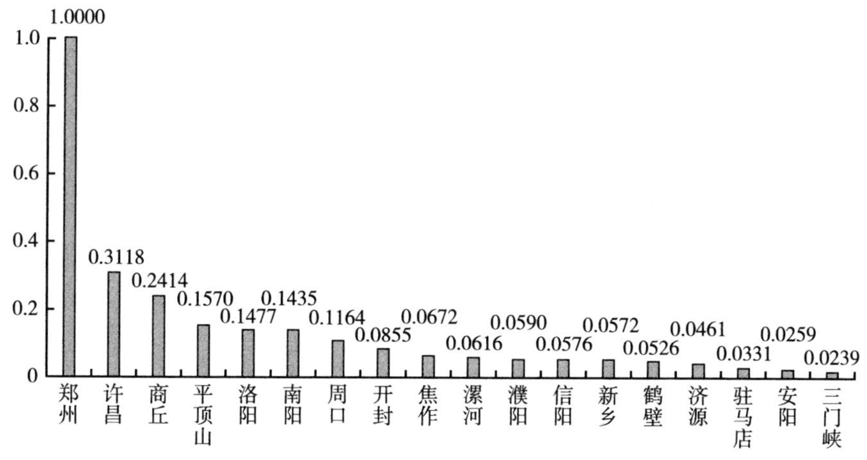

图 2 河南省各地区跨境电商发展规模指数

资料来源：笔者计算所得。

从图 2 可以看出，各个地区跨境电商发展规模存在显著差异。其中，郑州的跨境电商发展规模占有绝对优势，说明郑州跨境电商发展综合实力较强；许昌、商丘、平顶山、洛阳、南阳、周口等地区也具备一定规模，说明这些地区的跨境电商有了进一步的发展；其他城市的规模指数虽然相比上年有了一定提高，但整体规模较小，仍处在探索阶段。

（二）成长指数

成长指数反映的是各地区跨境电商发展水平的增长速度。增长速度主要通过跨境电商进出口交易额的增长率、企业数量的增长率两个指标来反映。跨境电商进出口交易额的增长率、企业数量的增长率越大，跨境电商发展成长指数越大。各地区成长指数测评结果如图 3 所示。

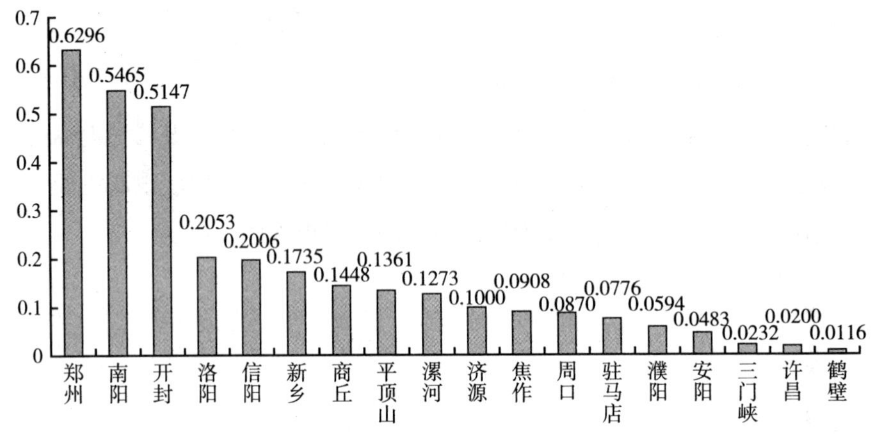

图 3　河南省各地区跨境电商发展成长指数

资料来源：笔者计算所得。

从图 3 可以看出，2021 年各地区跨境电商发展水平均有所增长，但是增长速度相差较大。增长速度最高的前三个城市是郑州、南阳、开封，说明这三个城市跨境电商发展水平相较上年有较大提高；其次是洛阳、信阳、新乡、商丘、平顶山、漯河、济源，发展水平相较上年有一定提高；最后是焦作、周口、驻马店、濮阳、安阳、三门峡、许昌、鹤壁，发展水平较上年有一定提高，但提高幅度不大。总体来看河南省跨境电商整体发展水平较上年有了明显提高，但是各地区增长速度不均衡，有的地区仍需要找到行业增长点，进一步提高地方产业与跨境电商的融合程度。

（三）环境指数

环境指数反映的是影响跨境电商发展的环境因素情况，主要包括各地区电子商务发展情况、区域信息化水平、物流服务水平、跨境电商相关人才的培养情况等。各地区跨境电商发展环境指数测评结果如图 4 所示。

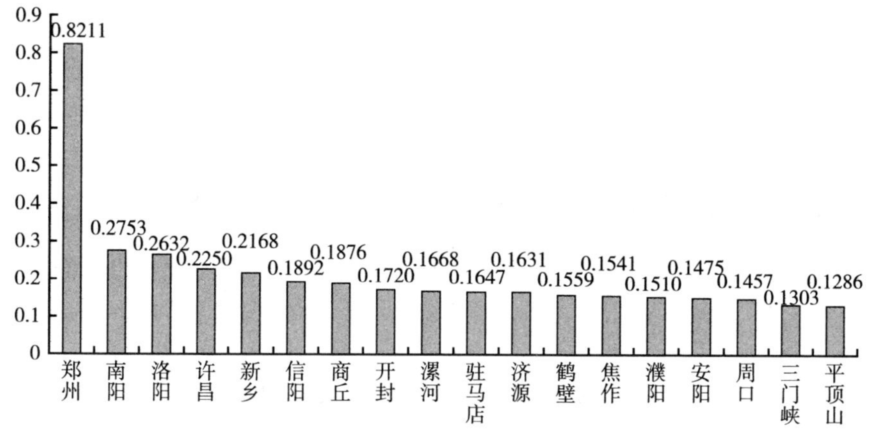

图 4　河南省各地区跨境电商发展环境指数

资料来源：笔者计算所得。

从图 4 可以看出，郑州跨境电商发展环境指数显著高于其他地区，说明郑州作为河南省跨境电商发展最早的地区，其跨境电商发展环境好于其他后发展跨境电商的地区。与上年相比，除郑州以外的其他地区环境指数都有明显提高，这说明河南省跨境电商发展环境整体有了较明显的改善，晚于郑州发展跨境电商的地区的跨境电商物流基础设施得到了进一步的完善，信息化水平有了进一步的提高，人才培养供给更加符合市场需求，跨境电商市场规模正不断扩大。

（四）影响指数

影响指数反映的是各地区跨境电商对传统外贸和电子商务发展的驱动效果，主要考察各地区跨境电商进出口交易额占地区进出口总额的比重与跨境电商进出口交易额占该地区电子商务交易总额的比重，这两个比重越大，说明跨境电商对当地经济的影响越大。河南省各地区跨境电商发展影响指数测评结果如图 5 所示。

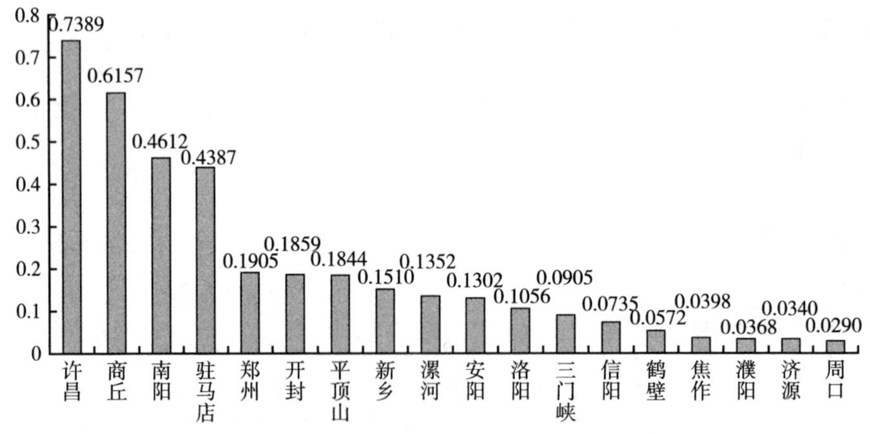

图 5　河南省各地区跨境电商发展影响指数

资料来源：笔者计算所得。

从图 5 可以看出，许昌、商丘、南阳、驻马店等地区的影响指数较高，说明这些地区的跨境电商交易是外贸进出口与电子商务交易的主要部分，如许昌的跨境电商进出口交易额已占其外贸进出口与电子商务交易总额的 52.7%。这说明许昌、商丘、南阳、驻马店等地区的跨境电商与传统产业融合程度较高。其他地区的影响指数较低，原因可能是跨境电商与传统产业融合度不够，或跨境电商发展正处于起步阶段。由此可见，跨境电商在推动传统外贸转型升级与促进电商发展方面具有十分重要的作用。

四　河南省跨境电商发展区域分析

根据河南省跨境电商发展综合指数，可以将河南省跨境电商发展水平划分为成熟期、成长期、萌芽期三个档次。

（一）成熟期

根据河南省跨境电商发展综合指数，郑州、南阳、许昌、洛阳、商丘 5 个城市处于成熟期，这 5 个城市与全省各分项指数平均值的对比如图 6 所示。

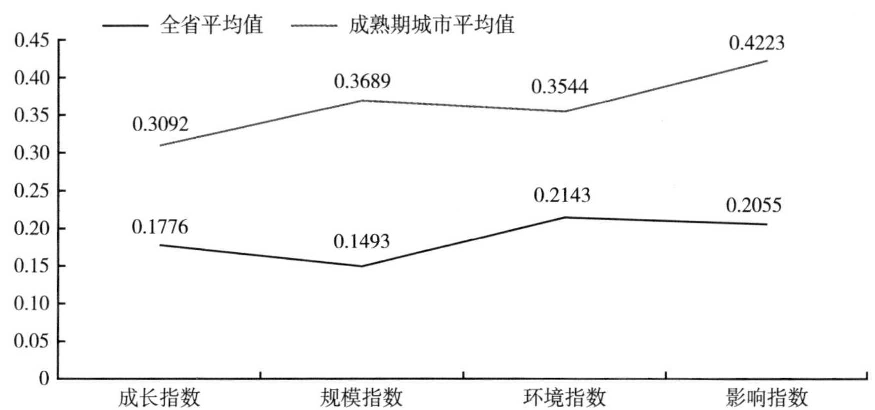

图 6　成熟期城市与全省跨境电商发展各分项指数平均值对比

资料来源：笔者计算所得。

从图 6 可以看出，处于成熟期的 5 个城市的平均规模指数、成长指数、环境指数、影响指数等均大幅度超过全省平均水平，交易规模、发展速度以及对地区电子商务与传统外贸的影响力都有了跨越式的提高。在这 5 个城市中，郑州相较于其他四个城市依然保持较大幅度的领先。南阳 2021 年跨境电商进出口交易额达 134.2 亿元，同比增长 57.2%，交易规模紧追许昌。2021 年许昌跨境电商进出口交易额增速落后于全省平均增速约 0.99 个百分点。洛阳跨境电商发展总体规模与影响不如南阳与许昌，当地工程机械与办公家具等产业集群有待进一步与传统外贸融合转型。而对于商丘来说，从影响指数可以看出其外贸进出口主要依靠跨境电商，但商丘环境指数偏弱，应继续完善相关物流配套设施，提高地区信息化水平，加强监管，确保跨境电商健康快速发展。成熟期城市跨境电商发展分项指数与全省平均值对比如图 7 所示。

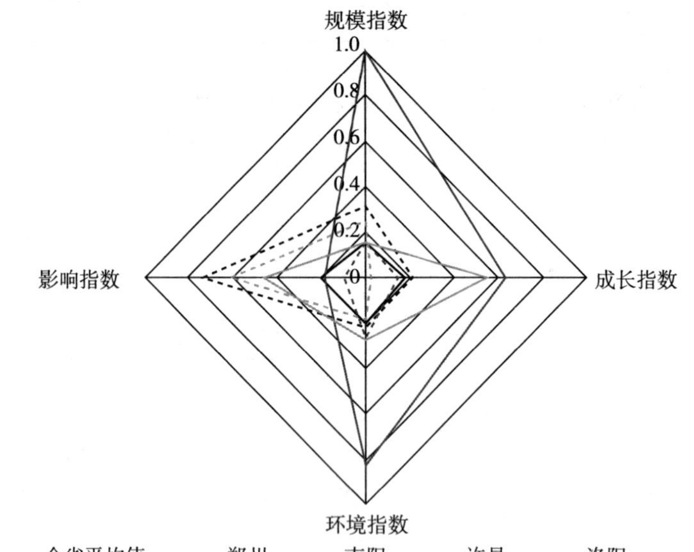

图 7　成熟期城市跨境电商发展分项指数与全省平均值对比

资料来源：笔者计算所得。

下面，本报告主要对郑州与南阳两个典型地区进行分析。

1. 跨境电商“郑州模式”

2021 年郑州跨境电商进出口交易额达 1092. 5 亿元，同比增长 17. 35%，约占全省跨境电商进出口交易额的 54. 1%，郑州海关累计验放跨境电商零售进出口货值达 395. 0 亿元，同比增长 29. 0%。

一是商业运营模式不断创新。郑州是 2012 年全国首批 5 个跨境贸易电子商务服务试点城市之一，也是当时全国唯一的综合性 E 贸易试点城市。郑州跨境电商产业发展至今成效显著，首创“1210 模式”“网购保税+线下自提”“关检三个一”“查验双随机”“跨境秒通关”“PPP 运营机制”“跨境秒通关”“一区多功能”“一店多模式”“贸易集成服务单一窗口”等多种跨境电商商业运营模式，并在全国得到复制推广。

二是物流运输实力进一步增强。郑州国际陆港空、铁、公、海“四港一体”多式联运体系已初步建立。截至 2021 年，中欧班列（郑州）累计开行 1546 班，班次、货值、货重同比分别增长 37.6%、40.1%、41.2%，推出全国首个跨境电商国际铁路门到门线路产品“郑欧宝”，解决了跨境电商小包大件货物、液体、带电物品运输难题。在新郑机场运营的全货运航空公司已达 31 家，其中跨国公司 25 家；开通全货机航线 48 条，其中国际航线 38 条；通达全球 42 个城市、28 个全球货运量排名前 50 位的机场，连通“一带一路”沿线 17 个国家和地区，形成横跨欧、美、亚三大经济区，覆盖全球主要经济体，多点支撑的“Y”字形国际货运航线网络；国际货运航班突破 1 万架次；2021 年货邮吞吐量首次突破 70 万吨，连续两年居全国第六名，并跻身全球货运机场 40 强，为畅通国内外“双循环”、加快构建新发展格局提供了有力支撑。

三是优惠政策不断发力。郑州相继出台一系列政策推动跨境电商多元化发展，促进产业转型升级，推动实现政府部门、金融机构、电商企业、物流企业之间信息互联互通，管理部门信息互换、监管互认和执法互助，同时不断完善跨境电商产业综合服务配套设施，推进跨境电商外汇支付业务试点，逐步建立以跨境电商申报清单、平台数据等为依据的统计管理制度，鼓励物流企业建立跨境物流分拨配送和营销服务体系。

四是人才吸引力强，产业集聚不断发力。郑州作为省会，拥有全省最多的高校数量和最好的教育资源，加上郑州近年来出台了大量人才引进政策，对跨境电商人才的吸引力更强。同时，郑州也拥有比较成熟的跨境电商产业集群，具备相关产业集聚基础，更容易吸引产业集群链条的上下游配套企业入郑发展。

2. 跨境电商“南阳模式”

2021 年，南阳跨境电商进出口交易额达 134.2 亿元，居全省第三，同比增长57.2%，增速居全省第一。据阿里巴巴及敦煌网数据，南阳跨境电商B2B业务月均询盘数在中西部地区（中部6省、西部7省及重庆市），除省会（首府）城市外名列全网第一，跨境电商企业超2000家，带动当地就业人数约18万人。

一是跨境电商发展迅猛。2020年南阳获批设立跨境电商综合试验区，各产业依托跨境电商实现联动发展，释放出新动能，增长迅猛；各类产品通过跨境电商与全球消费者对接，缩短了交易链条，减少了中间环节，优化了传统贸易流程，降低了企业参与国际贸易的成本，提高了企业产品跨境贸易全链路的运转效率。

二是跨境电商相关政策落地效率高。南阳相继出台了《南阳市关于支持跨境电商总部经济发展的实施意见》《南阳市关于支持物流业总部经济发展的实施意见》《南阳市跨境电商园区认定办法》《南阳市跨境电商海外仓认定办法》等一系列政策文件，不断完善优化政策扶持体系，成立跨境电商业务工作专班，依托卧龙综合保税区开通运行1210、9610、9710、9810等跨境电商通关模式，为本地企业“摆国际网摊”“开国际网店”“卖国际客户”提供有力支持，帮助企业走出国门，为扩大出口、促进消费升级拓展新渠道。

三是倾力打造优势产业带。南阳农产品跨境电商囊括了B2B、B2C、B2B2C等主流模式，并在大数据、云计算、物联网、区块链等信息技术支撑下，逐步与新零售、社交电商、直播电商、一般贸易等融合发展。镇平县广智工艺品有限公司生产的藤编家具，通过中欧班列在南阳直接装货，直发欧洲，既大大降低了运输成本，又为产业聚集创造了条件。同时该公司通过开设扶贫车间，设置公益岗位，辐射带动周边11个乡镇1800余名贫困人口稳定脱贫，年人均增收超6000元。

四是着力打造南阳品牌。南阳依托地区资源优势，围绕优势特色主导产业，创建跨境电商产业园区，引导各县区开展“三品一标”产品认证，提升自主品牌建设水平，包装打造一批特色优势产业带，初步形成了多产业带共同发展的跨境电商产业发展格局。目前，艾草、光学、胶片、装备制造、食品农产品、工艺品、纺织服装、仿真花、假发等已成为南阳跨境电商的主打产品。

（二）成长期

从河南省跨境电商发展综合指数测评结果可以看出，新乡、开封、信阳、驻马店、漯河的综合指数相比上年有明显提高，处于成长期。这 5 个城市各分项指数的平均值与全省各分项指数平均值对比结果如图 8 所示。

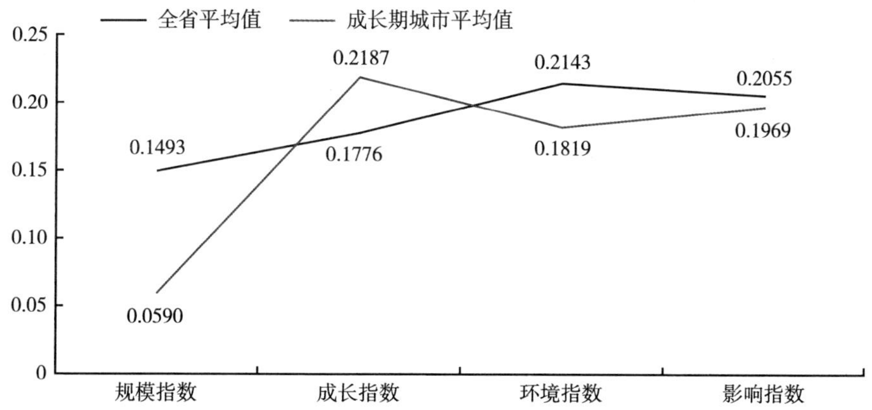

图 8　成长期城市与全省跨境电商发展各分项指数平均值对比

资料来源：笔者计算所得。

从图 8 可以看出，相比处于成熟期的城市，处于成长期的城市，除成长指数的平均值高于全省平均值以外，其他三项指数的平均值均低于全省平均值。这说明虽然这 5 个城市跨境电商规模与企业数量的增长速度较快，但跨境电商总体规模依然较小，配套环境有待改善，跨境电商与传统产业融合度有待进一步提高。处于成长期的城市跨境电商已初具规模，其发展模式主要有以下两种。

一是传统生产型外贸企业的转型升级。传统生产型外贸企业基于地方跨境电商政策与周边城市带动，充分利用跨境电商成本低、物流快、支付便捷等优势，不断推进外贸转型升级，将传统产业生产的产品通过阿里巴巴国际

站、速卖通、敦煌网、亚马逊、eBay、环球资源网等第三方跨境电商平台，进行产品宣传推广，实现“卖全球”的目标。如新乡的电池产业带自1950年发展至今已有半个多世纪，拥有电池及电池材料相关企业300余家，年出口额约200亿美元，电池产品覆盖铁路、航空、汽车、通信以及民用工业等主要市场，并在锂电池的部分生产技术领域，形成了独具特色的新乡模式和新乡标准。然而，该产业带多数企业跨境电商业务起步较晚。2020年开始，新乡电池商家积极利用阿里巴巴国际站跨境直播、短视频等新型营销工具，进行品牌布局，在短短一年的时间里，交易额便破千万元，实现了从0到1000万元的飞跃。

二是传统电商企业依托本地跨境电商产业园开展跨境电商业务，如中国（漯河）电子商务产业园、开封电子商务产业园、新乡宇源跨境电子商务产业园、驻马店市恒兴仓储物流及电子商务产业园等。传统电商企业大多通过第三方电商平台获取订单，所售商品多为具备地方特色或优势的产品，且产品生产商未开展跨境电商业务，或者开展的跨境电商业务规模较小，业务较为单一，无法形成规模，未来跨境电商应转型为地区特色或者优势产品的相关配套产业，逐渐形成产业集聚，扩大产业带整体规模。各地应继续探索本地跨境电商发展模式与方向，培育一批本地跨境电商龙头企业，发挥产业集聚效应，加快传统产业与跨境电商的融合。

（三）萌芽期

从河南省跨境电商发展综合指数测评结果可以看出，处于萌芽期的城市包括济源、平顶山、周口、焦作、鹤壁、濮阳、安阳、三门峡。图9反映了这8个城市各分项指数的平均值与全省平均值的关系。

从图9可以看出，处于萌芽期的城市各分项指数的平均值均低于全省平均值，这说明它们在各个方面都有所欠缺，主要体现在以下三方面。一是区域经济整体发展水平较低，经济规模较小，地区经济总量占全省GDP的比重均不足5%，如济源仅占全省的1.3%。二是跨境电商产业链不健全，地区资源禀赋差，没有具备比较优势的产业集群，传统产业与跨境电商融合度

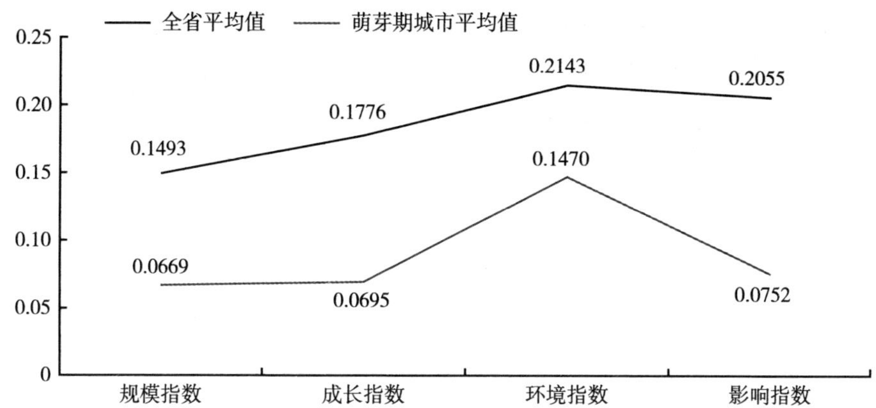

图 9 萌芽期城市与全省跨境电商发展各分项指数平均值对比

资料来源：笔者计算所得。

较低，加上地方财力不足等多重因素，严重制约了跨境电商产业链的培育，跨境电商配套企业，如跨境支付、跨境物流以及其他综合服务企业实力较弱，地方企业投融资难度大，无法形成集聚效应。三是城市发展水平低，缺乏配套产业，导致城市人才吸引力低，城市无法留住优秀人才。因此，处于萌芽期的各地区应努力找到突破口，扶持本地区的优势产业做大做强，以点带面，提高本地区跨境电商发展水平，增强地区经济综合实力。

五 结束语

本报告从跨境电商主体规模、成长速度、环境支撑、经济影响等四个方面对河南省各地区跨境电商发展水平进行了测评，得出以下结论。

首先，按照河南省跨境电商发展综合指数将河南省跨境电商发展水平分为三个档次，郑州、南阳、许昌、洛阳、商丘 5 个城市处于成熟期；新乡、开封、信阳、驻马店、漯河 5 个城市处于成长期；济源、平顶山、周口、焦作、鹤壁、濮阳、安阳、三门峡 8 个城市处于萌芽期。

其次，从综合指数来看，处于成熟期的 5 个城市排名靠前；从发展指数与成长指数来看，兼具发展规模与速度的郑州等城市明显领先于其他城市；

从环境指数来看，南阳、洛阳、许昌等城市的跨境电商发展环境相比上年改善较为明显；从影响指数来看，许昌、商丘、南阳、驻马店等城市的跨境电商企业与传统外贸业务的融合度相比其他城市更高，对地方外贸的推动促进效应更强。

最后，河南省跨境电商整体发展格局不均衡，强弱分化特征较为明显。处于成熟期的城市各分项指数的平均值均高于全省平均值，成长期城市只有成长指数的平均值高于全省平均值，萌芽期城市各分项指数的平均值均低于全省平均值。由此可见，各地区的经济基础、营商环境、传统行业与跨境电商的融合度、跨境电商人才培养、配套及综合服务水平等因素都会影响当地跨境电商的整体发展水平。

对于处在成熟期的城市而言，一要继续深入挖掘地方产业特色，打造具有国际优势的产业带，将跨境电商做大做强；二要不断创新跨境电商经营模式，为企业提质增效提供动能；三要加大产品研发力度，推动跨境电商精细化运营，使产品更加具有国际竞争力；四要完善跨境电商人才培养体系，增强行业与专业的匹配性与适应性，加强校企合作，为跨境电商行业提供更多高质量人才。而对于处于成长期与萌芽期的城市来说，重点是要找到地区产业“爆点”，帮助传统优势产业转型升级，将传统优势企业打造成跨境电商龙头企业，进而带动相关配套产业发展，形成较为集聚的高质量高规模产业集群，推动当地跨境电商整体水平提高。

参考文献

孙静：《郑州综试区位居第一档》，《河南日报》2022 年 3 月 29 日。

彭华：《43.6 亿件！去年河南快递服务企业业务量位居全国第六位》，《现代物流报》2022 年 3 月 21 日。

王访贤：《货运连续两年迈上“大台阶”郑州机场有机会赶超“萧山”吗?》，《河南商报》2022 年 1 月 4 日。

杜宇、蔡梦云：《新发展格局下郑州航空货运发展前景思考》，《空运商务》2021 年第 1 期。

《郑州市电子商务促进与管理办法》，2020 年 4 月 24 日，https：//public. zhengzhou. gov. cn/02Z/1652157. jhtml。

赵文静：《优化环境促电子商务市场茁壮成长》，《郑州日报》2020 年 5 月 7 日。

师超：《中美贸易下我国农产品跨境电商的破局之举》，《中国农业资源与区划》2021 年第 10 期。

张利瑶、姚芳芳：《从 0 到 1，新乡电池产业带“借风”出海破局跨境电商新赛道》，《大河财立方》，2021 年 5 月 10 日，https：//app. dahecube. com/nweb/pc/article. html?artid=97196? recid=1。

专题研究篇

Special Reports

B.14

现代化河南建设的重点难点与政策建议

王　芳*

摘　要： 在不同的历史时期和不同的社会环境中，现代化概念的内涵和外延都在不断丰富发展。立足河南所处的时代方位与现实基础，加快现代化河南建设，要采取有效措施在加快新旧动能接续转换、推进构建新发展格局、缩小居民收入差距、促进经济社会均衡发展几方面取得突破，这既是现代化河南建设的重点也是难点，未来应着力在加强顶层设计、注重指标导向、深化改革开放、强化人才支撑等方面下功夫、求实效，确保现代化河南建设加快推进。

关键词： 现代化河南　新发展格局　共同富裕

---

* 王芳，河南省社会科学院经济研究所副研究员，主要研究方向为宏观经济。

2021年10月26日河南省第十一次党代会召开，提出锚定“两个确保”，前瞻30年、谋划15年、立足这5年，分阶段描绘了全面建设现代化河南的宏伟目标，擘画了“现代化河南”的美好未来。在此背景下，聚焦现代化建设中的重点难点问题进行深入分析，明确现代化河南建设的战略方向、战略重点、战略路径，对于加快现代化河南建设、探索一条具有时代特征和河南特色的现代化路径具有十分重要的理论和实践意义。

一　现代化的概念内涵

在不同的历史时期和不同的社会环境中，现代化概念的内涵和外延都在不断丰富发展。不同学科背景的学者分别从不同角度对现代化的概念进行了阐释，有的学者认为现代化就是工业化，有的学者指出现代化是一个由传统社会向现代社会转变的过程，有的学者则将现代化看作由科技革命引起的一系列涉及经济、政治、社会等领域的社会功能变革。一般认为，现代化是工业革命以来，以科技革命为先导，以制度创新为动力，以工业化、城市化、信息化等为核心，涉及经济、政治、文化、社会心理、生活方式等各方面的变革，是人类文明发展进步的重要标志。

一般来说，现代化追求的目标是经济可持续发展、社会文明进步和人民生活幸福，其主要内容主要包括三个方面。一是物质文明的现代化。社会生产力的大解放使社会财富创造和生产生活条件发生了巨大变化，具体表现为经济相对稳定而持续地增长，特别是工业与服务业相对迅速地增长。二是制度文明的现代化。生产力的发展带来生产关系的变革，建立在生产关系基础上的社会结构、政治制度、国家运行体系等随之发生变革，如产生了统一的国家、权威的中央领导、统一的市场、稳定的政治秩序等。三是人的现代化。由生产力和生产关系的变革，带来人类劳动方式、消费方式、文化方式、社会交往方式的变革，进而影响人的思想观念、道德素质、精神面貌、心理状态、思维方式等的变化，可以说人的现代化是现代化的核心。

二 现代化河南建设的重点难点

（一）加快新旧动能接续转换，实现创新驱动发展

创新是引领发展的第一动力，是赢得优势、制胜未来的关键因素，创新发展是社会主义现代化道路最显著的特征之一。加快现代化河南建设首要的是解决好发展动力问题，要把创新摆在经济社会发展全局的核心位置，深入推进创新驱动、科教兴省、人才强省战略，切实推动经济发展动力从以要素驱动、投资驱动为主向以创新驱动为主转换，这是现代化河南建设的核心内容，也是确保现代化河南建设顺利推进的重要保障。

提升原始科技创新能力，抢占发展先机。创新能力不足是制约河南现代化建设的突出瓶颈。要立足提升原始创新能力，围绕涉及河南经济长远发展的“卡脖子”问题，加强基础性前沿性技术研究，着力攻克一批重大关键技术，引进一批具有国际水平的科技领军人才和高水平创新团队，培养一批科技前沿和关键领域的紧缺人才、跨学科拔尖人才，提高科技进步对经济增长的贡献度。要抢抓国内新一轮创新资源布局机遇，制定创新路线图、产业链创新图，积极争取国家重大科技基础设施和重大创新平台在河南的布局，优化整合郑州、洛阳、开封、新乡、焦作等沿黄地市的科创资源，高水平建设“沿黄科创带”，使之成为全省新旧动能转换的“发动机”。要探索适合省情的创新路子，持续深化科技体制改革，优化科技创新生态，加强对科技创新主体的资金政策支持，不断提高融资匹配性，促进创新要素向企业集聚，提高产学研融合度。

聚焦产业发展增强科技创新，提升产业链现代化水平。要聚焦产业自主可控推进科技创新，围绕产业链核心技术、先进材料、关键工艺等，集中各方力量实施重点创新攻关，引导企业与高校院所开展联合攻关或联动创新研发，培优培强高新技术产业集群，推动产业向中高端迈进，提升重点产业核心竞争力。要强化“多链”融合，紧紧围绕产业基础高级化和产业链现代

化来全面部署创新链、配置资金链、优化人才链、打通数据链，完善创新平台、孵化基地、金融资本等配套支持体系，促进“政产学研金用”深度融合，培育和催生更多新技术、新产业、新业态、新模式，为提升产业发展能级注入强大动力。要强化数字赋能，加快制造业数字化转型，深入推进新一代信息技术与制造业各环节的融合发展，注重发挥数字技术与先进制造技术的融合集成作用，通过融合性技术加快补齐制造业发展短板，着力建设一批数字化生产线、智能化工厂，全力推动制造业数字化、智能化的全方位、系统性变革。

加强数字变革创新，为现代化建设提供持续动力。加快数字变革创新，提升数字化服务支撑能力，能够释放数字经济的放大、叠加、倍增效应，为全面塑造发展新优势提供持续动力。要强化数字技术研发，围绕5G、工业互联网、区块链、人工智能、大数据等重点领域加强数字基础技术的研发，建立健全数字技术和数字经济相关标准，拓展数字经济的应用场景，并在资金、人才、知识产权保护等方面构建完善的服务配套体系，为数字技术发展创造良好环境。要着力补齐新型基础设施短板，加强5G、数据中心、软件平台、工业互联网平台等数字基础设施建设，加快传统基础设施升级改造，促进网络、计算能力、数据等的协同，推动新型基础设施与经济社会深度融合，为全省数字经济发展及现代化建设提供有力支撑。要挖掘数据要素潜力，培育建设数据要素市场，加快推进数据资源创新应用，充分发挥数据要素的基础支撑作用和倍增提升效应，巩固提升河南信息集散中心和网络交换枢纽地位，着力打造中部领先、全国一流的大数据产业中心和数据应用示范区。

（二）推进构建新发展格局，实现经济循环高效畅通

加快构建以国内大循环为主体、国内国际双循环相互促进的新发展格局，实现经济循环高效畅通，是应对复杂严峻外部环境的必然选择，也是推进现代化河南建设行稳致远的关键举措。

着力扩大内需，培育强大内需市场。要不断拓展投资空间，围绕传统基

础设施"补短板"和新型基础设施"锻长板"战略重点，加大水电气基础设施、城市地下管网以及农田水利设施等传统基础设施升级改造力度，加快5G、物联网、重大科技基础设施等新一代基础设施建设进度，加快填补医疗卫生、教育、环保、养老等方面存在的供给缺口，注重发挥政府投资的牵引和带动作用，持续激发民间投资活力。要着力提振消费，充分挖掘消费需求增长的巨大潜力，大力发展夜间文旅经济，建设多元夜间消费市场，进一步激活农村消费市场，打通品牌连锁服务、电商物流在农村的"最后一公里"；深化教育、医疗、住房、养老等领域的改革，提升居民的消费倾向和消费意愿；借助新一代信息技术优化供给结构，通过新供给加快培育智慧旅游、线上教育、互联网医疗等消费新模式新业态，不断增强消费推动经济发展的基础性作用。

提升对外开放能级，推进高水平开放。更高水平的开放是构建新发展格局的强大动力。要着力打造国内国际"双循环"战略枢纽，充分发挥现有多层次开放平台体系和陆海空立体开放通道的基础优势，全面推动"四路协同""五区联动"融合并进，统筹推进开放通道、开放平台、开放枢纽、开放环境建设，加快构建立体化"大通道+大枢纽+大平台+大开放"体系，实现区域"中转型"枢纽向全球"门户型"枢纽转变，构筑"一带一路"建设重要支撑区。要加快推进制度型开放，积极对接高标准国际经贸规则，强化系统性政策制度体系设计，更大力度促进投资、贸易、金融等领域的自由化、便利化，严格落实负面清单制度，构建与国际接轨的服务体系和市场化法治化国际化的一流营商环境，加快形成参与国际合作和竞争的新优势，建设新时代全国对外开放的制度创新区和规则引领区。

深化要素市场改革，促进要素自主有序流动。推动各种生产要素的组合在生产、分配、流通、消费各环节有机衔接，提高要素配置效率，是构建新发展格局、实现经济循环畅通无阻的关键所在。要建设高标准要素市场体系，统筹推进土地、劳动力、资本、技术、数据要素市场化配置改革，激发要素潜能和活力，提高要素配置效率和全要素生产率。要健全市场体系基础制度，全面完善产权保护制度与公平竞争制度，实施市场准入负面清单制度，坚持平等准入、公正监管、开放有序、诚信守法，形成高效规范、公平竞争的国内统一市场，充分释放发展活力。要注重将土地、劳动力要素与城乡融合发展和深化农村改革深度融合，将资本要素与支持民营企业改革发展深度融合，将技术要素与深化科技创新深度融合，将数据要素与提升政府治理能力和发展数字经济深度融合，协同推进，形成强大发展合力。

（三）缩小居民收入差距，实现共同富裕

逐步实现共同富裕是中国式现代化的根本目的和重要特征。加快现代化河南建设必须坚持以人民为中心，按照逐步实现共同富裕的目标既要努力做大“蛋糕”，更要把“蛋糕”分好，让人民更充分地享受发展成果，不断提升人民的获得感和幸福感。

优化收入分配结构。要坚持居民收入增长和经济增长基本同步、劳动报酬提高和劳动生产率提高基本同步，以扩大中等收入群体规模、提高低收入人群的收入为重点，加快形成“中间大、两头小”的橄榄形分配结构。要让更可能加入中等收入群体的人尽快增收，以高校和职业院校毕业生、技能型劳动者、小微创业者、农民工等为重点提高就业匹配度和劳动参与率，促进企业完善工资分配决定机制和工资正常增长机制，增加劳动者特别是一线劳动者劳动报酬，并提高其相应待遇水平和社会地位，使其收入水平稳定地达到中等收入标准。要着力提高低收入群体的收入水平，千方百计地创造更多就业机会，拓宽增收渠道，履行好政府再分配调节职能，加大税收、社保、转移支付等的调节力度和精准性；对于没有劳动能力的人群，要发挥慈善等社会公益事业的第三次分配作用，为保障其基本生活水平兜底，促进社会和谐。

推进乡村振兴和城乡融合发展。要坚持推动农业供给侧结构性改革，在推动数量平衡的同时坚持效益强农，注重优化产业结构、经营结构，提高农业全要素生产率和整体效益，提商农业整体竞争力；着力推进第一、第二、第三产业融合发展，挖掘农业多种功能，丰富乡村经济业态，大力发展休闲农业、乡村旅游、创意农业、农耕体验等，培育农村新兴支柱产业，加快推

进发展数字农业，积极发展产地直销、个性化定制、智慧农业等新型经营模式，以农业全产业链改造升级促进农业可持续发展和农民增收。要持续推进农村土地制度改革，以保障农民根本利益为前提，探索出租、转让、股份合作等多种形式，进一步盘活农村“沉睡”资源，畅通工商资本下乡渠道，让更多增值收益惠及村集体和本地农民，使农民真正成为农村改革的参与者和受益者。

促进区域均衡发展。要持续推进以人为核心的新型城镇化建设，以现代交通基础设施、现代通信设施、技术创新为纽带强化郑州国家中心城市的发展及辐射能力，提升洛阳副中心城市功能地位，增强区域中心城市的辐射带动力，加快形成中心城市带动和整体联动相结合的良性发展模式，持续推动中心城市“起高峰”、县域经济“成高原”，加快开展县城城镇化补短板强弱项工作，缩小区域发展差距。要强化区域交通网络互联互通，共同以都市圈建设为平台争取区域间重大交通项目建设政策，协同推进铁路、公路、城市道路等一批区域间互联互通重点项目落地建设，促进实现都市圈内交通基础设施无缝衔接、均衡发展，为人流、物流、信息流、资金流等提供通道保障，助力实现全省区域间经济高质量协同发展和共同富裕目标。

（四）促进经济社会均衡发展，实现公平正义

促进经济社会均衡发展，实现公平正义，是中国式现代化的内在要求。现代化在推动社会进步的同时，也会带来经济社会失衡等问题。因此，加快现代化河南建设必须前瞻性地解决和克服现代化进程中的一系列失衡问题，完善保障维护社会公平正义的制度体系，既充分激发发展活力，又促进经济社会各个领域的全面协调均衡发展。

全面提升公共服务水平。要紧紧围绕人民群众的诉求和现实需求，不断提高公共服务供给的优质化、均等化水平。坚持尽力而为、量力而行的原则，做好统筹规划，进一步完善财政转移支付制度，把财政资金更多地投向公共服务薄弱的农村、革命老区和脱贫地区，建立定向援助、对口支援、区域合作等长效机制，同时要注重强化基本公共服务的一体化设计和实施，实现基

本公共服务内容与服务标准的统一衔接，不断缩小区域、城乡间基本公共服务的差距。要统筹城乡社会事业发展，加强基础性、普惠性、兜底性民生保障，倾力办好民生实事，不断加强和完善义务教育、就业创业、基本医疗、文化卫生等公共服务体系建设，不断增强人民群众的获得感、幸福感、安全感。

不断完善社会保障体系。要加强对困难群体的就业援助，大力实施就业创业行动计划，广泛开展技能就业和就业服务专项活动，健全就业援助制度，及时将就业困难人员纳入援助范围，精准托底帮扶就业困难人员，加强对灵活就业、新就业形态的扶持，确保困难群众就业有出路、生活有保障。要做好困难群体的基本生活保障，加大对低收入群体、鳏寡孤独人员、重病重残对象等社会弱势群体的帮扶力度，“兜”住最困难群体，“保”住最基本生活，对于因受疫情影响生活困难的群体要及时采取发放一次性基本生活救助金等帮扶措施，帮助其渡过生活难关，切实提高困难群众的踏实感和安全感。要大力推进以居家为基础、以社区为依托、以机构为补充、医养相结合的养老服务体系建设，加快居家社区养老服务设施建设，完善养老设施用地用房、财政金融支持、医养结合、人才培养、综合监管等方面的配套措施，为养老服务发展提供保障。

持续加强社会治理创新。要持续提升城市品质，以新城建推进城市治理智能化，支持有条件的城市建立城市信息模型平台，完善城市综合管理服务平台，促进城市运行“一网通管”；持续开展城乡绿色发展行动，推进绿色建筑、装配式建筑、超低能耗建筑建设，同时注重补足城市防洪排涝短板弱项，加强消防、抗震等防灾减灾基础建设，全面提高城市防御灾害和抵御风险的能力。要促进城乡贯通融合发展，推动供水、排水、燃气等市政基础设施向周边村镇延伸，加快建立全域覆盖、普惠共享、城乡一体的基础设施服务网络，持续改善农村人居环境。要利用大数据赋能社会治理现代化，建立健全社会治理大数据平台，统筹管理使用社会治理大数据库，强化治理智能化与网格化社会治理机制，依托网格化管理体系加快新型智慧城市建设，实现社会治理“精确化”、社会服务“人性化”。

三　加快现代化河南建设的政策建议

加强顶层设计。推进现代化河南建设是一项长期复杂的系统性工程，涉及经济社会发展的方方面面，因此，必须加强顶层设计，以前瞻30年的战略眼光进行全局性谋划、战略性布局、整体性推进，增强现代化建设各个环节的关联性、系统性、协同性，推进实现各领域之间的相互促进、良性互动，确保在现代化河南建设的征程上与时代同行，做到“方向不偏、少走弯路”。要树立国际视野，坚持深入实际，加强调查研究，确保重大决策、重大部署经得起历史和实践的检验，各项政策措施取得实效。

注重指标导向。现代化建设指标体系的构建能够为推进现代化建设提供科学依据，直接关系到找准现代化发展方向、促进科学决策、凝聚发展共识等重大问题。因此，要按照现代化河南建设要求，贯彻新发展理念，坚持高质量发展，突出质量第一、效益优先，加快构建包括投入产出、质量效益、结构动力、风险防控、民生福祉等多个维度的现代化建设指标体系，并结合实际将其纳入全省国民经济和社会发展的中长期规划、年度计划，充分发挥指标体系对现代化建设的“指挥棒”作用。

深化改革开放。改革开放是决定当代中国命运的关键一招，也是决定实现“两个一百年”奋斗目标、实现中华民族伟大复兴的关键一招。加快推进现代化河南建设，必须进一步加大改革开放力度，强化改革赋能，增强开放意识，以经济体制改革为重点，全面深化各领域改革，统筹推进科技体制、要素市场化配置、“放管服效”、制度型开放新机制等重点领域的改革，同时注重加强改革开放的系统集成、协同高效，不断激发经济发展活力，在推进现代化河南建设新征程中开拓发展新境界。

强化人才支撑。人才是第一资源。加快推进现代化河南建设必须充分发挥人才第一资源的支撑作用，以人才优势厚植创新优势、科技优势、产业优势。要以省科学院、中原科技城、国家技术转移郑州中心等创新平台建设为重点，搭建科技人才集聚和培育的重要载体。不断创新人才引进培养方式，借助平台、项目和活动等方式着力引进重点领域紧缺的高层次人才和创新团队，探索“不为我所有，但为我所用”的柔性引才新模式，变“单一引才”为“全方位聚才”，释放人才集聚效应，使人才在促进现代化河南建设中发挥更大作用。

参考文献

陈健：《中国式经济现代化新道路的创造历程、特征与实践方案研究》，《青海社会科学》2022 年第 2 期。

董志勇、沈博：《百年中国共产党经济现代化思想的形成渊源与演进逻辑》，《经济科学》2021 年第 4 期。

黄汉权：《把握经济体系现代化的内涵和要求》，《经济日报》2022 年 6 月 7 日。

河南省社科联、河南中原创新发展研究院联合课题组：《锚定“两个确保”建设出彩中原》，《河南日报》2021 年 10 月 24 日。

楼阳生：《高举伟大旗帜牢记领袖嘱托　为确保高质量建设现代化河南　确保高水平实现现代化河南而努力奋斗——在中国共产党河南省第十一次代表大会上的报告》，《河南日报》2021 年 11 月 1 日。

B.15
对河南打造国家创新高地的思考与建议

崔理想*

摘　要：　打造国家创新高地，是河南践行习近平总书记关于创新发展重要论述的行动自觉，是河南牢记领袖嘱托坚定不移走好创新驱动高质量发展之路的使命担当，也是建设现代化河南谱写新时代中原更加出彩绚丽篇章的关键举措。聚焦国家创新高地打造，要立足河南省情实际，坚持规划为纲、项目为王、原创为根、转化为本、要素为基、协作为要，统筹推动“六个一流”建设，不断完善科技创新体系，持续提升创新引领力、影响力和竞争力。

关键词：　国家创新高地　六个一流　现代化河南

习近平总书记多次强调，创新是引领发展的第一动力，抓创新就是抓发展，谋创新就是谋未来。近年来，河南提出要“着力建设国家创新高地”，并把“创新驱动、科教兴省、人才强省战略”作为“十大战略”之首。进入新时代新阶段，着力打造国家创新高地，彰显了践行习近平总书记关于创新发展重要论述的“河南自觉”，同时也是坚定不移走好创新驱动高质量发展之路的“河南担当”。

一　河南打造国家创新高地的重要意义

对河南而言，当前科技创新已到了由积势蓄势到实现跃升的关键阶段。

* 崔理想，河南省社会科学院经济研究所助理研究员，主要研究方向为产业经济。

推动高质量发展、建设现代化河南、在奋勇争先中实现中原更加出彩等，比以往任何时候都更加需要创新、依赖创新，更加需要把科技创新摆在现代化河南建设全局的核心地位、把创新驱动作为河南高质量发展的逻辑起点和战略支撑。在此大背景下，着力打造国家创新高地，恰逢其时，意义重大，必要且迫切。

（一）打造国家创新高地是牢记领袖嘱托实现中原更加出彩的关键举措

党的十八大以来，习近平总书记先后 4 次亲临河南视察，寄予河南“在中部地区崛起中奋勇争先，谱写新时代中原更加出彩的绚丽篇章”的殷切期望。而实现“奋勇争先、更加出彩”，离不开且迫切需要更加强有力的创新支撑能力。当前，创新仍是河南发展最大的短板和不足，科技创新整体实力不强、引领带动能力不足的基本面还没有根本改变，高端创新人才团队匮乏、科技创新投入不足等问题依然存在。对河南而言，实现“奋勇争先、更加出彩”，可以着力打造国家创新高地为统揽，进一步汇聚优势创新资源，提升创新引擎能级，破解关键核心技术“卡脖子”问题，提高创新链整体效能，更好为谱写新时代中原更加出彩的绚丽篇章贡献科技力量。

（二）打造国家创新高地是积极响应国家优化区域创新布局的现实选择

党的十九届五中全会明确指出，要进一步优化区域创新布局，支持有条件的地方建设国家科技创新中心。当前，区域创新高地布局已经全面提速，如北京、上海、粤港澳大湾区加快建设国际科技创新中心；湖北加快专项部署重大科技基础设施、湖北实验室、关键核心技术创新平台；安徽加快创建具有重要影响力的国际和区域科技创新中心等。对河南而言，无论是要积极响应国家优化区域创新布局的号召，还是要积极应对日益激烈的区域创新竞争态势，均需高质量推进区域创新高地建设。换言之，即以着力打造国家创新高地为统揽，站在更高起点、更高层次、更高目标上谋划创新、赢取主动，以期在激烈的区域竞争大势中奋勇争先、更加出彩。

（三）打造国家创新高地是强化建设现代化河南创新支撑力的内在需要

2021年河南省委工作会议指出，要锚定“两个确保”，全面实施“十大战略”①，在全面建设社会主义现代化河南的新征程上奋勇争先更加出彩。并强调“坚定走好创新驱动高质量发展这个‘华山一条路’”。当前，创新能力不足仍是制约河南高质量发展的主要因素。强化创新能力支撑，成为新时代高质量建设现代化河南和高水平实现现代化河南的应有之义和迫切需要。迈上新征程，河南只有打造分工明确、结构合理、功能互补的创新高地，才能在技术研发、成果转化、创业孵化等领域走在前列，不断强化实现“两个确保”奋斗目标、实施“十大战略”的科技支撑，实现直道冲刺、弯道超车、换道领跑，为建设现代化河南增势赋能。

二　河南打造国家创新高地的现实基础

党的十八大以来，河南牢记领袖嘱托，聚焦国家战略布局和全省创新需求，全面实施创新驱动发展战略，创新工作成效显著，实现量质齐升；创新发展成为现代化河南建设的主旋律、最强音。但同时，也存在一些短板与不足。

（一）优势条件

创新实力明显提升。2002年至2021年，河南全省研发经费投入由310.8亿元增长至1018.8亿元，增长2.3倍；全省财政科技经费支出由

① “两个确保”，即确保高质量建设现代化河南，确保高水平实现现代化河南。“十大战略”，即创新驱动、科教兴省、人才强省战略，优势再造战略，数字化转型战略，换道领跑战略，文旅文创融合战略，以人为核心的新型城镇化战略，乡村振兴战略，绿色低碳转型战略，制度型开放战略和全面深化改革战略。

69.6亿元增长至351.2亿元，增长4.0倍；全省技术合同成交额由40.2亿元增长至620.8亿元，增长14.4倍。截至2022年7月，规模以上企业研发费用覆盖率达48.3%；技术合同成交额达620.8亿元，增长145.6%。高新技术企业由不到800家发展到8387家，增长接近10倍；科技型中小企业从最初的300余家发展到16583家，总量居中、西部地区首位。

创新体系不断完善。郑洛新国家自主创新示范区成功获批并加快建设，国家超级计算郑州中心、国家生物育种产业创新中心、食管癌防治国家重点实验室等一批国家级创新平台也获批建设。国家级创新载体达到近200家。高标准建设省实验室，嵩山、神农种业、黄河、龙门、中原关键金属、龙湖现代免疫、龙子湖新能源、中原食品实验室等8家省实验室相继揭牌成立。全省创新龙头企业达116家、瞪羚企业达104家。国家科技型中小企业数量居全国第5位、中部首位。

创新支撑持续增强。积极融入全球创新网络，统筹推动传统产业迭代升级、新兴产业重点培育、未来产业破冰抢滩。2021年河南全省战略性新兴产业、高技术制造业增加值占规模以上工业增加值比重分别提高到24%、12%，高新技术产业增加值占规模以上工业增加值比重提高到45.1%，盾构、新能源客车、光通信芯片、超硬材料等产业技术水平和市场占有率均居全国前列。另外，科技创新为打赢疫情防控阻击战、脱贫攻坚战、污染防治攻坚战等均提供了有力保障。

（二）制约因素

创新体系整体效能不高。相比国内发达省份，河南省内具有较强研发能力的高等院校和科研院所相对较少，导致河南原始创新能力较弱，关键核心技术攻关能力不强，科技成果转化和产业化水平不高。受科技基础实力薄弱等因素综合影响，河南创新能力在全国的排位仍低于其经济发展水平在全国的排位，创新对经济增长的贡献率仍较低。据《中国区域科技创新评价报告2021》数据，2019年河南综合科技创新水平指数得分57.58，居全国第19位，较上年下降了2位。

创新要素支撑能力不强。整体来看，河南高层次创新平台欠缺，特别是国家级的科技创新平台少，其中体现核心技术攻关能力的国家重点实验室河南仅有16家，不足全国总量的3%。同时，部分城市的创新平台建设量多面广规模小，与区域和产业特色的契合度不够，优势不突出。创新主体实力不强，高新技术企业仅约占全国总数的2.5%，企业创新主体地位作用没有得到充分发挥。高端创新人才团队匮乏，人才政策竞争优势不明显，存在人才难引进、难留住、难管理现象。

三　河南打造国家创新高地的关键路径

以着力打造国家创新高地为统揽，以前瞻30年的战略眼光、战略思维、战略举措，聚焦“六个一流”，全面提升河南在全国创新版图中的战略地位。

（一）建设一流创新平台

聚焦国家战略布局和河南创新需求，坚持优化增量和盘活存量相结合，持续优化完善创新平台体系。一方面，大力整合并重塑实验室体系。国家级实验室层面，应立足河南优势，积极争创种业国家实验室。支持在豫国家重点实验室加强创新能力建设和提质增效。省级实验室层面，坚持高标准建设原则，通过“撤销一批、整合一批、警告一批、新建一批”等路径优化省级重点实验室布局。另一方面，积极推动各类创新平台布局发展。聚焦重点产业重大、关键、共性、前沿技术和“卡脖子”技术，布局建设一批省级技术创新中心。围绕产业转型升级需求，培育建设一批前沿科学中心和基础学科研究中心，打造一批集技术集成、中试熟化和工程化试验为一体的中试基地，组建一批产业研究院、创新联合体。

（二）凝练一流创新课题

聚焦推动传统产业高位嫁接、支撑优势产业未来化、引领未来技术产业化、提升原始创新能力等经济主战场诸项需求，科学凝练一流创新课题。一方面，瞄准产业变革趋势，前瞻部署面向未来、面向世界的前沿重要领域的战略性技术研发，诸如人工智能、量子信息、智能制造、前沿新材料、氢能与先进储能、生命科学等相关技术，力争取得一批可有效支撑河南未来高质量发展、部分领域研究达到国际先进水平、由“跟跑”向“领跑”转变的重大科技成果。另一方面，聚焦信息技术、先进制造、先进材料等重点产业关键核心技术和共性技术攻关，部署重点领域研发任务，力争取得一批重大标志性成果。扎实落实国家《基础研究十年行动方案（2021—2030）》，努力实现更多从“0 到 1”的突破。

（三）培育一流创新主体

聚焦企业、高等院校、科研院所等各类创新主体创新能力的提升，加快打造一支具有河南特色的一流创新主体队伍。一方面，强化企业创新主体地位，大力培育创新型企业。统筹实施创新型企业树标引领行动、高新技术企业倍增计划、科技型中小企业“春笋”计划、“万人助万企”科技行动，加快形成创新型企业集群发展体系。另一方面，鼓励和支持产业链企业共建创新共同体，联合开展关键核心技术和产业共性技术攻关，促进产业链上中下游企业联动发展、抱团发展、集群发展。支持郑州大学、河南大学、河南农业大学、河南科技大学、河南理工大学等高校高质量开展“双一流”建设和争创工作，形成更多国内一流、河南特色的高水平研究型大学。着力激发省科学院、省农科院等科研院所的创新活力。

（四）集聚一流创新团队

聚焦国家创新高地建设的人才需求，以人才强省建设为统揽，探索建设河南省人才创新创业试验区，加快形成一支规模宏大、结构合理、素质优良的创新型人才队伍。一方面，加强高层次领军人才和高水平团队培养。依托重大科技任务和重大创新平台（基地）培养发现人才，加大对院士、长江学者、中原学者等各类高端人才和团队的支持力度，并打造中原人才系列品牌。另一方面，大力培养青年科技创新人才。实施青年科技人才培育行动和青年人才托举工程，加强基础学科拔尖人才培养，开辟成长成才“绿色”通道。另外，常态化制度化开展“全职+柔性”引才引智工作。实施优秀高校毕业生在豫创业计划、河南省高端引智计划等，创新人才柔性双向流动方式，促进人才合理流动、供需平衡、人尽其才。

（五）创设一流创新制度

聚焦科技领域“放管服”改革，构建完善的科技治理制度体系，不断提高科技治理现代化、专业化、信息化水平。一方面，健全创新政策法规体系。深化落实《河南省科学技术进步条例》《河南省促进科技成果转化条例》等重大创新政策，强化科技创新法治保障。制定完善和有效落实科技投入、基础研究、创新主体、重大创新平台、高层次人才队伍等方面的创新政策、税收政策、财政政策。另一方面，深化科研评价与管理改革。优化科研项目评审管理，建立以项目创新质量和贡献为导向的绩效评价体系。完善科技计划体系，健全项目全周期管理机制。另外，扩大科技开放合作，拓宽国内、国际合作的广度与深度，优化开放创新生态，加快形成全方位、宽领域、多层次、高水平的对外开放合作新格局。

（六）厚植一流创新文化

聚焦国家创新高地建设凝心聚力，积极倡树一流创新文化，健全鼓励创新、宽容失败、合理容错机制，更好激发创新创业活力。大力弘扬科学家精神、企业家精神、工匠精神，搭建科学精神宣教渠道和载体（基地）。加强科学技术普及，深入实施全民科学素质行动计划，分级创建一批科普示范县（市、区）、科普示范社区，加快构建科普协同发展体系。落实“三个区分开来”要求，打造诚信包容的创新环境。支持科研人员、留学归国人才、大学生、企业高管、技术骨干、返乡下乡创业人员、复员转业退役军人等各类主体创新创业。深入实施知识产权强省战略，完善知识产权创造、保护、运用、服务全链条，组织实施品牌提升、行政保护、运用示范等行动。完善质量强省建设体系，深入开展质量提升行动。

四 河南打造国家创新高地的重要举措

聚焦国家创新高地打造，坚持目标导向、问题导向，坚持规划引领、“项目为王”，统筹好强化原创能力、提升创新效能等重点工作，打造一流创新生态。

（一）坚持规划为纲，擘画创新蓝图

坚持规划先行，委托有资质的第三方，立足充分调研和论证，科学编制河南打造国家创新高地的相关规划、实施方案或行动计划，明晰河南打造国家创新高地的建设基础、发展目标、战略定位、空间布局、重点任务以及时间表、路线图等关键内容。抓好规划落实，全省上下联动，一张蓝图绘到底，加强对相关规划实施的组织、协调和督导，厘清各创新主体的职责职能，分级分工、分类施策，促进科技、教育、产业、财税、金融、人才等政策协同，更充分地发挥系统效应和整体效能。注重规划评估，常态化开展规划实施第三方评估，以评促建，确保规划实施后续工作更适应河南经济社会发展新形势新变化。加强规划宣介，充分凝聚河南打造国家创新高地的强大力量。

（二）坚持“项目为王”，提升创新效能

坚持抓项目就是抓发展，把项目建设作为河南打造国家创新高地的主抓手，统筹创新资源优化配置，以项目高效生成及落地来推动创新效能有效提升。创新项目生成机制，构建与国家部委、龙头企业、高校等联合实施项目机制，探索科研项目新型组织方式，支持产业链供应链“链主”企业牵头组织关键核心技术攻关和迭代应用。聚焦关键核心技术等重大攻关任务，采取“揭榜挂帅”攻关模式，实行攻关项目“建档立卡”制。创新项目管理方式，优化科研项目评审管理，建立体系化、多元化项目分类管理机制，建立以项目创新质量和贡献为导向的绩效评价体系。创新项目经费管理，提高项目经费支撑力度和产出效益。

（三）坚持原创为根，突出创新引领

聚焦创新引领力提升，实施基础研究“夯基行动”，制订实施河南基础研究十年行动计划，奋力实现更多“从0到1”的突破，将河南打造成为国家重要的原始创新策源地。加强重大战略领域前瞻布局，重点聚焦人工智能、量子信息、未来网络、智能制造、农作物表型精准鉴定、农作物基因工程育种、新型生物农药创制、新型油料替代作物的筛选与培育、前沿新材料、氢能与先进储能、生命科学、自动驾驶与智能交通等面向未来的前沿科技领域，以及数学、物理、生命科学、农业、健康科学、资源与生态环境、能源、信息、材料、制造、工程等重点方向开展基础科学研究，促进基础研究、应用基础研究与产业化对接融通。探索前沿性原创性科学问题发现和提出机制，完善基础研究长期稳定投入机制。

（四）坚持转化为本，促进创新协同

实施成果产业化“加速行动”，加速科技创新成果向现实生产力转化，促进科技创新成果诞生地、孵化地及转化地联动协同发展。健全科技创新成果转移转化机制，提升转移交易服务能力，开展重大科技成果转化示范，加快形成一批可复制、可推广的具有河南特色的科技成果转化范式、经验和做法，形成“众创空间—孵化器—加速器—科技园”快速孵化服务体系。支持郑州、洛阳、新乡等有条件的地市建设技术交易市场、科技大市场，支持有条件的地市搭建区域性或行业性科技成果转化云平台网络节点，支持高校、科研机构和科技型企业设立技术转移学院或技术转移转化机构（基地），加快实现全省科技成果转移转化工作“一张网”。

（五）坚持要素为基，强化创新支撑

立足供需矛盾，完善创新要素聚集与配置体系，引导创新要素合理流动，提升人才、技术、资金、数据等创新要素供给水平，实现要素链与创新链、产业链、供应链等深度耦合，有效提升创新要素支撑力。高水平建立区域创新要素供给统一的市场，创新搭建全省统一的创新要素交易平台，有效降低技术、人才、知识、数据等创新要素跨区域跨部门流动的交易成本，减少创新要素的低效重复投入，促进创新要素市场供需平衡。支持各地区开展创新要素集聚能力提升行动，实现以创新要素的集聚与流动推动区域创新能力和竞争力整体提升。善用数据及数字技术，强化以数字赋能各类创新活动高质量开展。

（六）坚持协作为要，拓展创新空间

统筹省内联动。加快构建以郑州都市圈为核心引擎、区域中心城市多极支撑的区域协同创新总体布局，形成与生产力布局同频共振的创新发展新格局。统筹推进郑洛新国家自主创新示范区、郑开科创走廊、高新技术开发区等载体的创新引领能力建设，更好发挥其在支撑河南打造国家创新高地方面的带动力和支撑力。强化省际合作。深度融入京津冀、长三角、粤港澳大湾区等科技创新共同体，谋划打造中原—京津冀、中原—长三角等科技走廊；共建黄河中下游协同创新共同体，高质量推进郑洛西高质量发展科技合作带建设。拓展国际合作。深化与创新大国和关键小国的创新合作关系，主动融入国家“一带一路”科技创新行动。

参考文献

《河南省人民政府关于印发河南省“十四五”科技创新和一流创新生态建设规划的通知》，2022 年 2 月 23 日，http：//www. henan. gov. cn/2022/02-23/2403275. html。

龚金星、王者：《奋勇争先建设更加出彩的河南》，《人民日报》2022 年 8 月 29 日。

李娜：《“河南这十年”科技创新驶上“快车道”》，《郑州晚报》2022 年 9 月 20 日。

李娜：《“河南这十年”科技创新实力提升最快创新成果产出最多》，《郑州日报》2022 年 9 月 20 日。

中国科学技术发展战略研究院：《中国区域科技创新评价报告 2021》，科学技术文献出版社，2022。

B.16

河南实施“四个拉动”的重点难点

汪萌萌*

摘　要： 实施“四个拉动”是河南立足发展新形势、新要求，为推动经济平稳健康发展、如期实现“两个确保”奋斗目标提出的重要举措，具有重要的现实意义。当前，河南战略叠加效应凸显、市场空间巨大、比较优势突出、产业体系完整、基础支撑坚实，实施“四个拉动”拥有雄厚物质基础和有利条件。下一步，要坚持系统思维、综合施策，明确实施“四个拉动”的重点难点，着力在推动投资提质增效、消费回稳提速、外贸转型升级、物流由“大”变“强”等方面寻求突破，确保“四个拉动”协同发力，在推动经济高质量发展进程中展现河南作为、体现河南担当。

关键词： 河南省　四个拉动　稳经济

2022年河南省委书记楼阳生在为6户新组建省管企业揭牌时提出了实施“四个拉动”，这是推动河南经济平稳健康发展的重要举措。当前，河南处于经济发展不进则退、攻坚克难的重要关口，要深刻认识实施“四个拉动”的重要意义，把“四个拉动”作为相互联系、有机统一的整体，坚持问题导向，聚焦重要领域、关键环节、优势产业，逐个分析、各个击破，最大限度地增强“四个拉动”的协同效应，形成推动经济发展的“四大引擎”，确保全省经济行稳致远。

* 汪萌萌，河南省社会科学院经济研究所研究实习员，主要研究方向为国际贸易。

一　河南实施“四个拉动”的重大意义

（一）服务构建新发展格局的必然选择

构建国内国际双循环的新发展格局是河南在“十四五”乃至未来更长时期的重要任务。河南实施”四个拉动”是畅通国内国际经济循环、打造国内大循环的战略支点和国内国际“双循环”重要节点的关键举措。一方面，通过扩大投资、鼓励消费、促进外贸、强化物流，充分利用国内和国际两个市场，培育完整内需体系，使人口、市场、资源和政策等传统优势加快转化为内需潜力，为服务构建新发展格局提供强大势能。另一方面，通过撬动投资、消费、外贸和物流对生产、分配、流通消费各经济环节提供内在作用支点，畅通供给侧经济循环，穿堵点、补断点，打破瓶颈制约，创造更多就业机会，有效提升收入，从而反哺内外需求增长，激活提速微循环、持续推动国内国际大循环。新发展阶段，河南面临构建新发展格局的战略需求，要发挥好大市场、大枢纽、大通道和大平台的基础优势，集聚人口众多、产业齐备、粮食保障安全、城镇化工业化潜力巨大的重要势能，就需要进一步强化投资、消费、外贸和物流对全省内需体系、流通经济、有效供给的带动作用，在转“优势”为“胜势”、实现经济跃升的同时，形成河南打造国内大循环的重要支点、国内国际“双循环”战略链接的强大合力，在融入新发展格局中展现更大担当作为。

（二）推动经济平稳健康发展的关键举措

河南强化“消费、投资、外贸、物流拉动”是立足自身发展基础、优势和特点加快推动经济高质量发展的战略抉择。党的十八大以来，河南经济在实现“量”的跨越的同时，“质”也在稳定提升。但值得注意的是，复杂严峻的外部环境、新冠肺炎疫情多点散发和经济形势不确定的影响依然存在，河南经济发展面临前所未有的风险挑战。推动经济平稳健康发展，要求在统筹疫情防控、风险治理和经济稳定的基础上开拓进取，识别、挖掘和培育新的经济发展动力，形成巩固经济回升向好态势的重要支撑。“四个拉动”是相互联系、有机统一的整体，要在稳定投资、促进消费和扩大净出口的同时，利用河南区位交通物流的传统优势，发挥物流产业强大的要素集聚与整合能力，提升生产、流通、消费经济各环节的质量和效率。同时，消费、投资和外贸的规模和质量的不断提升，也会倒逼全省物流体系的智能化、低碳化和数字化发展，实现四者协同共进，直接增加国民经济体量。“四个拉动”互相促进、聚合裂变，将为河南稳住经济基本盘、推动经济高质量发展汇集起更多、更强大的力量，加速推动全省经济向“大而强”稳步迈进。因此，河南必须深入实施“四个拉动”，找准着力点、突破口，集聚优势资源，推动供需衔接，加快优势再造，为全国稳增长大局作出河南贡献。

（三）如期实现“两个确保”的内在要求

2021 年的河南省委工作会议提出了“两个确保”的奋斗目标，以前瞻 30 年的气魄谋划了现代化河南的宏伟蓝图，明确了现代化河南建设的奋斗目标。当前，河南工业化城镇化发展提速，多重国家战略优势叠加，大市场蕴含巨大内需潜力，产业体系齐备，为河南如期实现“两个确保”提供了坚实的发展支撑。同时，由于人均发展水平低，投资规模和结构不合理、消费意向不足、外贸结构不平衡，区位交通优势未能充分发挥，河南实现“两个确保”依然面临诸多挑战。而“四个拉动”的适时提出并实施，在满足了当前全省经济稳定健康发展现实需要的同时，也为今后一段时间河南高质量推进现代化建设奠定了坚实的物质基础。因此，河南要全力确保政策直达、扬长补短，紧盯关键环节、精准高效施力，最大限度地增强“四个拉动”的协同效应、综合效果，助力“两个确保”战略部署全面落地，在现代化强国建设的历史进程中开好局、起好步。

二　河南实施“四个拉动”的现实基础

（一）重大项目支撑有力，投资增速企稳向好

一是投资规模稳步增长。近年来，河南坚持“项目为王”，紧盯重大项目、扩大有效投资、持续增加发展动能。2022 年 1~8 月，全省固定资产投资和工业投资分别增长 9.8%、22.4%。重大项目支撑有力。1~8 月，全省亿元及以上项目投资增长 12.6%，亿元以上新开工项目计划总投资、完成投资分别增长 21.2%、19.4%。民生领域投资规模持续加大，社会领域投资增长 30.2%。

二是投资结构不断优化。新时期，河南以供给侧结构性改革为主线，不断调整投资结构，在推动投资规模扩大的同时不断优化结构。分产业看，2012~2021 年，三次产业投资占比由 3.8∶53.8∶42.5 转变为 3.4∶30.3∶66.3，农业投资基本稳定，服务业投资比重大幅度提高。新产业投资保持增长态势，高端制造业和新型基础设施成为优质资金的新蓝海。2021 年高成长性制造业投资占工业投资比重持续增长，达到 44.3%。信息基础产业投资亮点纷呈，全省 5G 网络实现县城以上全覆盖，固定宽带家庭普及率达到 100%。

三是投资环境持续改善。十八大以来，河南不断优化社会投资环境，持续推进投资领域“放管服”改革，出台《河南省进一步推进投资项目审批制度改革实施方案》，规范、简化、优化投资审批流程，全面提高投资审批的科学化、规范化、便利化水平，企业投资自主权得到进一步落实和保障。创新监督管理模式，大力推广“容缺办理”“多评合一”“区域评估”“企业投资项目承诺制”等新型模式，大幅度缩减审批时间。瞄准建设重大项目融资对接长效机制的目标，创造性地提出政府资金和社会资本联合投资模式的实施方法，全面落实激活民间投资的“解围”“赋能”政策举措。

四是投资空间潜力巨大。当前，河南进入高质量发展阶段，现代化建设

新征程的开启对河南提出了新的发展要求，河南到了大发展、大跨越的重要关口，虽然河南大市场、大枢纽、大通道和大物流的优势突出，人力资源丰富、产业配套齐备、粮食贡献突出、城镇化潜力巨大，但河南发展不平衡不充分问题仍比较突出，人均经济指标水平相对落后，新产业新经济新业态占比不高，创新支撑能力不足，城镇化水平偏低，农业农村发展存在短板，社会民生保障不够充分，资源环境约束趋紧，社会治理相对落后。因此，河南未来不论是持续推进新型城镇化、工业化、信息化和农业现代化，补齐经济社会民生发展短板，强化教育、医疗、养老等民生领域，还是加速实现产业结构的转型升级，推动社会民生事业发展、生态环境保护，都对科技创新、优质产品和服务有巨大的需求空间，蕴含着无限市场需求和消费潜力，发展投资空间非常广阔。

（二）市场供应保障坚实，消费规模持续扩大

一是消费品市场韧性显著。2022 年河南在兼顾疫情防控的同时，出台落实一系列促消费政策，全省消费品市场恢复态势延续，消费结构不断优化。2022 年 1~8 月全省社会消费品零售总额为 15716.2 亿元，同比增速为 1.5%；城镇和乡村社会消费品零售总额分别为 4284.72 亿元和 260.09 亿元，同比增速分别为 6.2%和 10%，城乡消费差距进一步缩小。市场供应坚实有力，居民生活用品和防疫需求的生活类、医药类商品供应保障充足，与防疫相关的中西药品类商品限额以上零售额快速增长。消费升级趋势明显，服装、饮食等基本民生消费增长相对放缓，出行、饰品、教育娱乐、书报杂志、电子出版物及音像制品、医疗保健等体现居民较高层次消费需求的服务型消费快速增长。

二是人均收入不断提高。消费高质量发展要求有高层次的收入水平做基础。河南社会保障制度不断完善，收入差距不断缩小，税收制度更加合理，居民受教育水平不断提高，为提高居民消费能力奠定了坚实的基础。河南统计局的数据显示，2012~2021 年，按不变价计算，河南省 GDP 由 2.9 万亿元增长到 5.89 万亿元。2021 年居民人均可支配收入为 2.68 万元，以 2012

年不变价格计算，实际收入水平为 1.28 万元，是 2012 年的 2.09 倍；城乡居民人均可支配收入得到大幅提升，2021 年河南城镇和农村居民人均可支配收入分别为 3.71 元、1.75 元，与 2012 年相比，分别累计增长 86.90%、120.20%。

三是产业结构持续优化。近年来，河南省紧紧扭住制造业高质量发展的主攻方向，深化“五链”耦合，推动传统产业加速升级、新兴和未来产业破冰抢滩，产业结构转型成效显著。统计数据显示，河南省三次产业结构由 2012 年的 12.4∶51.9∶35.7 升级为 2021 年的 9.5∶41.3∶49.1，实现了产业结构由“二三一”到“三二一”的历史性转变。产业集群加速集聚，培育形成了装备制造、食品加工等万亿级产业，为河南推动消费高质量发展提供了坚实的产业支撑。

四是市场体系建设不断完善。随着商品市场体系建设快速推进，河南市场主体规模和数量大幅增长，市场摊位数量和单个摊位营业收入不断提高，截至 2021 年底，全省亿元以上市场共有摊位数 12.81 万个，平均每个摊位年均成交额达到 253.56 万元，比 2012 年增长 37.80%。网上零售、跨境电商等新的零售业态和城市商业综合体等新商业模式蓬勃发展，创新了消费市场消费模式。消费体制机制不断完善，旅游文化健康消费潜力得到极大激发，消费领域信用体系逐步建立健全。

（三）“四路”“五区”耦合共进，外贸增长势头强劲

一是对外贸易发展“质”“量”齐升。2022 年 1~8 月河南货物贸易进出口总额为 5175.6 亿元，同比增长 8.4%，保持增长态势。进出口结构更加平衡，进出口金额分别为 1995.6 亿元、3180.0 亿元，同比分别增长 9.8%，7.5%。外贸产业结构不断优化，1~8 月，全省以加工贸易方式、一般贸易方式和保税物流方式完成的进出口金额分别为 2913.6 亿元、1964.4 亿元、261.8 亿元，同比分别增长 3.2%、12.3%、58.4%，占全省货物贸易进出口总额的比例分别是 56.3%、38.0%、5.1%。线上线下齐发力，外贸新兴市场边界持续拓展。2022 年 1~8 月，河南对东盟（10 国）、欧盟（27 国，不

含英国)、我国台湾地区和韩国进出口金额分别达到715.4亿元、567亿元、505.1亿元和442.3亿元，同比分别增长37.1%、11.9%、17%和9.4%。经营主体更加活跃，外贸主体数量持续增加，民营企业占比较高、增速较快。1~8月，全省有进出口实绩的外贸企业9688家，有进出口业务的外贸企业增加708家。

二是对外贸易新通道不断优化。新时期，随着“四条丝绸之路”与“米”字形高铁交通网络的持续建设，河南交通优势得到不断强化和重塑。“空中丝绸之路”联通中欧，“陆上丝绸之路”越跑越快，“海上丝绸之路”越来越通达，依托海铁联运与沿海港口开展合作，打造了对外开放的铁路“无水港”，架起内陆腹地多式联运出海新通道。“网上丝绸之路”打破跨境消费空间和时间界限，推动跨境电商爆发式增长，成为河南开放发展的亮丽名片。

三是对外贸易新支撑加快构建。中国（郑州）跨境电子商务综合试验区、中国（河南）自由贸易试验区、郑洛新国家自主创新示范区、郑州航空港经济综合实验区、国家大数据综合试验区等国家级战略平台落地河南，平台目标一致、发展空间重合，为河南开放发展集聚起强大的政策利好。“五区”联动不仅是物理联动、区域联动，更深层次上讲还是通过开放政策对接、体制机制创新和服务体系共建等推进改革、开放、创新的协同联动，从而以开放倒逼改革，以制度创新激发市场活力，以科技创新赋能开放发展，进一步拓展河南开放发展的广度和深度、质量和效益，全面提升新时代河南开放发展的新优势。

四是对外贸易新活力不断激活。目前，河南积极设立RCEP企业咨询服务中心，强化与RCEP成员国的经贸合作，搭建RCEP货物贸易服务平台。出台《河南省优化营商环境条例》，实现全域营商环境评价常态化。国际贸易“单一窗口”服务效能全面提升，大幅压缩口岸整体通关时间，郑州航空口岸实现“7×24”小时通关。外商投资权益得到有效保障，外商投诉结案率常年保持在90%以上。投资审批“三个一”改革加快落地实施，审批事项大幅缩减，实现省、市、县级政务服务事项办理时限压缩

70%以上，不见面审批事项占比达到86%，全省企业开办时间压缩至1个工作日。

（四）设施网络不断完善，物流发展优势凸显

一是物流规模效益持续扩大。2022年上半年，河南物流业发展总体呈现“一升一降”的趋势，“一升”是指全省社会物流总额持续增长，增速为4.3%；“一降”是指物流成本有效降低，保管费用、管理费用都有一定程度的下降。从供需两端来看，工业品需求保持平稳增长，工业品物流总额增幅为4.5%，占社会物流总额的83.9%，农产品、再生资源和进口货物物流总额合计占社会物流总额的7.8%。从市场主体看，物流企业规模不断壮大，营业收入不断提高。1~6月，全省A级以上物流企业较2021年底新增15家，全省物流业总收入增长6.3%，较第一季度上升8.5个百分点。

二是物流辐射能级显著提升。党的十八大以来，河南以“四条丝绸之路”为引领的国际物流枢纽建设成功，郑州机场跻身全球40强，中欧班列（中豫号）高质高量开行，新开拓布达佩斯、乌兰巴托等站点。跨境电商业务辐射近200个国家和地区，周口港开通至美国洛杉矶长滩港的国际集装箱航线。截至目前，河南已形成涵盖13个境外直达站点和6个出入境口岸的国际线路网络，通江达海能力大幅提升。

三是物流基础网络加快构建。在全国率先建成“米”字形高铁网络，铁路、公路和高速路继续延伸，通车里程分别达到1998公里、271570公里、7216公里，继续保持全国前列、中部领先。河南拥有包括郑州空港型物流枢纽等10个国家级物流枢纽、洛阳等6个国家骨干冷链物流基地承载城市，获批建设全国重要国际邮件枢纽口岸。建成内陆地区功能最全、种类最多的口岸设施集群，建成投运水果、粮食、肉类等7个海关指定监管场地和药品、汽车2个功能性口岸。民航实现跨越发展，港口建设取得突破，航运能力显著提升，已建成港口泊位201个，港口设计吞吐能力达到5486万吨。邮政物流网点实现城乡全覆盖，快递业务量和业务收入均居中部六省第1位。

四是物流创新能力大幅提高。河南创新高速公路收费制度，在全国率先实行分时段差异化收费，大力推进国家多式联运、城乡绿色高效货运配送试点示范单位建设。保质保量按时完成国家物流降本增效综合改革试点任务，创新交通管理模式，推行信用承诺高速预约通行，发布“物流复工指数”，全面推动实施冷链食品追溯管理制度，培育 UU 跑腿、大易科技等货运新兴领域全国领军型本土企业。首创的跨境电商“网购保税 1210 服务模式”得到世界海关组织认可并被推广至 100 多个国家和地区。中欧班列（中豫号·郑州）在全国率先研发投用冷链集装箱，实现超过 1 万公里国际全程冷链运输。

三　河南实施“四个拉动”的重点难点

（一）强项目、优结构，推动投资提质增效

一是树牢“项目为王”理念。突出项目谋划，抢抓 RCEP 成员国和国家东部地区产业转移的重大机遇，积极参与国家科技创新开放重大平台、高等教育资源、优质医疗资源的布局调整，在开放发展、高端物流、公共服务等领域谋划一批重大项目。突出“三个一批”，持续改善项目建设环境，加快落实投资项目签约、开工、投产全生命周期管理机制，完善投资项目前期论证和全流程监测评估机制，确保项目高效落地投产。突出项目管理，及时跟进了解项目的签约、投产实际情况，坚持全链条全流程服务，有效拓宽融资渠道、强化优质项目的用地保障。

二是夯实产业基础支撑。突出农业发展优势。围绕推动农业现代化的发展目标，坚持质量为先、绿色发展、品牌强农，筹划、落实农林牧渔业重大项目，鼓励农业优势地区发展设施农业、特种种植业和养殖业。强化制造业的核心竞争力。秉持高端化、智能化、绿色化发展理念，用足用好自贸区、自创区、航空港区等发展载体投资优惠政策。一方面要加速更新落后产能、淘汰过剩产能，布局高端装备制造、新材料、生物制药和智能制

造等先进制造业；另一方面要继续做强做优主导产业，提升全产业链发展水平，最大限度地激发创新活力。全力保障房地产市场平稳。因城施策，在稳地价、稳房价、稳预期的同时，统筹推进城市有序更新，确保房地产开发投资平稳增长。

三是强化要素资源保障。扩大有效投资，拓展渠道是基础，筹措资金是关键。围绕大项目，探索融资渠道。合理利用地方政府债券资金，积极争取中央预算内投资，优化各级财政性建设资金布局。创新服务模式，围绕项目建设，研究设立省级政府投资基金，加快政府投融资公司建设，完善银行保险企业线上、线下常态化跟踪对接服务机制，最大限度地调动社会民间投资积极性。

（二）稳就业、释潜力，推动消费回稳提速

一是稳住消费基本盘。针对餐饮、零售、旅游等受疫情影响较大的行业提供财税、金融等支持，开展助企纾困帮扶活动，千方百计保障市场主体平稳运转，积极稳定和促进就业，让百姓的钱袋子“鼓起来”，促进群众“能消费”。围绕扩大商品消费、提升餐饮消费、繁荣文旅消费等，打出促进消费组合拳，因地制宜发放消费券，鼓励夜间经济、地摊经济、假日经济等新型消费活动，唤醒城市市场活力，点燃消费引擎。

二是培育消费增长点。延伸“微笑曲线”两端，更多依靠市场机制和创新驱动，引导社会资本进入研发设计、商贸物流、市场营销、售后服务等生产性服务业，推动资源要素集聚，带动商圈经济、楼宇经济、总部经济实现突破性发展，营造良好消费生态。紧扣群众“急难愁盼”，在城市更新中更多地引进优质家政、物业、养老、医疗等生活性服务业态，完善公共服务供给体系，提升商品和服务的质量，提高群众消费意愿和消费体验。

三是拓展消费新场景。加快推进互联网、大数据、云计算、人工智能等数字技术在消费领域的应用，加快生活服务企业“上云用数赋智”，引导传统商圈、街区、门店、旅游景区进行数字化改造，助力数字经济大众化发展，提升居民消费便利度。在符合条件的城市推广 5G 融合应用场景，大力

发展无接触消费模式。加快布局农村电商网络体系，拓展线上消费路径，构建“互联网+”消费生态，促进线上线下消费双向提速，为消费市场持续恢复注入新活力。

（三）促改革、拓市场，加快外贸转型升级

一是稳固扩大外贸基本盘。聚焦开放平台建设，围绕加工贸易产业链高端领域的龙头企业，制定龙头企业向研发、生产、营销、物流、检测维修等产业链上下游延伸的实施方案，加快建设符合当地发展要求、优势突出的加工贸易产业园区。持续拓展加工贸易品类，支持有条件的加工贸易企业向关键环节和系统集成制造发展，形成一批加工贸易产业集群。积极对接RCEP，进一步优化进口来源地和出口市场布局。在细分市场研究的基础上，引导省内外贸主体深化与发达经济体的贸易合作，努力强化与 RCEP 成员国、拉美、非洲等新兴市场的经贸合作。

二是优化外贸经营主体。提升对“三外”企业的协调服务水平，加强对进出口各个环节的监督、建立健全供应链风险预警，确保重点企业和产品进出口畅通。围绕提升企业纾困相关工作力度，强化优势企业在技术创新、业态等方面的引领作用，对各类主体提供精准化、个性化的服务。扩大装备制造产品、电子信息产品、食品加工产品、光电产品、发制品等特色产品出口规模，不断提高生物医药、低碳环保、数字经济产业等新兴产业的国际影响力。聚焦优质产品进口，瞄准高质量产品和服务，主动扩大先进技术设备、关键零部件、优质农产品、优质化妆品、高端服务等进口。

三是推进制度型开放战略。自贸区是河南实施制度型开放战略的主阵地，要加强自贸区开放规则机制创新，主动对接 RCEP 自贸协定区域累积规则，研究弄懂原产地规则和关税优惠政策，加快建立助力企业和 RCEP 成员国开展经贸合作的线上咨询平台。持续扩大国际贸易“单一窗口”功能及服务范围，加大推动跨境贸易便利化的工作力度，创新跨境外汇管理以及进出口商品和服务监管制度，全面推广负面清单管理模式，建立健全个性化、

精准化、实时化、数字化贸易监督管理体系。

四是加快发展贸易新业态。围绕跨境电商综合试验区建设，推广“区域产业集群+跨境电商”发展模式，支持直播营销、创业培训、会展合作、文化培训等上下关联产业发展。鼓励洛阳、南阳等跨境电商综合试验区立足当地优势联动发展，推动许昌发制品市场采购贸易试点高质量建设。抓好公共海外仓建设，加快构建“买全球、卖全球”的海外仓基础网络，形成外贸产业链供应链的重要支撑。提高对进出口商品和服务的报关、仓储、物流、结汇退税、境外商标注册等流程的集成式、精准化服务能力，提高中小微生产企业出口积极性。鼓励具备优势的地区发展转口、离岸贸易等新型贸易方式。

（四）聚优势、汇势能，推动物流由“大”变“强”

一是强力推进物流体系建设。围绕现代化、国际化、标准化物流枢纽建设，提升航空、内河、高铁和公路的运货能力，打造跨境立体多式联运体系。持续推进郑州机场三期工程北货运区及飞行区建设，优化机场、高铁货运场站、公铁联运中心及区域性快运货物配套基础设施。建设高能级物流枢纽基地，大力支持符合条件的国家、区域物流枢纽和省级以上骨干冷链物流基地内的建设项目。支持农产品产地冷藏保鲜设施建设项目建设，推动公益性农产品批发市场、产地仓等建设改造项目加快落地。

二是引育高水平物流市场主体。千方百计引进在全球、全国具有影响力的物流和电商龙头企业在郑州设立总部、研发中心或分拨中心，支持本地物流企业与电商龙头企业加强战略合作。设立物流“豫军”企业专项支持基金，对全国物流企业 50 强、货运代理企业 100 强区域总部以及境外知名物流企业分支机构和地区总部建设给予相应资金补助。充分利用政府投资基金支持物流企业，鼓励社会资本设立物流产业投资基金，支持符合条件的物流企业上市、发行各类债务融资工具，拓展市场化融资渠道。着力激发市场主体尤其是小微企业的活力，全面落实相关纾困政策，着力减轻物流企业、个体司机的经营压力。

三是汇聚高质效物流发展势能。大力支持绿色智能低碳物流发展，优化新能源充电站、充电桩等基础设施布局。持续推进物流新技术和新标准建设，对冷链物流运价指数、中欧班列运价指数等关键数据研究和编制给予相应的研发运营资金。积极与东、中、西部地区国家交通物流枢纽对接合作，实现国内国际交通物流、仓储运输、分拨中心、邮寄配送等协同一体化发展。巩固提升跨境电商、航空运输、食品冷链等特色物流竞争优势，依托国家邮政转运枢纽建设，壮大邮政快递物流体系。

四是打造高素质物流人才队伍。加快建立柔性灵活的高层次物流人才激励和引进机制，推动重点企业现代物流高级管理人员培训常态化。支持高效设立现代物流相关专业和培训项目，强化和物流产业实训基地的战略合作。逐年扩大参与培训的物流从业人员数量，大幅提高物流行业持证从业人员占比。以政府为主导，支持行业协会和企业定期举办现代物流职业技能大赛，鼓励推选物流行业先进个人和先进工作者。

五是营造高标准物流发展环境。统筹疫情防控和物流配送能力提升，推广应急物资运输通行证核发、货车司机“白名单”制度，加快完善车辆通行证长效机制。加快推进物流领域资质证照简化和合并，全面推进资质证照数字化和电子化。突出铁路专用线接轨审查手续科学化、标准化，最大限度地提升审查效率、压缩审查时间。推动口岸通关流程数字化、个性化和服务化管理，压缩海关申报前安全检疫、卸货仓储运输、申报填报等环节的作业时间。

参考文献

楼阳生：《确保高质量建设现代化河南　确保高水平实现现代化河南　全面实施“十大战略”在新征程上奋勇争先更加出彩》，《河南日报》2021 年 9 月 8 日。

河南省发展改革委：《牢记使命　担当使命　向着“两个确保”奋进》，《河南日报》（理论版）2021 年 9 月 8 日。

河南日报评论员：《锚定“两个确保”实施“十大战略”——省委工作会议精神提

要》，《河南日报》2021 年 9 月 8 日。

赵健军：《提升交通枢纽功能　促进枢纽经济高质量发展》，《群众》2019 年第 11 期。

河南省委常委：《加快实施“四个拉动”工作，打造“六最”营商环境》，《河南日报》2022 年 3 月 21 日。

B.17

河南增强经济韧性的政策建议

李丽菲*

摘　要： 增强经济韧性，是应对风险挑战的重要抓手，是提高国家治理能力的基础保障，也是新时代推动经济高质量发展的有效路径。得益于交通区位、产业基础、内需规模等方面的传统优势，河南经济在复杂多变的外部环境中表现出较强韧性，但也面临较大压力。主要原因是传统发展动能减弱，新的发展方式尚未完全形成，外部环境不确定性带来的风险因素进一步加大了短期压力。在未来一段时间内，河南要通过牢牢守住风险底线，锻强长板、补齐短板等增强经济韧性，并将韧性优势真正转换为发展优势。

关键词： 经济韧性　发展质量　河南省

改革开放以来，河南在市场经济体制改革、金融危机、中美贸易摩擦、新冠肺炎疫情大流行，以及俄乌冲突持续升级等国内外风险因素的冲击下，保持稳定发展态势，表现出强劲的经济韧性。面对当前突发事件频发、资源约束趋紧、国际市场波动等多重风险挑战，河南经济发展依然存在不确定性不稳定性。增强经济韧性，确保经济的良性发展，既是新时代推动河南经济高质量发展的本质要求，也是河南在新发展阶段能够实现可持续发展的重要保障。

---

* 李丽菲，河南省社会科学院经济研究所助理研究员，主要研究方向为产业经济。

一　经济韧性的概念

韧性，即系统遭受外部冲击后维持自身稳定并恢复原有状态的能力。随着经济社会的不断发展，学术界对于韧性的认知不断深化，并聚焦经济韧性展开了充分、深入的追踪和分析，相关研究文献颇多。例如，魏丽莉等认为，经济韧性不仅体现在抵御外部冲击并迅速恢复的能力上，更体现在推动资源重组、不断转型升级的能力上。李连刚等认为，区域经济韧性包括危机抵抗性和适应恢复性。容志等认为面对外部扰动时，既要具有“工程韧性”“静态韧性”，防止系统迅速坍塌、断裂、失效，也要具有“演进韧性”“动态韧性”，使系统能够及时调整，不同环节要素快速补位，城市生活保障系统良性运转。随着国内外政治、经济、社会和技术环境的发展变化以及“UCVA”（不确定性、复杂性、动荡性、模糊性）成为当前环境特征的代名词，增强“经济韧性”正日益成为世界各国在推动经济发展中必须重视的战略问题。

在此基础上，本报告认为，经济韧性是指一个经济体在遭受国内外市场、环境等冲击时，能够保持或者恢复原有状态，以及通过重组路径推动新一轮更有成效的经济增长的能力。经济韧性的实质是一种“以变应变”的自组织能力，在新发展格局下，经济韧性是决定一个经济体在遭受外部环境冲击之后是能够成功复苏、实现经济稳步增长，还是从此难以摆脱经济下行轨道的关键所在。经济韧性是一种涉及多个阶段的调整能力，受产业结构、创新能力相关因素的影响。

（1）产业结构相关因素。产业结构多样性、产业结构转型升级、产业集聚等因素都会影响到经济韧性。产业结构多样性具有自动稳定器特征，可以减轻特定部门遭受冲击的风险，从而钝化危机对经济的短期影响，保护当地经济免受剧烈冲击，帮助区域实现快速的自我修复；产业结构转型升级过程中要素资源在效率不同的部门间流动，有利于推动新知识、新技术的形成和扩散，促进部门间技术溢出，为遭受冲击后的国家及区域经济发展提供更有力的技术支持，进而引导经济进入一条更为积极的发展路径；产业集聚可以促进产业链上的专业分工和知识共享，促进企业增值重组的高阶演进。

（2）创新能力相关因素。创新能力可以提高一个经济体的风险免疫力、风险抵御能力、恢复能力与变革能力，对于区域长期发展路径的更新和重建起着重要的作用。创新能力较高可以帮助经济体在面临外部冲击时，经受住波动的负面影响，更快地做出产业和技术结构的适应性调整，使得区域不至于产生太大经济波动，从而表现出较强的经济韧性；但若是创新能力较低，就不足以支撑区域产业结构进行适应性调整，影响区域应对冲击的能力。

二　增强经济韧性的意义

一个有韧性的经济体能够通过自我调整和转型，激发各类市场主体的适应力、恢复力和创造力，从而化解外部冲击造成的负面影响，推动经济持续健康发展，因此增强经济韧性对于河南经济高质量发展具有重要的意义。

（一）增强经济韧性是应对风险挑战的重要抓手

当前，和平与发展面临严峻挑战，发展与冲突将成为未来相当长时间内全球面临的突出矛盾。就国际环境而言，国际经济、科技、文化、安全、政治等格局都在发生深刻调整，经济全球化遭遇逆流，保护主义、单边主义上升，世界进入新的动荡变革期。就国内环境而言，国内转向高质量发展阶段后，经济社会发展表现出许多新特征新要求，面临的周期性、结构性、体制性矛盾仍然突出，各种风险挑战前所未有，防范化解重大风险成为重大课题。新时期来自外部的和内部的、各种可预期和不可预期的风险事件还会多发。因此，增强经济韧性，有助于区域提高主动维持和调适能力，精确地预测、控制、防御风险，有效应对外部对系统整体的冲击，并在事后迅速再生治理功能，是新时期河南统筹好发展和安全，有效应对风险挑战的重要抓手。

（二）增强经济韧性是助推国家治理体系和治理能力现代化的有力支撑

在当前日趋复杂、不确定性明显增加的国内外环境下，“准确识变、科学应变、主动求变，善于在危机中育先机、于变局中开新局”，已经成为国家治理能力现代化的重要标志之一。准确识变，就是能够准确认识国际国内发展形势的变化，研判“时”与“势”、辩证把握“危”与“机”；科学应变，就是以科学的方法直面各种风险挑战，增强应变的战略定力；主动求变，就是在新的变化中，及时调整经济发展战略思路，主动适应、主动引领、主动迎难而上，推动经济迈向更高质量发展路径。准确识变、科学应变、主动求变是一个整体，要求既看到危机、增强忧患意识，又把握机遇、主动作为，归根到底就是增强经济韧性。对于河南而言，增强经济韧性，就是增强应对挑战、抵御风险的能力，守住不发生系统性和区域性风险的底线，以河南一域之稳定为全国大局之稳定尽责任、做贡献。

（三）增强经济韧性是实现经济高质量发展的有效路径

党的十八大以来，河南经济发展取得了历史性成就，为转向高质量发展奠定了坚实基础，但仍存在着短板。例如部分产业核心竞争力不足，产业层次较低，部分领域自主创新能力不足，产业链和供应链韧性有待提升，实体经济有效投资领域存在不足，营商环境有待优化，高层次人才不够等，这些短板在复杂多变的内外部环境中进一步凸显。特别是 2020 年以来，新冠肺炎疫情持续蔓延，深刻地反映出国内外环境中不确定性的真实性和突发性，强化了人们对快速推动经济高质量发展过程中所存在的短板的认识，给正处于转向高质量发展阶段的河南经济敲响了“韧性”警钟，对提高“经济韧性”和响应速度带来了严峻的挑战。进一步增强经济韧性，应对可能出现的大规模突发事件，推动河南实现更高质量、更有效率、更加公平、更可持续、更为安全的发展，依然是河南经济高质量发展的重中之重。

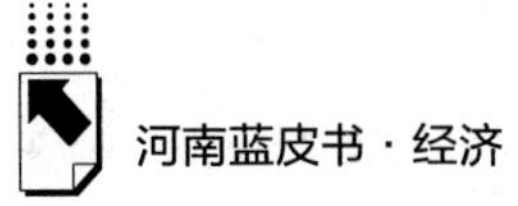

三 河南经济韧性提升面临的机遇与挑战

独特的交通区位、良好的产业基础、庞大的内需规模三大优势为河南增强经济韧性奠定了基础，河南经济长期向好趋势将不会不变。但河南经济发展也面临较大压力，主要原因是传统发展动能减弱，新的发展方式尚未完全形成，外部环境不确定性带来的风险因素进一步加大了短期压力，经济韧性仍有较大增长空间。

（一）三大优势使河南具有较强经济韧性

长期以来，交通区位、产业基础、内需规模等方面的传统优势为河南的快速发展提供了重要支撑。进入新发展阶段，河南积极实施优势再造战略，推动交通区位优势向枢纽经济优势、产业基础优势向现代产业体系优势、内需规模优势向产业链供应链协同优势转变，支撑了河南经济复苏回暖，进一步塑造了河南在全国发展大局中的优势，基本面长期向好。

交通区位优势。河南在我国版图上处于“衔接东西部、联通南北方”的核心位置，目前以郑州为中心的“米”字形高速铁路网基本建成，“米+井”字形综合运输通道和多层次枢纽体系基本形成，郑州机场跻身全球40强，郑州成为全国20个国际性综合交通枢纽城市之一。一是巩固提升枢纽能级。河南持续加强综合交通网络建设，以郑州国际性综合交通枢纽为引领，强化国际铁路、航空货运、邮政快递“三枢纽”优势，以洛阳、南阳、商丘全国性综合交通枢纽为骨干，提升多式联运功能，构建枢纽城市多通道、多方式、多路径辐射通道，形成更加均衡的省级综合交通网络布局，精准补齐网络短板、补强网络弱项。二是强化枢纽开放平台功能。河南以枢纽为纽带加速资源要素流通、服务产业合作集聚，加强产业链上下游、产供销各环节无缝连接，推动空、陆、海、网“四条丝绸之路”协同发展，提供全程一体化供应链服务，打造现代供应链中枢，加快形成内陆开放高地，完善多层次开放平台体系，未来枢纽在促进经济循环畅通、推动高水平对外开放等领域必定将发挥重要作用。

产业基础优势。河南是我国的农业大省、重要的粮食生产基地，同时也是工业大省，实体经济基础扎实，能够满足规模经济和集聚经济发展需求，可以在新一轮产业竞争中抢占先机、赢得优势。一是扛稳粮食安全重任。河南是粮食生产大省，粮食总产量连续 5 年超过 1300 亿斤，占全国的 1/10，小麦产量占全国的 1/4，已经形成了“中原熟，天下足”的粮食供给体系，在全国粮食生产格局中发挥着举足轻重的作用。二是产业供给体系完备。河南工业门类齐全、体系完备，拥有 41 个工业行业大类中的 40 个、207 个中类中的 197 个，是国内很多产业循环的发起点、支撑点、结合点，制造业总量稳居全国第 5 位，中、西部地区第 1 位。装备制造、现代食品、电子信息等产业集群稳居全国第一方阵，门类齐全、总量庞大的制造业是河南经济发展的一块“长板”。近年来，河南在产业发展、空间布局、产业配套上都呈现出了较为明显的集群化趋势，产业集群上下游企业高度集聚，供应链相对固定集约，这有助于有效降低成本、刺激创新、提高效率、规范竞争，提升企业和产业抗风险能力。

内需规模优势。河南作为传统的人口大省、农业大省和工业大省，最大的优势就是规模优势。伴随着居民收入提高、新型城镇化和乡村振兴战略的持续推进，河南在构建新发展格局的过程中将能够更加有力地发挥大腹地、大市场的作用，这为河南增强经济韧性提供了空间。一是消费潜力大。河南常住人口接近 1 亿人，2200 多万人属于中等收入群体，2021 年社会消费品零售总额达到 2.4 万亿元，规模居全国第 5 位。在新发展阶段，河南人口资源优势可以转化为人力资本优势、市场空间优势可以加速转化为内需体系优势。二是投资潜力大。2021 年末河南全省城镇化率达到 56.5%，每年将有 150 万左右的农村人口转移到城市，河南正处于工业化中期和城镇化加快发展阶段，在交通、水利、能源、通信以及公共服务等基础设施建设方面具有较大的投资空间，有效投资的增长也必将带动消费市场拓展，为河南经济社会发展提供源源不断的内生动力。

（二）传统动能减弱与风险因素交织使河南面临挑战

随着发展阶段的转变，河南原有优势将逐渐弱化甚至消失，同时河南的科技创新实力不强、产业结构有待进一步优化，国内外不确定性增加，这些都对河南增强经济韧性带来较大挑战。

科技创新实力不强。科技创新整体实力不强是制约河南经济韧性提升的最大短板，科技创新对经济增长的贡献率仍较低，还没有成为全省经济社会发展的主要依赖要素。一是创新能力与经济大省地位不匹配。在全国综合创新能力排行榜上，2020 年河南居第 13 位、中部第 4 位，研发经费投入居全国第 21 位、中部第 4 位，创新环境居全国第 11 位、中部第 3 位，企业创新实力居全国第 14 位、中部第 4 位，创新能力在全国的排位仍落后于经济发展水平在全国的排位。二是创新平台与制造业规模不匹配。河南工业规模稳居全国第 5，但是各类国家级创新平台却只有 172 家，缺少能够促进高端要素集聚、对产业升级及区域经济高质量发展有重大推动作用的高水平高等级创新平台，国家重点实验室、工程技术研究中心数量在全国的占比均不到3%，与发达区域有较大差距。三是创新主体实力与市场需求不匹配。河南作为传统经济大省，传统企业占比较高，而创新往往更多集中在头部企业、大型企业、单项冠军企业等企业中，河南高新技术企业仍然较少，且大多数企业是腰部企业，企业创新主体的地位作用没有得到发挥。

产业结构有待进一步优化。目前河南在积极从传统产业向战略性新兴产业、未来产业转型，但是产业结构不合理、产业层次较低仍然是制约河南韧性提升的重要因素。一是产业结构仍不合理。2021 年河南三次产业结构为 9.5∶41.3∶49.1，经济增长由主要依靠第二产业带动转变为依靠第二、第三产业共同拉动，第三产业实现了较快发展，但是与发达国家第三产业占国民经济的比重往往在 70%以上相比，河南仍然有较大提升空间。二是产业层次较低。河南三大产业中的传统产业占比明显偏高，农业整体发展水平不高，部分地区在发展中还存在着农业基础设施建设滞后、农业科技水平不高、农业抵御风险能力不强、农业发展的质量和效益不高等问题，工业中资源开发型和消耗型产业仍然占有较大比例，中高端制造业存在发展不足、发展受阻、占比较低等问题，服务业中传统服务业和生活性服务业仍然占据较大比重，金融、保险、证券、咨询、物流等现代服务业以及与现代制造业紧密相关的生产性服务业发展明显不足。产业结构低级化导致河南经济韧性较弱，这也是制造业、建筑业、批发零售业、文旅和餐饮业等传统产业受到疫情影响最为严重的原因之一。

风险因素加大经济压力。当前河南经济发展仍然面临来自外界及自身的诸如经济发展阶段转换、周期性经济危机、疫情防控等不确定性因素的冲击。一是经济发展阶段转换。现阶段，河南经济正由高速增长阶段转向高质量发展阶段，发展的环境、条件、任务、要求等都发生了变化，在增长模式转换、增长速度换挡过程中一些问题逐渐凸显，长期积累的矛盾与新问题新挑战交织，传统以高资源消耗、高投资驱动的发展方式无以为继，同时生产、分配、流通、消费各环节仍有不少梗阻点。二是外部环境复杂多变。当前，全球经济复苏进程的延迟、国际冲突的加剧、全球供应链的重构以及“去中国化”的抬头，都可能使我国经济面临的外部压力上扬，外部环境短期不会出现明显改善，国际大循环面临的矛盾和挑战将进一步加剧，强劲的经济韧性成为应对外部冲击和大国竞争的核心基础。三是新冠肺炎疫情的常态化。我国虽然很好地控制住了新冠肺炎疫情，但西方疫情防控措施对我国疫情防控模式带来巨大的挑战，持续的输入型病例和偶发、散发的本土病例，仍然会在一定时期内对国内经济发展造成干扰，使得实体经济受挫，产业链、供应链受到冲击，部分行业、企业特别是传统服务业盈利水平持续下降，市场预期和信心受到影响，加剧河南经济下行的风险。

四　河南增强经济韧性的政策建议

在未来一段时间内，河南要注重发展质量，牢牢守住风险底线；要锻强长板，把优势转化为竞争力；要补齐短板，化被动为主动；增强经济韧性，并且将韧性优势真正转换为发展优势。

（一）注重发展质量，牢牢守住风险底线

在推动经济高质量发展过程中，牢牢守住风险底线，紧盯重点领域、重点行业、重点问题，着力打好防范化解重大风险主动仗是增强经济韧性的底线。一是防范金融风险。加大对实体经济的支持力度，强化金融的实体经济输血功能，积极发展普惠金融、科技金融、绿色金融、航空金融等新型金融业态，破除中小微企业的融资困境，创新基础设施建设融资、抵押融资等金融产品，实现金融资源的优化配置。二是防范政府债务风险。将债务风险控制在可控范围之内，维持债务的可持续性。既要“开好前门”，又要“堵住后门”，坚定做好去杠杆工作，严控地方政府债务增量，努力实现宏观杠杆率稳定和逐步下降。三是要防范房地产风险。政府要结合城镇化进程和工业化发展阶段性特点，并根据不同区域人口总量和结构变化对住房需求的影响，制定更加合理的住房规划，在稳地价、稳房价、稳预期的调控目标下，正确分析房地产的市场形势和发展趋势，与此同时，也要落实好监控和指导责任，坚决防范化解房地产市场风险。

（二）锻强长板，把优势转化为竞争力

要充分发挥河南在区位交通、产业基础、内需潜力等方面的优势，以“耦合协同”为途径，发挥各类优势之间的协同效应，把优势转化为竞争力。一是强化枢纽区位优势，大力发展枢纽经济。依托“米+井+人”综合运输通道布局，构建枢纽城市多通道、多方式、多路径辐射通道，加速资源要素流通，提升开放平台功能，主动对标 RCEP 经贸规则，塑造制度型开放新优势。二是优化产业体系，增强产业配套能力。推进优势产业改造升级和优化重组，推动数字技术在研发创新、生产加工、仓储物流、营销服务等产业链全过程的应用，引导优势产业向精细化、智能化、深加工方向转型，巩固提升优势产业领先地位，将完备的产业体系与发展新动能结合起来，打造真正的发展优势。三是增强内需，发挥强大市场规模优势。扩大有效投资，把新基建作为新时期拓展内需的重要支撑点，拓展河南内需空间；创新消费

模式，积极推广“社区电商”“无接触配送”“云旅游”“云购物”等新模式新业态，挖掘市场规模潜力；推进城镇化进程，提升中低收入群体消费水平，充分释放新型城镇化蕴含的巨大内需潜力。

（三）补齐短板，化被动为主动

要坚持新发展理念，围绕重点领域和薄弱环节，着力补齐各类短板。一是实施产业基础再造工程。聚焦基础技术和关键领域强化攻关，梳理河南制造业在基础零部件、基础材料、基础工艺、产业技术基础方面的短板，建立攻关清单，实行“挂图作战”“揭榜挂帅”，全面增强产业基础发展能力，培育国家级技术创新示范企业、独角兽企业。二是加快突破关键核心技术。聚焦平台、企业、人才、生态等关键环节，吸引集聚、高效配置创新资源，集中力量攻克“卡脖子”技术，以河南省产业技术研究院为试点引入一流的创新和管理团队，培育建设更多省级制造业创新中心，加快建设共性技术平台，探索“研究院+创新平台+合作项目”运行模式，解决跨产业、跨领域关键共性技术难题，大力提升河南制造的自主创新能力。三是补齐产业链缺失环节。积极推动产业链向上下游延伸，实现全产业链发展，加大对河南特色产业集群产业链缺失的关键项目、技术、平台和人才等的招商力度，打造适宜产业迅速集聚和成长的经济环境和社会机制，确保人才不仅招得来，还要留得住。

参考文献

Holling, C. S., “Resilience and Stability of Ecological Systems”, *Annual Review of Ecological Systems*, 1973 (11).

Rose. A., “Economic Resilience to Natural and Man-Made Disasters: Multidisciplinary Origins and Contextual Dimensions”, *Environmental Hazards*, 2007 (04).

Martin, R., “Regional Economic Resilience, Hysteresis and Recessionary Shocks”, *Journal of Economic Geography*, 2012 (1).

魏丽莉、张晶：《中国共产党领导下所有制变革推进经济韧性提升》，《上海经济研究》2021 年第 5 期。

李连刚、张平宇、谭俊涛等：《韧性概念演变与区域经济韧性研究进展》，《人文地理》2019 年第 2 期。

容志、陈志宇：《构建应对重大突发风险的城市韧性民生保障机制》，《理论与改革》2022 年第 3 期。

王永贵、高佳：《新冠疫情冲击、经济韧性与中国高质量发展》，《经济管理》2020 年第 5 期。

丁守海：《中国经济的短期压力、长期韧性与宏观调控》，《中国高校社会科学》2020 年第 6 期。

谭俊涛、赵宏波、刘文新等：《中国区域经济韧性特征与影响因素分析》，《地理科学》2020 年第 2 期。

B.18
对河南激发消费活力促进消费增长的分析与思考

赵 然*

摘 要： 伴随着经济发展，消费逐渐成为经济发展的主要拉动力，促进消费增长成为经济发展的“重头戏”。河南在完成前期社会财富和物质积累之后，近年来，恩格尔系数低于30%，居民支出具有下行趋势，消费对经济的制约作用逐渐展现出来，因此促进消费增长是当前河南稳经济的重要路径。激发河南消费活力促进消费增长，要从提升消费能力、激活消费意愿、精准匹配消费需求和构建良好的消费环境着手。

关键词： 消费活力 消费增长 河南省

消费是经济发展的重要组成部分，从河南全省社会消费品的统计数据看，2022年1~8月，河南省社会消费品零售总额约为1.6亿元，同比增长1.5%，高于全国1.0个百分点。近年来，中央政府不断推动经济发展模式转变，提出“坚持扩大国内需求特别是消费需求的方针”，逐步实现经济增长由原来的主要依靠投资和出口拉动向依靠消费、投资和出口协调拉动转变；同时，完成主要依靠增加物质资源消耗向主要依靠科技进步、劳动者素质提高、管理创新等方面的转变。从统计数据上看，河南在消费活力释放上取得了一些成绩，但为进一步促进消费增长，尚有一些值得思考和探讨的问题。

---

* 赵然，经济学博士，河南省社会科学院经济研究所副研究员，主要研究方向为宏观经济学。

一 河南激发消费活力促进消费增长的意义

显然，消费是国民经济的重要组成部分，但是无论是经济学还是社会学，对消费的研究都明显要比对生产的研究少很多。当前中国经济的发展已经进入了新的时代，经济发展阶段由高度拉升阶段转入了高质量发展阶段，即当经济发展到一定阶段以后，消费就成为社会发展的内在要求和内生动力。生产力发展、社会进步和消费发展是具有循环关系的：生产力发展为社会进步提供物质基础，当物质基础达到一定程度时，消费发展就成为促进生产力发展的动力和源泉，同时消费也成为消费者经济活动的重要目的。

经过近年来的发展，河南经济总量稳居全国第五，2022 年更是具有较大把握超过 6 万亿元。河南省 2021 年社会消费品零售总额达到 24381. 7 亿元，大约为 2012 年的 2. 3 倍，年均增长 9. 5%，而同期经济总量的年均增长率只有 7. 1%，消费的年均增长率明显高于经济总量的平均增长率。这些数据表明，伴随着河南生产力水平的提升，社会财富的累积和物质基础的改善，消费者的购买力的提升超越了经济水平的提升。从市场情况看，已经从商品供给不足的卖方市场发展为供需市场相对均衡，甚至于结构性过剩的买方市场。那么这个时候我们发现，消费对于生产的制约作用明显显现；激发消费活力，促进消费增长成为推动生产发展和经济增长的重要前提和路径。在当前经济形势下，发展的内生动力应该由推动生产力发展转变为生产和消费的协调发展。

二 河南消费增长的特征

伴随着消费者的消费总量逐年上升，中国逐步迈入消费时代，成为继美国之后的世界第二大消费主体。但是从微观层面看，中国的投资和消费结构失衡，居民消费率偏低。河南消费增长的特征是中国消费增长特征的缩影。从需求结构来看，河南省居民消费需求存在明显动力不足的问题。

（一）消费增长的总体状态

受“7·20”暴雨和疫情双重影响，河南居民人均消费支出增速在2021年和2022年1~6月，具有明显的下降趋势（见图1）。扣除疫情影响，近几年河南的消费支出比较稳定，个人消费支出占地区生产总值的比例却一路走低，不仅低于全国平均水平，还低于同一发展阶段的其他国家，更是远远低于世界平均水平。

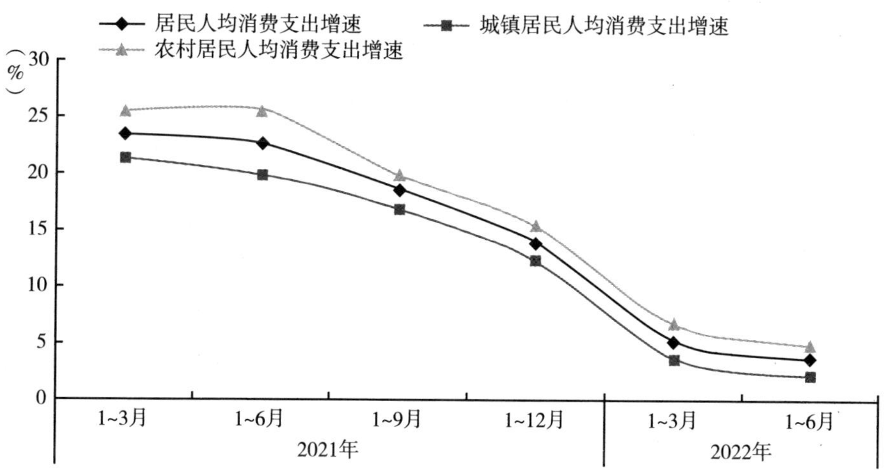

图1　2021年至2022年1~6月河南居民人均消费支出增速变化情况

资料来源：《河南省综合月报2022》。

总之，河南的居民消费水平仍然相对较低，宏观趋势上还有下滑的可能，激发居民消费的原动力不充沛。这和目前教育、医疗和住房等领域的市场化相关措施有关，它们增强了居民的储蓄意愿，导致当期消费下降。

（二）消费增长的结构性特征

首先，居民的恩格尔系数维持在较低水平，高质量消费有提高趋势。恩格尔系数是居民用于食品的支出占居民整个消费支出的比重，是衡量一个家庭或一个国家富裕程度的重要指标①。近年来，河南的居民消费结构有优化趋势，恩格尔系数保持在30%以下，2021年为28.4%。

河南的恩格尔系数近年来稳定在“富裕”层级，2019年以后有小幅上升，可能是受宏观经济环境和疫情等方面的影响导致的。2021年7月、8月由于灾情疫情的双重影响，全省消费市场总体下滑，但新能源汽车消费依然保持较高增速，全省限额以上新能源汽车零售额分别比上年同期增长44.1%、48.8%；2021年全省限额以上新能源汽车零售额同比增长92.9%，高于全省限额以上零售额增速85.1个百分点。2021年，限额以上体育娱乐用品类和金银珠宝类零售额别比上年同期也有明显增长。省内居民基本解决温饱问题，步入小康，消费结构发生变化，由生活的基础消费层次跃升至更高层次。需求侧的发展推动了生产结构的改变，供给和需求双方的结构匹配存在偏差，消费热点的更替明显。阻碍消费升级的不是技术而是社会保障和体制改革方面的问题。

其次，房地产投资在居民总体支出中依旧占据重要地位。经济受房地产价格波动影响明显，当前全省房价出现一定程度的回调，呈现阶段性变化特征。自中国1999年开始推动住房商品化以来，房地产投资便在家庭支出中占据了最为重要的份额，很大程度上挤压了居民的其他消费和储蓄。虽然在国民经济的核算中，购房没有被划入消费领域，但房地产支出还是占据了居民的大部分可支配收入。同时，教育及医疗改革也使居民增加了这两方面的支出或支出预期。

三　河南消费增长的制约因素

经济下行和经济下行的预期都对居民消费具有抑制作用。2021年末，河南的居民人均可支配收入为26811元，比上年增长2001元，增长8.1%，但增速持续下降的趋势没有改变。在经济增长不明朗的情况下，居民消费预期降低，储蓄意愿增强。消费动力的直接影响因素是居民对收入的预期，收

① 恩格尔在系数大于60%为贫穷，在50%~60%为温饱，在40%~50%为小康，在30%~40%属于相对富裕，在20%~30%为富裕，在20%以下为极其富裕。

入水平对消费意愿和能力有直接影响。河南城镇居民的主要收入是工资性收入，而工资性收入受经济波动的影响是最大的。随着各项成本的上升和疫情管控的原因，企业经营压力有所增大，在很大程度上减少了经营活动，导致营业收入减少，对企业员工的收入产生影响，从而进一步对居民收入产生负面影响，对消费产生抑制作用。

非消费支出压制了居民消费能力。从 2022 年 7 月的统计数据看，河南省内各个地市的房产均价都有一定变化，下跌城市 10 个，上涨城市 8 个，上涨幅度最大的是鹤壁，达到 4.6%，下跌幅度最大的是平顶山，达到 2.52%。虽然房价下跌的城市居多，但是房价依然处于相对高位。购房支出占据了居民家庭支出的巨大比例。教育和医疗支出由于具有刚性特点也“侵占”了居民部分消费能力，但总体来说医疗、教育和养老服务价格比较稳定，没有对河南居民消费价格总水平造成较大影响。

市场供给和居民消费的匹配度不足。党的十九大报告指出，我国社会主要矛盾已经发生转变，目前是人民日益增长的美好生活需要和不平衡不充分的发展之间的矛盾。伴随着居民生活水平的提高，人民对生活的追求更加具有高标准、高品质和个性化的特征。河南的人口基数较大，虽然人均国民生产总值不高，但是中高端的消费也是有市场的。本省供给不足，导致大量中高端消费外流，这不仅使企业不能自给自足地消化这些消费，而且还不利于相应企业提升自身在价值链上的位置。这种匹配度的不足，进一步挫伤了居民对本省产品的信心，不利于中高端消费市场的培育。

四 激发消费活力促进消费增长的政策建议

消费是一种复杂的社会活动，更是不可或缺的经济活动。相对于不断提高的生产力水平，较低的社会消费力可能是河南省经济发展面临的一大瓶颈。激发消费活力最直接的方法一是扩大消费规模，二是提升消费品质。因此，依靠激发居民消费活力提高社会消费力，进而实现消费主导型增长是河南省阶段性发展的重要任务。

（一）提升消费能力

首先，帮助居民提高收入水平是提升消费能力的基石。可以通过提高最低工资标准、实施个税改革和转移支付，提升低收入居民的可支配收入。从省政府层面鼓励扩大就业，帮助居民获取稳定工作，提高收入的稳定性，从而提升消费能力。其次，要引导企业在投资和消费之间找平衡，帮助企业找准市场需求，使企业的产品和服务与居民的需求更好地匹配。还要有方向性地引导企业将投资重点放到与居民生活消费息息相关的行业中，促进投资和消费的良性循环，实现投资和消费的动态平衡。最后，完善社会保障体系。完善的社会保障体系，可以减少居民消费的后顾之忧，激发消费活力。只有在医疗和教育方面，发挥社会保障体系的作用，保证居民的基本权益，才有可能进一步激活消费活力。

（二）激活消费意愿

消费的欲望是可以激发的，新技术和新产品常常是激活消费意愿的引擎，消费升级是推动产业升级的直接动力。科技水平推高生活水平，从而提升消费者的需求和期望，形成新的消费意愿。应深入了解省内居民的消费意愿，改进服务范畴，提升服务质量，努力打造培育新型消费热点，利用现代科技手段为居民提供更加便捷的消费渠道和更好的消费体验。以消费提升居民生活品质，以提升居民生活品质为目的，促进消费升级。壮大和培育新兴消费要以消费者为先，鼓励增加高质量产品和服务的供给，挖掘潜在消费能力，充分满足本省居民消费的多样性需求，保护消费者权益，提高消费者满意度。同时，可以通过“豫事办”、“郑好办”和“洛快办”等建立全省统一的信用信息数据平台来维护消费者的权益，提升居民的满意度，实现人民对美好生活的向往。

（三）精准匹配消费需求

为了更好地匹配消费需求，应着力改善产品和服务供给。有目的地培育新消费增长点，坚持以供给侧结构性改革为主线，补齐短板，如针对省内居民假日外出旅游需求开发本土旅游资源。打造河南特色的文化健康消费场所，以建业集团打造的“只有河南”为例，它便给河南居民提供了具有河南标签的个性化生活体验场所。通过进一步深化改革，激活创新，提升消费品质，在稳定传统消费的同时，鼓励新兴消费。鼓励创新消费模式，为消费提供充分的便利，推动商超和社区、线上和线下、白天和夜间相结合，促进消费结构升级，整合要素资源，结合本地消费需求，打造特色化、地域化的产品和服务，让产品和服务与消费需求更好地匹配，激活消费。

（四）构建良好的消费环境

营造良好的消费环境，完善消费体制机制，鼓励有益的消费创新。政府各相关部门应建立并完善促进消费的合作和协作机制，形成适合培育新消费和新增长点的消费生态环境，充分利用国家和省、市政府的政策和措施，协力开展促进新兴消费工作，鼓励新兴消费产品的生产。推动“银企结合”，利用金融政策为消费提供有力支撑，合理运用消费金融，提高消费的可得性和便利性。同时，做好行业和服务标准制定工作，加强管理和监督，为消费者创造安全可靠的消费环境。对于新兴消费增长点，要加快出台适应消费的新标准，健全消费市场的新规则，支持本省标准高于国家标准，打造具有生命力和市场活跃度的产品。

参考文献

陈方：《基于改革开放后中国经济增长的研究》，《商展经济》2022 年第 16 期。

杜焱：《经济增长目标约束下的中国需求动力结构调整研究》，博士学位论文，中南大学，2014。

姚进：《推动服务消费成为新增长点》，《经济日报》2019 年 3 月 4 日。

《中共中央国务院关于完善促进消费体制机制　进一步激发居民消费潜力的若干意见》，《人民日报》2018 年 9 月 21 日。

B.19

对河南以项目建设稳住经济大盘的思考及建议

王摇橹*

摘　要： 面对错综复杂的国际国内形势，党中央提出“疫情要防住、经济要稳住、发展要安全”的明确要求，强调要坚持稳字当头、稳中求进，把稳增长放在更加突出的位置。项目建设作为稳增长、调结构、惠民生、补短板的重要举措，是河南稳住经济大盘的关键抓手。当前，河南应紧紧抓住经济恢复的重要窗口期，高起点谋划项目，高质量招引项目，高效率推进项目，进一步建立健全推进机制、持续优化营商环境、强化项目要素保障，以推动项目建设提速提质提效，为稳住全省经济大盘奠定坚实基础。

关键词： 项目建设　经济大盘　河南省

当前，受世界局势复杂演变和国内疫情多点散发等超预期因素影响，我国经济运行面临较大的不确定性和挑战。在国内经济下行压力加大的形势下，党中央提出“疫情要防住、经济要稳住、发展要安全”的重大要求，“稳住经济大盘”成为当前工作最鲜明的主基调。发展是解决我国一切问题的基础和关键，抓项目就是抓发展。项目建设不仅是推动经济平稳健康发展的重要动能，也是培育新业态新动能、增强经济发展后劲的关键抓手。河南省委、省政府坚持稳字当头、稳中求进，坚决扛起“勇挑大梁”政治责任，

* 王摇橹，河南省社会科学院经济研究所研究实习员，主要研究方向为区域经济。

将项目建设作为经济工作主抓手，发出“项目为王”的最强动员令，持续推进“三个一批”活动，带动全省投资规模持续有效扩大。2021 年下半年河南工业投资增长呈现较快增长态势，2022 年以来这一态势更加明显，1~8 月，全省固定资产投资和工业投资分别同比增长 9.8%、22.4%，高于全国平均增速 4.0 个和 11.9 个百分点，全省新开工项目延续高速增长态势，为全省经济发展态势持续向好提供了有力支撑。当前，河南应紧紧抓住经济恢复的重要窗口期，锚定“两个确保”，围绕“十大战略”，全力推动项目建设提速增效，为稳住经济大盘、实现高质量发展提供坚实支撑。

一　河南以项目建设稳住经济大盘的重要意义

项目建设作为拉动经济增长、带动产业转型升级、增进民生福祉的重要手段，既是当务之急，更是长远大计，是关乎河南经济社会发展全局的重大战略举措。

（一）项目建设是扩内需、稳增长的有力抓手

项目建设作为投资的载体，是拉动经济增长的重要引擎。当前，我国经济发展面临着需求收缩、供给冲击和预期转弱“三重压力”，受点多面广频发的疫情、国际市场变化等超预期因素影响，我国经济发展环境的复杂性、严峻性、不确定性上升，经济下行压力增大。项目建设是扩大有效投资的重要发力点，无论是科技创新、产业发展、基础设施建设还是民生改善，都通过一个一个的具体项目来完成。项目建设不仅能够有效带动就业、促进人员和物资流通、稳定市场主体，对投资形成有力支撑，而且在项目建成达产后还能创造新供给、催生新的消费需求、形成新的税源，成倍地放大项目投资效能，从而扩大内需，带动区域经济增长。作为全国排名第五的经济大省，河南在全面落实“经济要稳住”的重大战略部署过程中，应发挥投资对经济恢复发展的关键性作用，加快推进项目建设，扩大有效投资，以稳定投资增长来稳住经济大盘。

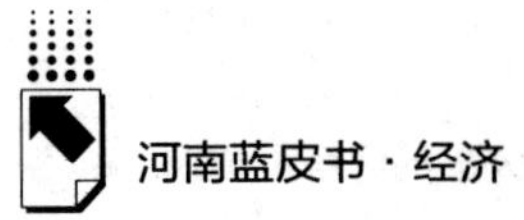

（二）项目建设是调结构、增后劲的重要载体

项目建设不仅是拉动经济增长的支撑点，也是调整经济结构、促进产业升级、转变发展方式的着力点，对推动河南实现高质量发展至关重要。河南经济总量连续多年全国排名靠前，但总体上大而不强、大而不优、大而不新，河南在产业领域特别是新兴产业和高技术产业领域有很多弱项，仍处于产业结构调整和发展动力接续转换的关键期与攻坚期。产业是发展的根基，今天的项目就是明天的产业，一个好项目可以带动一个产业，一个新项目就是一个新的增长点。河南应以项目建设为切入点，找准延链补链强链突破口，通过产业层次高、科技含量高、附加价值高、生态主导力强的项目，有效前瞻布局未来产业、抢滩占先新兴产业、高位嫁接传统产业，不断推动产业基础高级化、产业链现代化，催生调结构突破点、新动能增长点、稳增长关键点，加快新旧动能转换、增强发展后劲，为河南优势再造和换道领跑积蓄强大势能，推动河南加快向“大而优、大而新、大而强”迈进。

（三）项目建设是增进民生福祉的现实需要

项目建设是促进社会进步、经济发展的重要载体，其最终目的是增进民生福祉。目前河南在基础设施建设和公共服务等民生领域仍存在不少短板，河南新型城镇化率仍低于全国平均水平，人民群众的生产条件、生活条件还有很大的改善空间。民生连着内需、连着产业、连着发展，改善民生既能拉动消费，又能拉动投资；既能扩大内需，又能促进产业发展，对经济发展具有托底和促进作用。围绕增进人民福祉、促进人的全面发展，通过民生领域项目建设提升基础设施能力、推动教育优质均衡发展、改善医疗服务质量、提升生态环境质量等，持续地保障和改善民生，提高人民幸福指数，不仅是补足河南发展短板、稳住民生底盘的实际举措，也将促进形成以扩大内需带动产业发展、以产业发展更好满足社会需求的良性循环。

二　河南以项目建设稳住经济大盘的着力点

河南以项目建设稳住经济大盘应把握好三个关键环节，即坚持需求导向，做好项目谋划；坚持目标导向，抓好项目招引；坚持结果导向，推进项目落实。

（一）坚持需求导向，高起点谋划项目

谋划项目是项目建设的前提和基础。当前，在新一轮多重政策机遇叠加背景下，河南应围绕构建新发展格局、促进中部地区崛起战略、黄河流域生态保护和高质量发展战略、落实碳达峰碳中和目标要求等，顺应全国发展大势，在服务全国大局中找准定位，与国家战略同频共振，谋划符合国家战略和发展规划，有助于促进河南产业结构调整和升级、加快锻造长板和补齐短板，并且契合未来发展趋势和具有成长潜力的项目，在区域发展中抢占先机。一是要坚持扬优势与补短板相结合。既要立足河南在粮食生产、交通区位、人口资源、内需规模、工业体系方面的独特优势，围绕主导产业招大引强、招专引精，加大投资、扩能升级，巩固提升全省综合优势，又要注重引进强链补链延链项目和重大民生领域项目，加快产业链向高附加值、高技术环节延伸，促进社会事业提质增效，补齐发展短板。二是要坚持利当前和惠长远相结合。既要立足当下，抓好重大基础设施、重大产业、重大民生工程等项目的谋划，又要突出项目前瞻性、创新性、引领性，筑牢长远发展的基础。三是要坚持经济收益与生态环保相结合。既要注重“含金量”，谋划亩均效益高、税收贡献大、引领带动作用强的好项目、大项目，又要突出“含绿量”，严格控制“两高一危”项目，谋划资源消耗少、单位耗能低、生态效益好的项目。四是要坚持盘活存量和激活增量相结合。既要实现增量项目的吸纳、激活，又要加大盘存力度，积极化解既有存量，扶持在建、停滞项目，助推现有项目早日焕发生机。

（二）坚持目标导向，高质量招引项目

招商引资是贯彻“项目为王”理念的重要举措，应坚持目标导向，将招商引资作为“头号工程”，聚焦重点产业、创新招引方式、打造载体平台，不断加大招商引资力度，确保项目源源不断，为高质量发展蓄势积能。一是聚焦重点产业。以高端化、智能化、绿色化、服务化为方向，围绕产业链关键领域、薄弱环节，积极引进强链扩链型、集群配套型、龙头基地型项目，提质发展传统产业。充分发挥河南市场优势，突出市场牵引作用，加快引进行业龙头企业区域运营总部、研发总部和生产基地，落地一批引领型、标志性重大项目，培育壮大新兴产业，前瞻布局未来产业。二是创新招引方式。强化资本招商，加快推进实施“基金招商”“金融招商”，做大做强投融资平台，采取合资投建项目、入股上市企业等方式参与招商项目。突出产业链招商，编制重点领域产业链图谱和招商图谱，围绕产业链中高端、关键环节，积极对接国内外行业龙头企业，落地标志性、引领性重大项目，梳理集群和产业链短板弱项，大力引进配套关联项目。加快“飞地”招商，深化与京津冀、长三角、粤港澳大湾区等地的经贸合作，支持先进地区在河南建设“飞地”园区，探索实施“长三角创新源·河南应用场”模式，吸引重点产业的核心领域和关键环节项目落地。推动市场化专业化招商，综合运用平台、专业机构招商，开展委托招商、代理招商。开展线上招商，建设推广应用“投资河南”云平台，以“不见面招商”“云招商”等新模式对冲疫情影响。支持各地在京津冀、长三角、粤港澳大湾区、海南自由贸易港等重点区域设立招商联络处，开展驻地招商。注重乡情招商，充分发挥河南根亲文化优势，叫响“老家河南”品牌，通过加强在外创业人员联络关系、组织乡情主题文化活动等方式营造乡情招商浓厚氛围，增强情感认同，吸引豫籍人员返乡创业投资。三是打造载体平台。提升中国（河南）自由贸易试验区、郑州航空港经济综合实验区、郑洛新国家自主创新示范区、中国（郑州）跨境电子商务综合试验区、国家大数据（河南）综合试验区等国家级战略平台“五区”能级，强化开发区主载体作用，依托各类功能载体平

台，打造高端国际合作产业园，推动国际先进技术、高端外资项目落地河南。聚焦先进制造业、现代服务业和现代农业，组织实施河南—长三角、河南—粤港澳、河南—京津冀产业专题对接会和招商引资推介会，举办重大经贸活动，充分利用展会平台加大招商引资工作力度，打造开放招商“金字招牌”。

（三）坚持结果导向，高效率推进项目

项目建设的关键在于抓实见效。推进项目落实，应注重加强组织领导和统筹协调，加强项目建设全过程管理，营造“大抓项目”浓厚氛围，推动项目早落地、早投产、早达效。一是加强统筹协调，形成工作合力。在经济下行压力、疫情冲击、自然灾害多发等因素叠加影响下，河南项目建设面临着融资难问题凸显、项目推进还不够快、用地保障指标紧、项目前期工作还不够充分等问题，导致部分项目建设进度不及预期，投资拉动效益释放不足。各级各部门应全面加强对项目建设的组织领导和统筹协调，不断完善项目领导机制、严格分级负责机制，明确项目挂钩领导、责任单位及责任人，加强省、市、县三级上下协同、纵横联动，紧盯项目落地过程中的堵点和难点，强化部门间协同配合，加强项目保障服务，提高项目推进效率。二是加强项目建设全过程管理。加强项目从引进、立项到实施、投产各环节的管理，将服务贯穿项目招引签约、落地转化、投产达效全过程。加快推进在谈项目，把好环境准入关，审慎筛选入库项目，建好项目库，在保证质量的前提下追求数量，确保“捡到篮子里的就是菜”。聚焦抓签约项目落地，对“签而未落”的项目以及重点签约项目，进行全面梳理、重点跟踪、重点服务，全力攻克招引“签而未落”的问题，推动项目落地。聚焦新建项目抓开工，保用地、保资金、保配套、保指标，抢抓时间进度，优化办事流程，提速项目建设。聚焦续建项目抓复工，持续加强行业疫情防控，一手抓防疫、一手抓施工进度，紧紧围绕工程建设时间节点要求，全力推进项目建设加速度、赶进度。聚焦竣工项目抓投产，建立台账、全程跟踪、强化落实，建立项目建设考评奖惩机制，确保项目按时投产，突出

抓好竣工项目的后期保障工作，推动竣工项目尽快产生效益。三是加强宣传引导，营造“大抓项目”浓厚氛围。在政府门户网站开辟重大项目建设专栏，定期公示项目进展，激发各方工作积极性。深入挖掘先进典型，加大宣传力度，充分利用工作简报、“两微一端”等新媒体营造抓项目建设浓厚氛围，打造项目建设“红黑榜”“擂台赛”，在全省形成比学赶超良好局面。

三 河南以项目建设稳住经济大盘的政策举措

河南以项目建设稳住经济大盘，应进一步建立健全推进机制、持续优化营商环境、强化项目要素保障，推动项目建设提速提质增效。

（一）建立健全推进机制

一要健全项目审批提速机制。坚持规范审批与优化服务并重，持续优化审批服务，优化规范项目审批事项，实现“清单之外无事项”，精简材料，压缩办理时限。重塑再造审批流程，将“多规合一”“容缺办理”“多评合一”“区域评估”“联合审验”等创新审批服务模式，嵌入分阶段并联审批流程中。及时协调解决重大项目建设中的困难和问题，全面提升项目审批科学化、规范化、便利化水平。宣传推广典型经验及案例，支持市、县积极探索创新改革举措。二要创新项目前期工作机制。建立省、市、县三级协同联动工作机制，建立联络会商机制，沟通项目信息，坚持按照“项目跟着规划走”的原则，立足各地实际，做好项目储备工作。建立近期、中期、远期项目储备库，确保项目建设滚动接续，形成“推动实施一批、投产达效一批、谋划储备一批”的项目梯次建设格局。完善重大项目生成机制，建立中长期重大项目库，开展梯次动态审核筛选，确定年度省级重大项目清单。健全完善项目前期工作例会制度、前期经费管理制度、督查通报制度、项目考评办法，协调解决前期工作推进中遇到的问题，保障项目前期工作有序推进。三要落实项目动态调整机制。建立健全项目退出机制，实施项目增补机制，建立项目动态库，推行项目后评价制度。四要完善项目推进落实机制。强预警，实施项目建设红黄绿亮牌督办机制，对推进项目责任单位和解决问题责任部门实行“红黄蓝牌”预警制度。重调度，借助重大项目管理系统，加大项目调度和服务力度，加强日常调度，加大现场办公力度。抓落实，实行台账管理，跟踪督办、压茬推进。完善督查推进机制，加强督导考评。建立问题收集和快速解决长效机制。五要严格项目考核奖惩机制。坚持考核标准化，从项目谋划储备、签约落地、开工投产、投产达效和服务保障等方面对项目进行量化评价。将项目建设完成情况纳入省政府督查激励范围，进一步完善市县考核评价办法。坚持以项目实效“论英雄”，推行“一线考核干部”，将干部选拔、评优评先与项目建设挂钩。

（二）持续优化营商环境

良好的营商环境既是生产力又是竞争力，应坚持把优化营商环境作为项目建设的“先手棋”，坚持市场化、法治化、国际化方向，强化全员全程全链条意识，加快打造“六最”营商环境，为项目建设“保驾护航”。一是全面提升政务服务效能。深化“放管服”改革，加快政府职能转变，持续推动简政放权，严格落实“负面清单”，积极打造优质数字化营商环境，积极推行政务服务“一网通办”“一事联办”“不见面审批”“一照含多证”等系列举措，开辟重大项目行政审批绿色通道，开通行政审批“直通车”，当好项目建设“金牌店小二”，为项目建设提供精准高效服务。二是提高市场便利化水平。提升办电供水供气效率、招投标电子化水平，推进“不见面开标”和远程异地评标，强化企业用工保障，持续完善金融服务体系，持续强化金融帮扶，降低企业融资难度和成本。三是着力提高法治服务保障水平。打造“亲清政商”关系，营造风清气正政治生态，完善营商法规体系，持续提升“双随机、一公开”监管覆盖率，提升监管规范化、标准化水平，创新包容审慎监管，加强知识产权保护，加强政务诚信建设，打造诚信政府，加强信用数据归集工作，开展信用分级分类监管，全面提升信用应用环境。引进社会评价机制，发挥评价对营商环境的引导和督促作用，以评促改、以评促优。四是持续提升宜居宜业基础能力。完善各类基础设施，提升公共服务供给水平，持续改善生态环境，完善创新创业服务体系，树立开明开放包容、安商亲商扶商稳商的意识，优化招商引资政策，完善人才引进机制、加大创新型企业培育力度，打造宜居宜业环境。

（三）强化项目要素保障

做好要素保障服务是推动项目落地生根的先决条件。全省各地各部门应坚持“资金跟着项目走”“要素围着项目转”，强化项目土地、资金、人才等要素保障，为项目建设提供“硬支撑”。一是强化资金保障。抢抓国家政策红利，积极争取各类上级资金。用好政府投资资金，加快推进国有存量资产盘活，发挥国有投融资平台作用，组织开展“政金企”对接活动，引导金融机构积极扩大贷款规模，精简审批流程，提升融资服务水平，保障项目建设资金需求。发挥重大项目牵引和政府投资撬动作用，充分调动民间投资积极性。二是加强人才保障。加快构建“人人持证、技能社会”，对接企业用工需求，开展“订单式”培训，提前备足人力资源，确保项目建成投产人员便持证上岗。加大项目引才力度，尤其是吸引科技创新和产业发展关键人才，促进人才链、创新链、产业链精准对接，实现“以项目集聚人才，以人才推动产业发展”的循环联动，做到人才发展与项目进展同向发力、同频共振。精准合理编制紧缺人才目录，建立各类人才需求清单，完善人才匹配机制，促进人才与项目、人才与岗位的高效对接，满足项目用人需求。完善人才政策，破除制度藩篱，加大柔性引才力度，为高层次人才开辟“绿色通道”，激发人才活力。三是强化用地保障。科学制订用地计划、提前组卷报批土地，杜绝“项目等地”，缩短项目建设时间。优化配置土地资源，通过规划调整、用地转换等方式，将建设用地指标向重点项目倾斜。建立闲置土地回收利用长效机制，盘活土地资源，全面促进土地资源高效利用。高标准建设标准化厂房，加快完善园区基础设施，提升园区承载能力。

参考文献

何言:《项目为王　冲刺决战》,《河南日报》2022 年 3 月 2 日。

王方太:《大抓项目建设　推动高质量发展》,《发展》2022 年第 3 期。

李向东、杜福建、李彦:《项目建设“千帆竞”　县域经济“成高原”》,《中国县域经济报》2022 年 8 月 25 日。

B.20

河南打造枢纽经济先行区的关键点与着力点

胡美林*

摘　要： 枢纽经济是交通与产业、城市融合发展的经济模式，对优化区域生产力布局、提升城市发展能级、推动经济转型升级具有重要的促进作用。本报告在分析河南枢纽经济现状特点及短板问题的基础上，针对性地提出了河南打造枢纽经济先行区的政策建议，提出以通道枢纽为基础，以高效物流为纽带，以枢纽偏好型产业为支撑，推动各类要素资源向交通枢纽集聚布局，加快建设交通网络、物流枢纽、关联产业互动融合、协同发展的枢纽经济体系，打造具有国际影响力的枢纽经济先行区。

关键词： 河南省　枢纽经济　优势再造

枢纽经济是以交通运输通道为基础，以交通枢纽和物流枢纽为依托，吸引人才、资金、信息等要素集聚，进而形成的以枢纽偏好型产业为主导的经济形态。枢纽经济是交通与产业、城市融合发展的经济模式，具有重塑产业体系和经济地理的功能，对于优化区域生产力布局、提升城市发展能级、推动经济转型升级具有重要的促进作用。河南承东启西、连南贯北，区位交通优势显著，具有发展枢纽经济的良好条件和广阔空间。但同时也要看到，当前河南的枢纽集疏功能还不强，“引流”“驻流”能力亟待

* 胡美林，河南省项目推进中心高级经济师，主要研究方向为产业经济、区域经济。

提升，生产要素“过而不留”“流而不聚”的问题依然存在。近年来，随着周边及其他省份加快完善枢纽体系和提升枢纽能级，区域间枢纽经济竞争日趋激烈。面对新形势、新问题，省第十一次党代会以前瞻 30 年的战略眼光想问题、做决策、抓发展，明确提出实施优势再造战略，推动交通区位优势向枢纽经济优势转变，着力打造具有国际影响力的枢纽经济先行区。战略目标既定，在路径实施上就需要把握趋势规律，突出问题导向、找准关键点与着力点，推动枢纽经济固根基、扬优势、补短板、强弱项，加快形成要素整合能力强、产业组织效率高、牵引带动作用大、经济辐射范围广的枢纽经济先行区。

一　河南打造枢纽经济先行区的现状基础

近年来，河南坚持统筹综合立体交通网和区域经济布局，强化通道、枢纽、网络衔接互促，一体化推进大枢纽、大物流、大产业联动发展，枢纽经济发展取得显著成效。

（一）综合立体交通网络持续完善

交通运输通道和网络是枢纽经济发展的基础保障，交通运力、通达半径、网络密度是枢纽经济提质升级的首要支撑。党的十八以来，河南持续加大交通基础设施投资力度，推动全省综合交通线网里程由 2012 年的 25.4 万公里增加至 2021 年的 27.9 万公里，“公、铁、空、水”综合立体交通网络持续完善，“内联外畅”通道优势持续提升，对全省经济高质量发展的支撑作用不断增强。一是率先建成“米”字形高铁网。河南铁路交通基础优势显著，拥有全国第一个高铁、普铁双“十”字枢纽，“四纵五横”普铁网全部实现复线电气化，“米”字形高铁网在全国率先建成。2012~2021 年，全省铁路运营里程由 4822.00 公里拓展到 6134.00 公里，其中高铁里程由 865 公里拓展到 1998 公里（见图 1）。2022 年 6 月 20 日，郑济高铁郑濮段建成通车，全省高铁里程突破 2000 公里，17 个省辖市全部实现通高铁。二是航空货运网络覆盖全球主要经济体。河南坚持货运为先，瞄准国际市场，探索郑州机场差异化发展道路，在中部地区率先实现“双跑道、双航站楼”运行。截至2022年上半年，郑州机场全货机航线由2012年的11条增加至48条，已形成横跨欧美亚、覆盖全球主要经济体的国际货运航线网络，“空中丝绸之路”越飞越广。三是高速公路里程位列全国第一方阵。河南坚持把高速公路建设作为构建现代综合交通体系的重要抓手，接续实施高速公路“双千工程”和“13445工程”，高速公路年度投资由2012年的299亿元提升至2021年的839亿元，通车里程由5830公里增加至7216公里，全省所有高铁站、机场、港口和省级开发区均实现二级以上公路连通。四是内河航运新优势加快构筑。河南地跨黄河、淮河、海河、长江四大流域，历史上内河航运网络通达全国，曾是全国重要的内河航运枢纽。近年来，河南持续加强内河航道和港口建设，全省内河航道通航里程由2012年的1439公里增加至2021年的1725公里，沙颍河、淮河内河航道实现通江达海，周口港入选全国36个内河主要港口建设名单，豫货出海通道进一步拓宽。

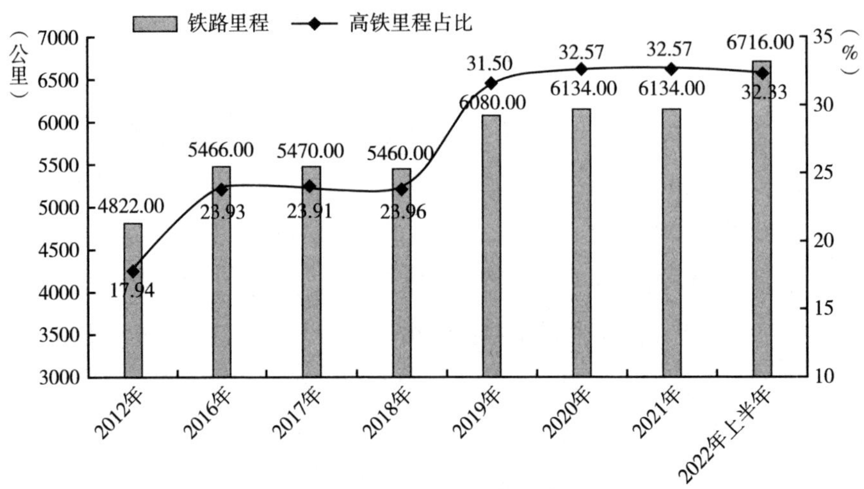

图1　河南省铁路里程变化趋势

资料来源：《河南统计年鉴》（2013~2021年），《河南省国民经济和社会发展统计公报》（2021），2022年上半年数据来源于河南省人民政府网站。

（二）多层次枢纽体系加快构建

枢纽是集疏客货、集合要素、集聚产业的重要载体，建设高能级枢纽体系是发展枢纽经济的关键和核心。近年来，河南以郑州国际综合交通枢为引领，加快构建层级分明、相互衔接的综合交通枢纽体系。一是郑州国际综合交通枢纽功能持续增强。国际航空货运枢纽取得跨越式发展，郑州机场北货运区建成投用，郑州—卢森堡“双枢纽”带动全省航空货运量加速增长，2012~2021 年郑州机场货邮吞吐量由 15.1 万吨增长至 70.5 万吨，年均增长 18.7%，跻身全球货运机场 40 强。郑州国际铁路枢纽功能显著提升，获批中、东部地区首个中欧班列集结中心，近五年来已累计开行班列超 6000 班，年均增长 36%以上，综合运营指标持续位居全国前列。郑州国际邮件枢纽口岸业务于 2022 年 5 月开通，集进口、出口、转口全业务功能于一体，成为继北京、上海、广州之后的第四个重要国际邮件枢纽口岸。二是全国性综合交通枢纽建设提速。在“十四五”国家现代综合交通枢纽体系发展规划中，洛阳、南阳、商丘三地被纳入全国性综合交通枢纽建设名单，为未来一个时期枢纽能级提升创造了良好的政策环境。洛阳抢抓呼南高铁建设机遇，加快推进高铁“十”字枢纽建设，以机场改扩建为支撑，着力打造中部地区重要的空中交通枢纽。南阳围绕建设“全国枢纽经济先行区”，启动实施南阳机场迁建、南信合高铁、唐白河航运工程等重点项目，加快构建“空水铁公”一体化现代综合立体交通网络。商丘锚定“枢纽经济新高地”目标定位，加快商丘机场、京港台高铁雄安至商丘段、沱浍河航运等重大工程建设，加快东向发展接轨融入长三角。三是区域性综合交通枢纽体系更加完善。安阳、信阳、漯河、周口等地的区域性综合交通枢纽功能进一步增强，特别是 2022 年，随着安阳机场主体完工、平漯周高铁开工建设、安罗高速加快推进以及其他重大工程项目的实施，多层次区域性综合交通枢纽体系和集疏运功能将得到进一步完善提升。

（三）枢纽关联产业集聚发展态势显现

近年来，河南充分发挥区位交通比较优势，坚持以现代物流为牵引，大

图 2　2012~2021 年河南全省机场客货吞吐量变化趋势

资料来源：《河南统计年鉴》（2013~2021 年）、《2021 年河南省国民经济和社会发展统计公报》。

力发展枢纽偏好型产业，枢纽经济总体规模不断壮大，综合带动力持续增强，已成为推动河南优势再造、促进经济提质发展的关键支撑。一是高效便捷的现代物流体系基本形成。河南持续深入推进“通道+枢纽+网络”现代物流运行体系建设，郑州、洛阳、商丘、安阳、信阳、南阳六市 10 个枢纽被纳入国家物流枢纽布局建设规划，国家物流枢纽承载城市数量位居中部第一，国家级示范物流园区数量位居全国第一。2021 年全省社会物流总额突破 17 万亿元，稳居中部地区首位，社会物流总费用与 GDP 比率降至 13.4%，低于全国 1.2 个百分点，实现 9 年连降。二是以电子信息产业为主导的临空产业初具规模。郑州国际航空货运枢纽功能显著提升，带动航空港经济综合实验区航空偏好型产业加速集聚。以富士康为核心的电子信息产业集聚手机整机及配套企业近 200 家，手机年出货量超过 2 亿部，2021 年郑州航空港经济综合实验区电子信息产业产值超过 4000 亿元，占全省电子信息产业产值的比重超过 70%。洛阳、南阳依托机场枢纽优势，积极谋划发展临空经济区，加快融入航空产业链供应链创新链体系。三是以陆路枢纽口岸为依托的陆港经济提速发展。近年来，河南通过加快建设枢纽口岸，有力推动沿海港口功能向省内腹地转移，以此带动产业集聚和陆港经济发展。目前，全省已建成国际邮件经转、整车、粮食、药品、肉类等 9 个功能性口岸，是功能性口岸数量最多、种类最全的内陆省份。2022 年，中豫国际港务集团组建成立，河南中欧班列以“中豫号”统一命名，全省陆港经济一体化发展水平得到进一步提升，1~8 月中欧班列（中豫号）开行班次、货值、货运量同比分别增长 9.7%、12.6%、11.9%。四是以内河港口为支撑的临港经济加快发展。周口加快推进“1+9”港口体系建设，落地实施安钢周口钢铁基地、益海嘉里现代食品产业园等重大项目，以装备制造、粮油加工、仓储物流和临港贸易为主导的产业体系正在加快形成。全省港口一体化运营模式启动实施，漯河临港粮食储运加工基地加快建设，信阳淮滨已成为淮河流域重要的船舶制造基地。

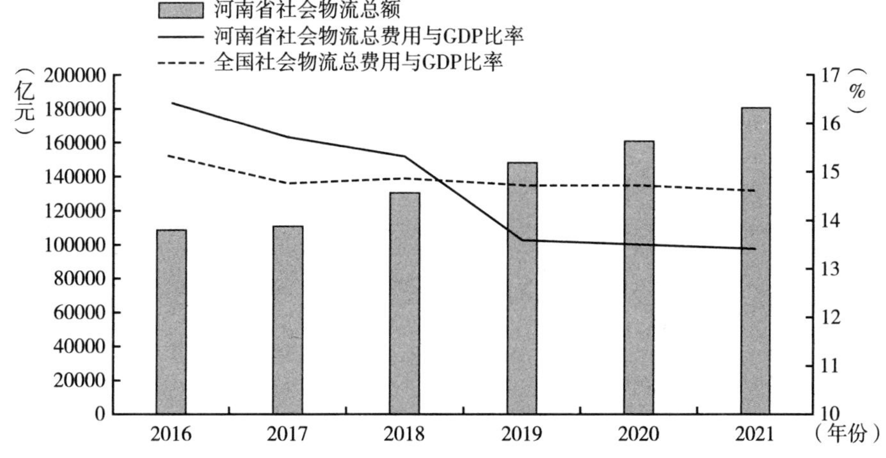

图 3　2016~2021 年河南省物流业主要发展指标变化趋势

资料来源：河南省物流与采购联合会。

二　河南打造枢纽经济先行区面临的短板问题

近年来，河南在培育壮大枢纽经济方面取得了明显成效，但同时也要看到河南省区位交通优势发挥得还不够充分，枢纽体系布局、物流主体培育、关联产业发展还没有形成融合集成之势，枢纽偏好型产业结构单一、布局重叠、层次偏低等问题还没有得到根本改变，完整的枢纽经济产业链条尚未形成，产业规模和层次与河南经济大省的地位不匹配。

（一）通道布局有待优化

目前，省内主要运输通道交通流量趋于饱和，支撑形成国内国际“双循环”的能力亟待提升，特别是京港澳、新亚欧大陆桥等国家运输通道承担着大量省外车辆过境和省内货物运输任务，未来随着越来越多的人口和产业在沿线集聚，其运力供给不足的问题将更加凸显。从交通网络链接能力来看，河南与邻省的交界区域还存在不少断头路、瓶颈路，河南与长三角地区的东南向直联直通能力相对不足；副中心城市中洛阳缺少南向高铁通道，南阳缺少东向、西向、南向高铁通道，豫南地区存在较大路网空白，河南路网亟须由单中心、“米”字形向多中心、网络化转变。从高速公路里程和路网密度来看，河南高速公路里程在全国的位次由 2012 年的第 1 位下降至 2021 年的第 9 位，高速铁路里程及路网密度分别居全国第 8 位、第 12 位，综合交通网发展规模水平与河南人口大省、经济大省、中部枢纽大省地位不匹配。内河航运尚未深入省域腹地，通江达海能级不高，航道里程短、等级低，无三级以上高等级航道，通行能力远低于安徽、湖北等中部省份，全省港口吞吐量占全国内河港口吞吐量的比重不足 1%。

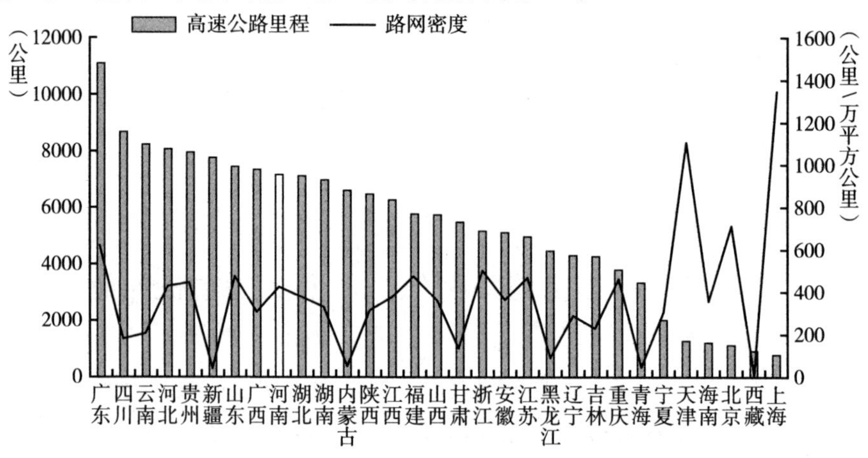

图 4　2021 年全国 31 个省（区、市）高速公路里程及路网密度对比

（二）枢纽组织功能急需提升

河南的枢纽发展相对通道建设较为滞后，对资源要素的吸附、沉淀、转化功能还不强，物流、资金流、信息流“过而不留”“流而不聚”的现象较为普遍。从服务功能上看，目前省内许多枢纽主要承担过境运输、中转等基础功能，货物运输“始发终到”集聚效益不强，郑州铁路发送量低于北京、上海、广州、武汉等国家中心城市。从运行效率来看，立体化、高效率的集疏运体系尚需完善，多式联运信息服务平台仍处在起步阶段，跨行业标准规则、运输单据和运载装备不统一，空铁联运面临技术和政策障碍，资源缺乏有效整合对接，“最后一公里”衔接问题仍然存在，对枢纽经济提质发展产生较大制约。

（三）物流业大而不强问题依然突出

与发达国家和先进地区相比，河南物流业在市场主体培育、运行效率等方面还存在一定差距。在市场主体培育方面，省内本土物流企业“小、散、弱”的问题较为突出，缺乏具备供应链整合能力和平台组织能力的“链主型”“集成型”物流龙头企业，全省A级以上物流企业总量仅占全国的3%，没有一家企业上榜中国物流企业50强和民营物流企业50强。在运行效率方面，国家和区域物流枢纽、综合性物流园区和公共配送中心、农村物流网络等设施互联互通水平不高，各种运输方式之间融合衔接还不顺畅，全省70%左右的物流园区仅具备一种运输方式，多式联运水平亟待提升。

（四）枢纽偏好型产业规模水平不高

枢纽偏好型产业总体处于培育发展阶段，产业总量规模偏小，产业结构总体处于价值链中低端。临空产业结构单一，区域竞争日趋加剧。目前国家级临空经济示范区已有17个，国内近百个城市提出了建设临空经济区，区域间围绕航空产业资源要素的竞争更加激烈；智能终端产业“一家独大”，郑州航空港经济综合实验区智能终端产业增加值占全区规模以上工业增加值的90%以上，且企业多处于来料加工和组装等初级产品加工环节；航空关联产业发展缓慢导致本地货源匮乏，近年来郑州机场出口货物中河南货源仅占10%。陆港发展空间和承载能力不足，产业发展空间有待拓展。郑州国际陆港规划建设和设施条件相对落后，规划面积与重庆、成都、西安等差距较大，产业发展空间严重受限；陆港经济与本地产业联动性不强，中欧班列本省货源占比较低，与成都、重庆等班列本省货源占比还有明显差距。临港经济起步较晚，产业链条较短。周口港、信阳港等临港经济目前仍以仓储物流产业为主，农产品加工、钢铁制造等产业项目还处在建设之中，对产业链上下游及关联配套企业吸引力不够，集聚效应尚未形成，构建层次多样、关联紧密的临港产业体系仍需时日。

三　河南打造枢纽经济先行区的政策建议

当前，全球产业分工和发展格局发生深刻变革，产业链价值链在空间上加速重构，国家提出构建“双循环”新发展格局，这些都为河南发展枢纽经济、提升产业发展能级、重塑区域竞争新优势提供了重大战略机遇。未来一个时期，河南要顺应经济发展趋势，充分把握枢纽经济演化升级规律，坚持把发展枢纽经济作为推动河南优势再造的关键举措，强化枢纽资源要素组织与产业链、供应链的协同发展，促进现代综合交通网络体系与现代产业体系深度融合和精准适配，推动全省枢纽经济提质扩量，加快打造具有国际影响力的枢纽经济先行区。

（一）畅通运输通道，补齐交通基础设施短板

抓住用好稳经济一揽子政策，特别是政策性开放性金融工具政策机遇，加大高铁、高速公路、内河航运等基础设施建设力度，进一步完善和畅通出省、出境、出海大通道，全方位推进“铁公水空”一体化发展，加快构建综合性、多通道、立体化、大容量、快速化综合立体交通网，推动河南综合交通优势重塑再造，不断挖掘经济发展空间潜力，为“交通网”向“经济

网”转变提供支撑。一是推动高铁多中心、网络化发展。瞄准后“米”字形时代多中心、网络化发展目标和发展要求，打破“中心—外围”模式，以构建“井+人”字形运输通道新优势为重点，加快推进呼南高铁焦洛平段、平漯周高铁、南信合高铁等重大铁路项目建设，积极谋划与长三角、粤港澳大湾区等重要区域的快速直联高铁项目。二是推动高速公路加密扩容、贯通畅联。聚焦完善国家高速路网、打通省际断头路、提升省内通道运行效率和互联互通水平，加快谋划实施一批加密扩容、贯通畅联的高速公路项目，推动全省高速公路里程和路网密度提升进位。三是推动航空货运航线扩围、运力提升。发挥郑州—卢森堡“空中丝绸之路”品牌优势，做大做强“空中丝绸之路”货运航线，加密欧美、中亚线路，拓宽 RCEP 成员国的国际航线通道，扩大航线网络全球覆盖范围；统筹国际和国内、干线和支线航线衔接，强化郑州与洛阳、南阳、信阳、安阳、商丘、周口等省内机场协同发展。四是推动内河航道改造升级、港口功能提升。发挥河南内河航道基础优势，加快提升航道等级，优化完善航运通道体系，积极向省内腹地延伸拓展，打通内河连江出海通道；协同推进省际航道规划建设，强化与淮河生态经济带、长江经济带等区域的融合发展；以周口港、信阳港为引领，着力构建布局合理、量能匹配、功能完善、一体运营的省域港口体系。

（二）提升枢纽能级，构建现代化综合交通枢纽体系

围绕构建“1+3+4+N”综合交通枢纽体系，加快推进枢纽承载设施建设，持续拓展枢纽经济承载平台功能，推动货物资源由“过路”转向“集结”，增强枢纽对要素的集疏和黏性效应，持续巩固提升枢纽能级，增强产业链、供应链耦合组织能力，更加高效地链接国内国际“双循环”。一是加快建设以空陆双港为核心的郑州国际门户交通枢纽。统筹推进国际航空货运枢纽、国际铁路枢纽、国际邮件枢纽建设，不断提升郑州国际综合交通枢纽影响力，打造“四条丝路”交汇枢纽。在国际航空货运枢纽方面，积极拓展郑州—卢森堡“双枢纽”合作模式，加快郑州机场三期工程建设，做大做强中原龙浩等本土主基地货运航空公司，加强基地货运航空公司、大型货

代企业和物流集成商引进，争创世界级国际航空货运枢纽示范区。在国际铁路货运枢纽方面，加快推进中欧班列集结中心建设，推动郑州国际陆港经开片区扩容升级，高起点规划建设郑州国际陆港航空港新片区，加快提升郑州国际铁路货运枢纽发展能级。二是协同构建多层次综合交通枢纽。优化提升洛阳、商丘、南阳 3 个全国性综合交通枢纽能级，以功能化、特色化为重点，统筹推进安阳、信阳、漯河、周口 4 个区域性枢纽及其他综合交通枢纽建设，加强铁路、机场、公路、港口、城市轨道交通等场站一体衔接，促进枢纽集疏运体系高效畅通。三是提升高能级开放平台功能。深化郑州航空港经济综合实验区改革创新，赋予实验区更大力度的先行先试自主权。以投资和贸易便利化为核心推进自贸区制度创新，对标上海自贸区临港新片区、浙江自贸区扩展区，积极争取国家支持河南依托郑州航空港经济综合实验区申建河南自贸区航空港片区。加快推动新郑综保区扩区，支持有条件的地区申建综保区、保税物流中心，统筹推动开发区空间整合和体制融合，促进国家级开发区转型升级，为畅通国内国际“双循环”提供有力支撑。

（三）强化物流拉动效应，打造全国物流成本洼地和效率高地

坚持把物流作为提升流通效率、打造枢纽经济优势的关键牵引，聚焦“联通境内外、辐射东中西物流通道枢纽”功能定位，进一步优化节点、完善设施、做强主体，加快构建“通道+枢纽+网络”现代物流运行体系。一是优化完善物流枢纽布局。加快推进国家和区域物流枢纽建设，提高郑州空港型、洛阳生产服务型、商丘商贸服务型、安阳陆港型国家物流枢纽核心承载设施建设水平，加快新乡、鹤壁等区域物流枢纽建设，建立完善全省统一的多式联运公共信息服务平台，提高物流体系整体运行效率。二是加强物流园区改造升级。强化物流园区载体功能升级，对先期规划建设不合理、功能定位不明确、投资长期不到位的园区，推动开展完善提升工作。依托空港、铁路、公路等交通场站改造，提升和新建一批综合、专业物流园区；推进实施铁路专用线“进企入园”工程，提高一体化转运衔接能力和货物快速换装便捷性。三是提质发展专业物流。巩固提升冷链、航空、电商快递等特色

物流竞争优势，加快建设郑州国家骨干冷链物流基地，推进国家电子商务、跨境电商、快递等示范城市建设；拓展供应链物流、高铁货运等新领域新模式，推动第三方物流、快递企业为制造企业量身定做供应链管理库存、一体化服务等物流解决方案，推进高铁快运与电商快递、生产制造等融合发展。四是引育物流龙头企业。做大做强河南中豫国际港务集团，提升陆港、河港运营一体发展水平；聚焦国际物流、专业物流、智慧物流等重点领域，加快培育一批成长性好、发展潜力大的物流“豫军”；加强针对性招商引资，加快引进一批国内外知名物流企业在豫设立区域性或功能性总部。

（四）做强枢纽产业集群，塑造枢纽经济发展新优势

发展枢纽经济关键在于将交通枢纽与产业发展结合起来，通过打造竞争优势突出的枢纽偏好型产业集群，推动“流量”变“留量”。河南工作的重点是要树立“枢纽+”发展理念，强化枢纽与产业、企业、平台互促融合，推动各类要素资源向枢纽集聚布局，持续壮大枢纽经济规模。一是做优做强航空经济。强化郑州航空港经济综合实验区龙头带动作用，以提供高时效、高质量、高附加值产品和服务为方向，重点吸引航空物流、高端制造业、现代服务业集聚发展，深度嵌入全球产业链价值链；以郑州机场北货运区投用为契机，深化与国际货代企业、大型物流集成商、大型电商物流企业、生鲜贸易商等的合作，加大货源集疏力度，推动航空物流扩量提质；加快推进智能终端（手机）产业园、临空生物医药园、智能装备产业园等临空产业园建设，打造万亿级航空高端制造业集群；培育壮大与航空制造业和物流业发展相关的供应链金融、航空租赁等产业，带动商贸、文旅等服务业集聚。二是提质增效陆港经济。强化中欧班列统筹开行、运贸产联动发展，高水平推进中欧班列郑州集结中心示范工程和安阳、新乡、商丘等国际陆港节点建设，完善拓展欧洲、中亚、东盟、日韩等线路和境外集疏网络；组织开展省内货源发掘和“班列+园区”行动，推动班列与全省各地开发区、物流园区、海关特殊监管区等合作，在具备条件的园区设立中欧班列货物集散作业点，深化中欧班列与省内产业的联动发展；推动在沿线国家建设经贸产业合

作园区、特色商品展示中心和海外仓，发展跨境货物加工与转口贸易。三是引育集聚高铁经济。依托高铁经济通道优化产业布局，推动高铁、城际及市域铁路枢纽车站周边区域合理开发建设，有序布局商贸金融、电子商务、商业会展、文旅文创等现代服务业；加快发展高铁货运，推进高铁物流基地项目建设，打造高铁快运集疏中转中心；加快中车郑州生产基地和洛阳生产基地建设，吸引产业链上下游关联配套产业集聚，积极拓展检修服务等相关业务，加快打造千亿级轨道交通装备产业集群。四是培育壮大临港经济。强化省内港口、岸线及相关资源整合，加快形成港口投资、开发、运营与临港产业发展“一盘棋”；以周口港、信阳港为重点，谋划建设临港开发区，培育壮大以钢铁精深加工、船舶制造、粮油加工、流通贸易为主导的临港产业集群；推动南阳、漯河等地依托内河港口，因地制宜发展装备制造、新型建材、食品加工等临港工业以及航运物流、航运保险、融资租赁等临港服务业，加快培育新兴临港经济区。

参考文献

贺灿飞：《高级经济地理学》，商务印书馆，2021。

高传华：《提升中国枢纽经济竞争力探讨》，《区域经济评论》2019 年第 4 期。

宫银峰：《关于我国枢纽经济发展的多维思考》，《中州学刊》2020 年第 5 期。

郭小壮、龙志刚：《河南省综合交通运输网络的发展基础》，《综合运输》2020 年第 12 期。

赵伟伟：《枢纽经济及其发展机制——以中国交通枢纽经济为例》，《人文地理》2020 年第 3 期。

李国政：《枢纽经济：内涵特征、运行机制及推进路径》，《西南金融》2021 年第 6 期。

B.21
对加快河南民营经济高质量发展的思考与建议

高 璇*

摘 要： 党的十八大以来，党中央、国务院不断引导支持民营经济健康发展，河南民营经济快速成长，已逐渐成为全省经济发展的主力军。但从总量、结构、动力三个维度分析河南民营企业发展的现实轮廓，发现其发展实力偏弱，这就要求河南进一步加快民营经济高质量发展，坚定不移增信心广宣传重保护、促创新重投入强培育、减负担通卡点降壁垒、强队伍优环境畅渠道，以民营企业高质量发展为河南稳增长、稳预期，实现“两个确保”，奋力谱写新时代中原更加出彩的绚丽篇章贡献卓越力量。

关键词： 民营经济 高质量发展 河南省

党的十九大报告指出“我国经济已由高速增长阶段转向高质量发展阶段”。高质量发展是体现新发展理念的发展，是更加注重发展质效的发展，也是创新驱动型的发展。民营经济是国民经济的重要组成部分，因此民营经济高质量发展意义重大。作为贡献了河南60%以上的GDP和税收、提供了90%以上的新增就业和创新主体的河南民营经济也应紧跟步伐，积极推动高质量发展，以为河南稳增长、稳预期，实现“两个确保”，奋力谱写新时代中原更加出彩的绚丽篇章贡献卓越力量。

---

* 高璇，经济学博士，河南省社会科学院经济研究所研究员，主要研究方向为宏观经济。

一　河南民营经济发展的主要特点

党的十八大以来，河南民营企业快速成长，逐渐成为全省经济发展的主力军、财政收入的重要来源以及新增就业的主要渠道，并在推动经济发展、社会进步、科技创新等方面发挥着重要作用。但通过从总量、结构、动力三个维度来分析河南民营企业发展的现实轮廓，发现其发展实力偏弱。

（一）总量上看：横向对比强企不够强、纵向分析盈利在下降

1. 横向对比：强企不够强

从民营企业百强榜单入围门槛来看，对比河南、浙江、江苏、湖北、福建2021年民营企业百强榜单发现，2021河南民营企业百强榜单入围门槛为25.69亿元，较浙江（149.80亿元）、福建（35.41亿元）、湖北（30.00亿元）三省的入围门槛均有一定差距。江苏发布的是民营企业200强榜单，入围门槛为58.6亿元，其中，排在第100名的企业营业收入总额已高达193.17亿元（见图1）。

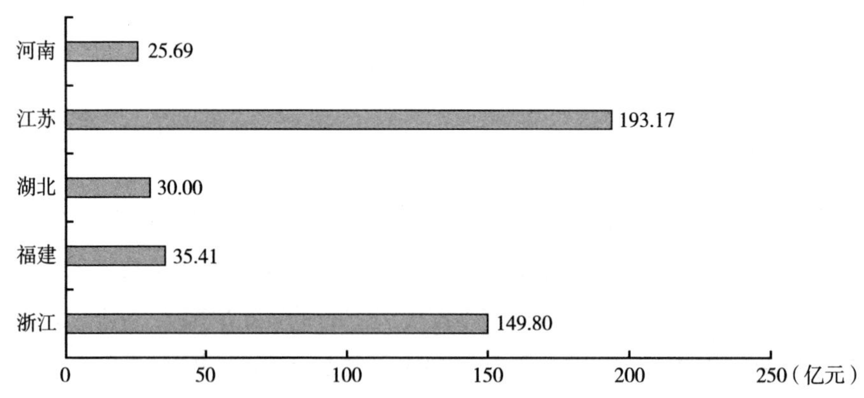

图1　2021年河南与部分省份民营企业百强榜单入围门槛对比

资料来源：笔者自行整理所得。

从中国民营企业500强的营业收入来看，2021年入围的企业中，有28家营业收入超2000亿元、78家营业收入超1000亿元。广东、浙江、江苏、

北京、河北等地均有多家营业收入达千亿级的企业，而河南在 2021 年才仅有 1 家企业营业收突破千亿元（见图 2）。

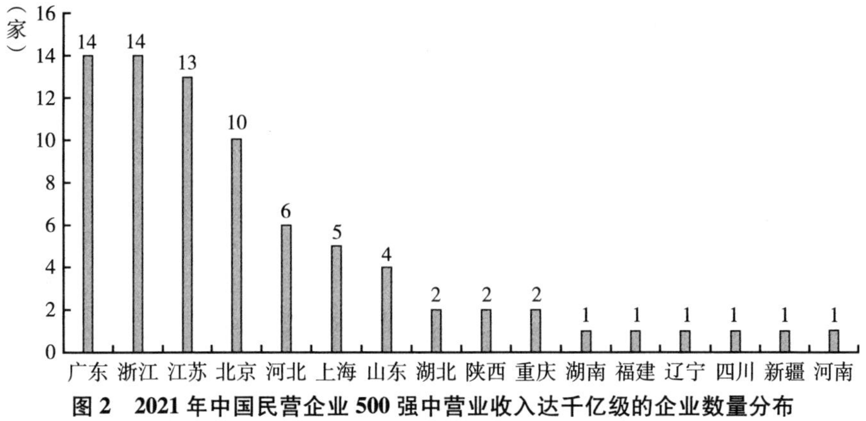

图 2　2021 年中国民营企业 500 强中营业收入达千亿级的企业数量分布

资料来源：《2021 年中国民营企业 500 强报告》。

从各地入围中国民营企业 500 强的企业数量来看，河南有 12 家企业入围，数量居全国第 11 位、中部第 2 位，远低于浙江（96 家）、江苏（92 家）、广东（61 家）和山东（53 家）；且只有洛阳栾川钼业集团（2021 年排在第 63 位）1 家企业进入前 100 名（见图 3）。

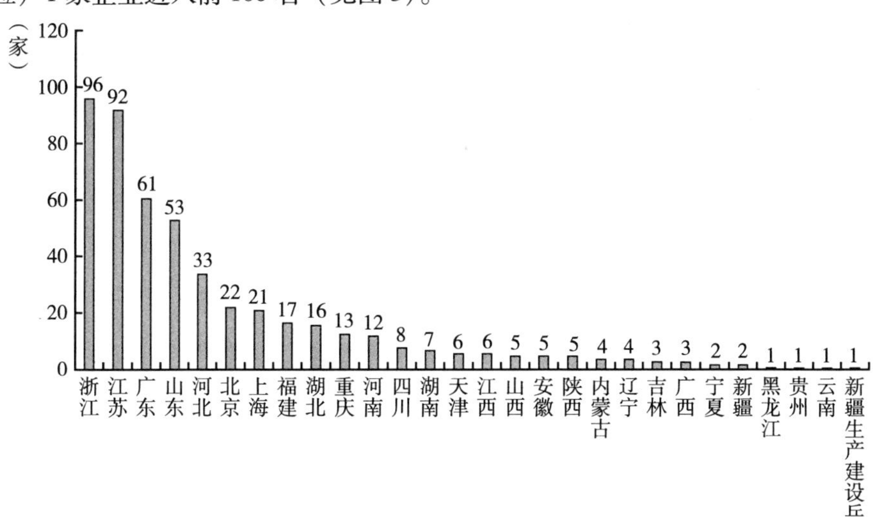

图 3　2021 年中国民营企业 500 强数量分布

资料来源：《2021 年中国民营企业 500 强报告》。

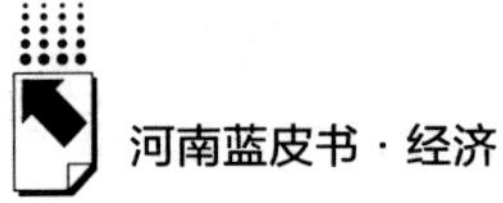

2. 纵向比较：盈利在下降

从销售净利率变化趋势来看，“缓慢下降”态势凸显。从2013~2020年河南民营企业100强的盈利指标变化趋势来看，2017年之前，河南民营企业100强的销售净利率处于增长态势，2016年达到5.97%，而同年中国民营企业500强的销售净利率仅为4.32%。随后河南民营企业100强的销售净利率开始缓慢下降，2020年仅为4.87%，而中国民营企业500强的销售净利率自2016年起，逐步增长至5.61%。河南民营企业100强的资产净利率虽然跌宕起伏，但在2019年开始回升，不过从总体来看，2020年河南民营企业100强榜单中，仅有17家企业资产净利率超过10%。

从河南民营企业100强人均净利润看，高利润企业少。据《2021河南民营企业100强报告》，入围企业中仅有6家企业的人均净利润高于40万元，31家企业介于10万元至40万元，26家企业介于5万元至10万元，24家企业介于1万元至5万元，6家企业介于0元至1万元，7家企业人均净利润为负（见图4）。

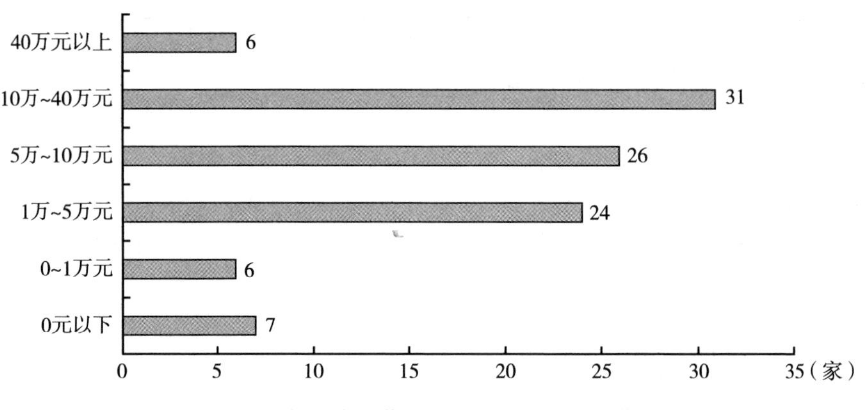

图4　2021年河南民营企业100强人均净利润结构

资料来源：《2021河南民营企业100强报告》。

从缴税总额变化情况来看，呈现先上升后下降趋势。从2013~2020年河南民营企业100强的缴税总额变化趋势来看，2013~2018年持续上升，2018年达到峰值，为454.54亿元，随后开始逐年下降（见图5）。

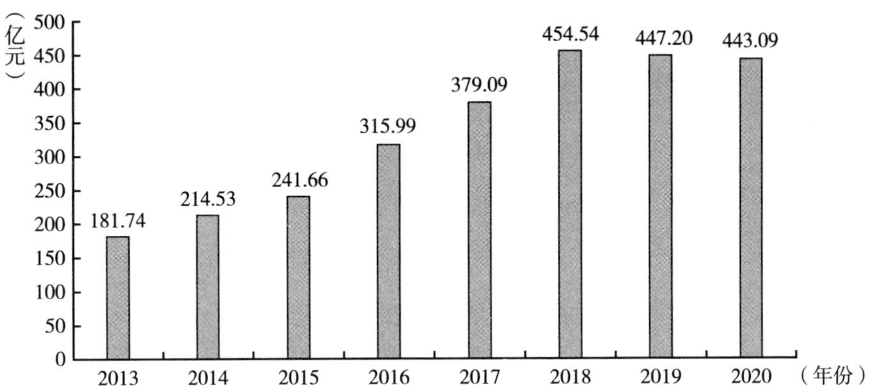

图5　2013～2020年河南民营企业100强缴税总额变化趋势

资料来源：2013～2020年《河南民营企业100强报告》。

（二）结构上看：区域不平衡显著、产业不均衡突出

河南民营企业数量占绝对多数，但企业分布存在明显异质性，发展不平衡、不均衡问题突出。

1. 区域不平衡显著

从2021年河南民营企业100强区域分布来看，郑州、洛阳、安阳、南阳、新乡是民营企业100强的聚集地，5个地市拥有的百强企业总数达69家，占比近七成，郑州的百强企业数量占1/4（见图6）。此外，从中小企业数量来看，郑州、南阳、洛阳、许昌四地的中小企业数量总数占全省中小企业总数的51.45%；郑州、洛阳、焦作三地的上市公司数量合计占全省上市公司总数的51.90%；31个省级中小企业特色产业集群中，南阳有6个、周口有6个、郑州有4个、驻马店有4个，数量合计占全省总数的64.52%。可以说，区域集中度高、发展不平衡已成为河南民营企业发展的重要特征。

2. 产业不均衡问题突出

从河南民营经济增加值所占比重来看，超过80%的制造业增加值来源于民营企业。某种意义上说，河南制造业的整体情况可以反映河南民营经济制造业的整体情况，以下分析将以整体代替部分。

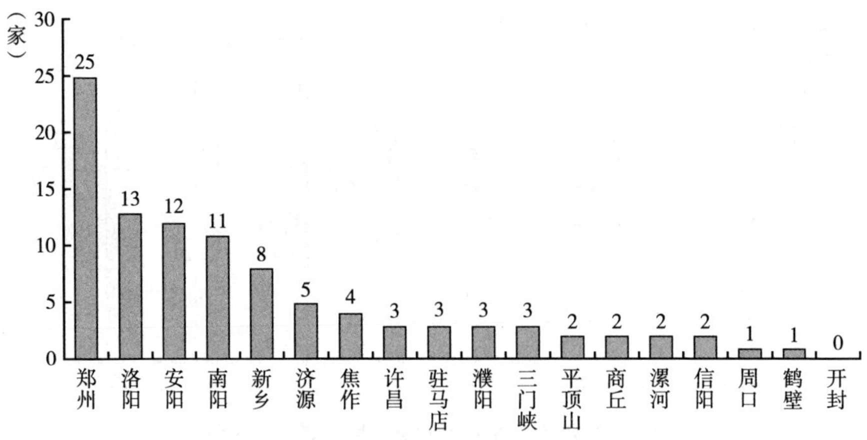

图 6　2021 年河南民营企业 100 强区域分布

资料来源：《2021 河南民营企业 100 强报告》。

从战略性新兴产业和高技术产业增长情况来看，河南战略性新兴产业和高技术产业规模小、占比低，远不能支撑引领经济高质量发展。据河南统计局发布的 2017~2020 年河南省统计公报，河南规模以上工业中，战略性新兴产业增加值增长率 2020 年下滑明显，从 2019 年的 13.7%断崖式下降至 2.6%；高技术制造业增加值增长率从 2017 年的 16.8%逐年下降至 2020 年的 8.9%（见图 7）。从 2017~2020 年规模以上工业增加值中各产业占比来

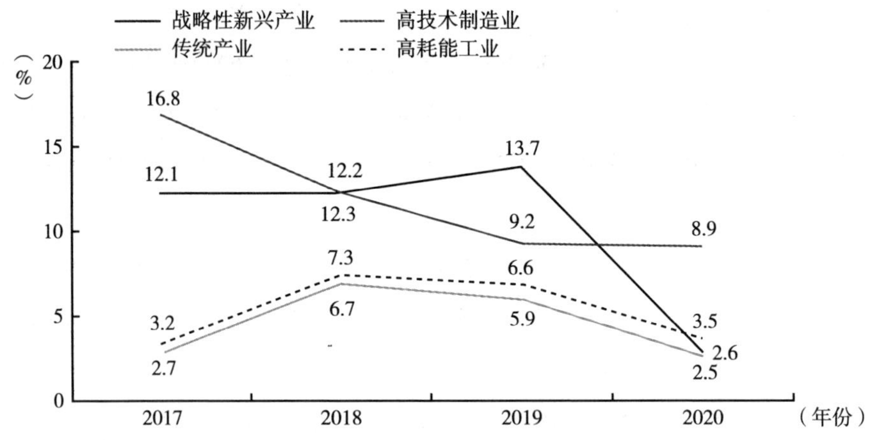

图 7　2017~2020 年规模以上工业中各产业增加值增长率变化趋势

资料来源：2018~2021 年的河南省统计公报。

看，虽然战略性新兴产业和高技术制造业所占比重呈上升态势，但是传统产业始终占据较大比重，达 40%以上；高耗能工业所占比重也在持续上升，从 2017 年的 32.7%上升至 2020 年的 35.8%。

（三）动力上看：创新投入不足、创新质量不高

1. 创新投入不足

从企业研发能力来看，存在明显不足。民营企业 100 强作为河南民营企业的集大成者，存在研发经费投入强度不高和研发投入不足的情况。据《2021 河南民营企业 100 强报告》数据，百强企业中有 80 家企业的研发费用投入不超过 5 亿元（见图 8），百强企业平均研发经费投入强度仅为 1.31%。从研发经费投入强度分布来看，百强企业中研发经费投入强度超过 10%的企业仅有 1 家，在 5%~10%的企业仅有 5 家，在 2%~5%的企业有 34 家，在 1%~2%的企业有 13 家，有 47 家企业研发经费投入强度低于 1%（其中，有 15 家企业的研发经费投入强度为 0）（见图 9）。

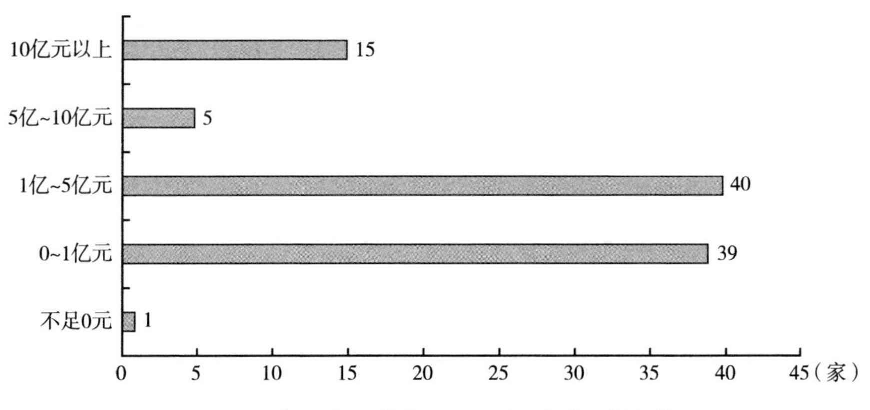

图 8　2021 年河南民营企业 100 强研发费用投入情况

资料来源：《2021 河南民营企业 100 强报告》。

2. 创新质量不高

从专精特新“小巨人”企业数量来看，与其他地区差距较为明显。根据工信部公布的 2020 年各地国家级专精特新“小巨人”企业拥有量进行排

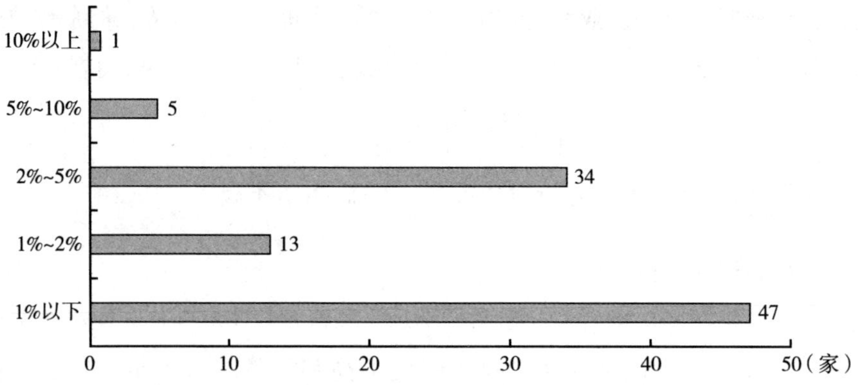

图9　2021年河南民营企业100强研发经费投入强度分布

资料来源：《2021河南民营企业100强报告》。

序发现，截至2020年底，河南拥有207家专精特新“小巨人”企业，与四川并列第11位，数量比第一名浙江少263家，也低于中部六省中的湖南（232家）和安徽（229家）（见图10）。从2020年国家级专精特新“小巨人”企业数量排名前十的城市情况来看，郑州排在第10位，共有63家，比第一名宁波（182家）少了119家，比深圳（169家）少了106家，差距较大（见图11）。

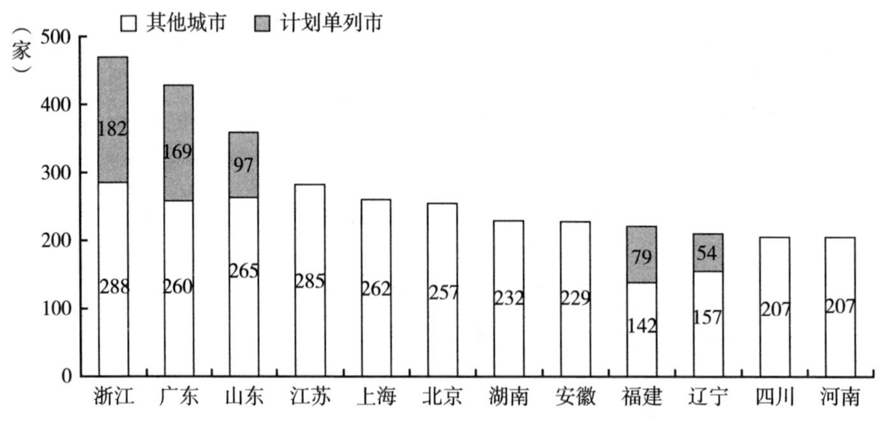

图10　2020年各地专精特新“小巨人”企业拥有量排序

资料来源：《专精特新中小企业发展报告（2022年）》。

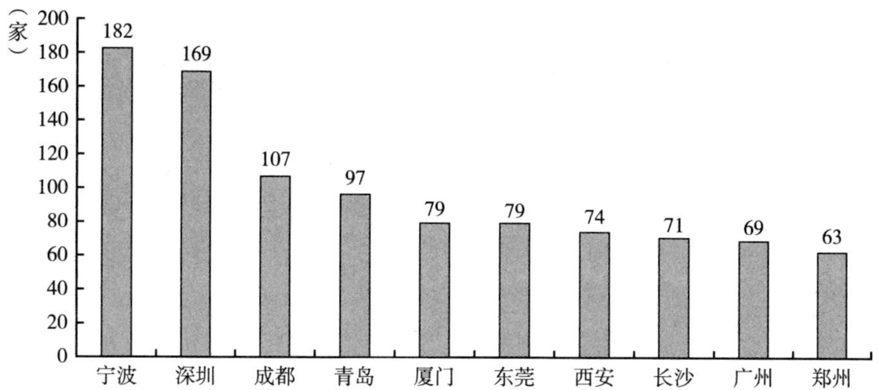

图 11　2020 年全国专精特新“小巨人”企业数量排名前 10 的城市对比

资料来源：《专精特新中小企业发展报告（2022 年）》。

从瞪羚、独角兽企业数量来看，河南与其他地区的差距也很大。据胡润研究院发布的“2021 胡润全球独角兽榜”，我国入围企业共 301 家，拥有数量排前三的城市分别为北京（91 家）、上海（71 家）和深圳（32 家），而河南仅有 3 家企业入围，分别为卫龙、蜜雪冰城、华兰生物疫苗。据河南省科技厅提供的数据，全省现有 128 家瞪羚（科技小巨人）企业，但均未入围胡润研究院发布的“2021 胡润中国瞪羚企业榜单”，然而，从入围企业地域分布来看，中心城市、沿海城市及中部城市均有企业入围（见图 12）。

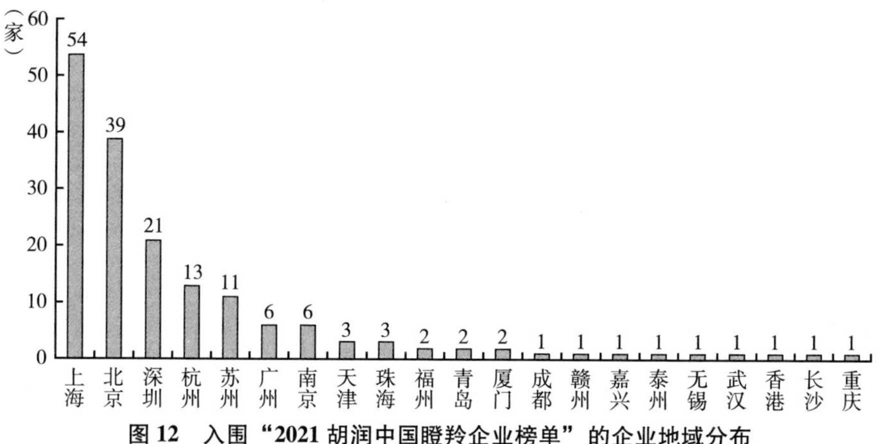

图 12　入围“2021 胡润中国瞪羚企业榜单”的企业地域分布

资料来源：2021 年胡润中国瞪羚企业榜单。

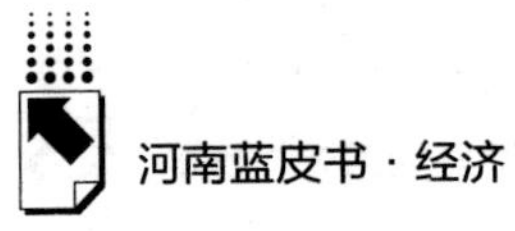

二　制约河南民营经济高质量发展的主要因素

制约河南民营经济高质量发展的因素是多方面的，既有未来不确定因素方面的，又有成本持续上升方面的；既有外部体制机制方面的，又有企业内部自身能力方面的。这就需要正确认识河南民营经济高质量发展的制约因素，以更好地推动河南民营经济高质量发展。

（一）环境之忧，民营经济面临“健康发展”难题

政商环境不畅。有些部门、有些干部对发展民营经济重要性的认识还不充分，还没有服务民营经济的主动性，落实“安商、优商、护商”要求时，积极性不高，还没有真正实现从“管理”到“服务”的转变，对“亲清”政商关系的责任和边界把握不清，只怕不“清”，不怕不“亲”，在增强主动“亲”的自觉上仍有顾虑。同时，有些干部仍有“发现困难绕着走，遇到麻烦躲着走”、“多一事不如少一事，事不关己高高挂起”、不作为慢作为的现象，没能将省委提出的发扬“店小二”和“保姆式”的服务理念和“无事不扰，有求必应”的观念意识很好地树立起来，在服务民营经济发展的能力和水平上还有待提高。

市场环境不公。契约精神仍需进一步强化，市场中仍存在“明放实不放”、“准入不准营”、监管“一刀切”等与省委省政府要求不同的现象。从政策角度来看，对于民营企业进入大多数行业是鼓励的，但在具体操作层面，“非禁即入”仍很难完全落地。如：民营企业虽然有强烈的投资意愿参与 PPP 项目，但往往好项目门槛高、门槛低项目的盈利空间小，PPP 项目周期长又可能会遭遇“新官不理旧账”的现实问题，加之缺乏持续、有效的政府“背书”，让民营企业望而却步。也有部分特殊行业倒逼民营资本自动退出、站在门外。民营企业在一些招投标中，成为“国有企业”“外来企业”陪衬的现象仍然存在，不能公平参与竞争或不能享受同等招商引资优惠政策。当前，可用于建设的新增土地不足问题已经凸显，严重制约了产业

培育和项目招引，但有些地方还存在着存量土地圈而不用、批而不用、僵尸企业占用等问题。

政策环境不优。2006 年，河南出台的《河南省人民政府关于贯彻国发〔2005〕3 号文件精神鼓励支持和引导非公有制经济发展的实施意见》提出“省每年召开一次非公有制经济工作会议或企业家座谈会，每两年召开一次非公有制经济表彰大会”。而 2013 年后未再举办这两个大会，直到 2018 年才再次召开促进非公有制经济发展大会，并提出“定期召开全省促进非公有制经济健康发展大会，按照有关规定表彰有突出贡献的非公有制企业和企业家”，但后来也未再次举办。部分地市定期召开的促进民营经济发展大会、企业家座谈会的数量也不够多。有些政策不完善，有些好政策带来的“阳光雨露”还未真正全面惠及企业。有些部门针对民营经济发展的政策缺乏一定的前瞻性，例如，某中医药生产企业反映，目前河南一直未能将中药颗粒剂纳入医保药品范围，而相邻的山东、湖北等省份 2021 年已经出台相关试行方案，这可能会导致河南的中医药生产企业失去抢占市场的先机。有些部门对外省现有的政策也没有引进吸纳的主动性。有些政策难落地，一些地方对民营经济发展的路径研判还不到位，以文件落实文件，将推动民营经济发展“浮在口号中、悬在文字”上；在落实各项降成本、减负担政策的过程中，结合省情开展创新的力度不大，存在政策落地的“最后一公里”。

（二）转型之忧，民营经济面临“升级发展”壁垒

不想转。河南民营企业前期大多是由家族企业发展而来的，发展缺乏规划性，发展到一定规模后，管理模式还是较为粗放，在利润最大化的理念下，对项目和资金情有独钟，缺乏前瞻眼光，致使企业与市场脱节。

不敢转。近年来，河南资产总值在百亿元以上的企业数量变化不大，一些具有一定品牌影响力的企业资产总值持续处在 40 亿~80 亿元的区间内。许多民营企业在技术创新、管理水平、人才储备、融资能力等方面存在明显不足，转型升级较大可能会面临方向不明、路径不清的问题，而投资又怕血本无归，使得民营企业投资能力和动力不足。

不会转。有的民营企业虽然有转型发展的紧迫感，但对当前涌现出的新业态、新模式、新赛道有一定的“恐慌”，特别是面对国家的宏观政策转向，缺乏追赶时代、驾驭市场的勇气。例如，“房住不炒”政策的实施，使房地产业销量锐减，需求萎缩，房地产企业不适应，转不过弯。名门地产深陷项目停摆、总包单位退场、资产甩卖、资金链危机等经营困境，楼盘无法交工，业主上访情况频发。“双减”政策的实施，使民办教育企业面临发展转型或重新择业的问题，但绝大多数企业选择关门了之。有的民营企业对质量、环境、安全等标准的提高感到束手无策，缺乏适应形势、推动绿色发展的勇气。有的民营企业虽然拥有了转型的“资本”，但对“怎么转型、转向哪里”的研判不准。一些企业脱离主业，盲目转型，转而陷入困境。众品食业从生猪屠宰转向仓储物流的过程中，投入了大量资金和资产，但没能准确把握互联网企业规律，导致经营策略出现偏差，盲目依靠降价促销，严重冲击了市场价格体系也加速了资金链的断裂，现正在破产重组。辅仁药业曾通过投资快速进入互联网金融领域，向“短融网”投资 3.9 亿元，并在短时间内对外投资 22 家公司，直接、间接控股 56 家公司，大量的投资并购企业带来了巨大的资金链压力，使得企业转型失败。

（三）融资之忧，民营经济面临“渠道单一”逆境

直接融资难。企业借新还旧难、增量授信落实难、贷款条件满足难、融资产品对接难。一些中小企业由于生存周期不明确、抗冲击抗风险能力较弱，同时深受身份、门槛、融资限制，获得信用贷款难度较大，很难融到资、贷到款。科技型创新型企业急需的股权融资也存在严重不足。广安生物作为河南饲料行业第一家农业产业化国家重点龙头企业，受非洲猪瘟、新冠肺炎疫情和郑州汛情影响，临时性资金周转还款压力巨大，债务纠纷还款计划未能履行，相关银行账户被冻结。

间接融资少。上市力度不足，河南目前境内民营控股上市公司有 63 家，占河南 A 股上市公司总数的 64.95%。据同花顺数据平台数据，从 2020 年全国 A 股上市公司数量来看，河南排在全国第 12 位、中部第 4 位，与东南

沿海发达省份的差距较大。

融资风险高。金融机构不良贷款率居高不下，制约贷款投放，民营企业一旦出现经营困难、资金周转不畅，便极易遭遇“抽贷”“断贷”。有些银行对民营企业搞所谓的“压力测试”，抽贷以后，观察企业的变化，如果几个月内企业没事，再继续放贷，否则就有可能“断贷”，这种行为极易导致一些中小企业高度紧张。一些小微企业有时只能通过民间借贷解燃眉之急，而民间借贷年利率大多在20%以上，导致企业不堪重负，且容易涉嫌“非法集资”。

（四）成本之忧，民营经济面临“内忧外患”窘境

要素成本仍然较高。企业对用能成本高问题的反映较多，由于大气污染防治压力较大，食品、医药、耐材等行业以气代煤，但在用气费用方面，多数地区气价均超过了3.50元，企业负担较重。很多企业对降低水费的呼声也很高。河南使用海运的条件有限，基本物流成本普遍高于沿海城市，口岸提效降费仍有提升空间。

制度性成本高。企业在办理各项许可时，往往必须借助中介机构，但河南办理各类许可的各环节涉及的中介机构过多，聘请监理、监测等人员的费用均不低。如：办理建筑许可，在行政事业性收费上，城市基础设施配套费、人防易地建设费等费用所占比例较高。2020年河南低压报装耗时15个工作日，而深圳原则上不超过13天；河南高压报装耗时36个工作日，而深圳在用户具备受电工程建设条件下，高压单电源和双电源用户电力接入外线工作建设时间，原则上分别不超过15天和30天。2020年河南全口径客户年平均停电时间达8.24小时，与深圳（0.54小时/户）相比也有较大差距。

融资成本高。贷款利率尚未有效下降，河南普惠型小微企业贷款平均利率为6.46%，高于江苏（5.21%）。小微企业信用贷款余额平均值为（270亿元），仅为浙江（457亿元）的59.10%，2020年河南中小微企业信用贷款的增速（1.46%）低于江苏平均值（1.72%）。政府性（国有控股）融资担保力度不够，部分地区小微企业和“三农”政府性融资担保在保户数不

增反降，部分地区担保金额未到 5 亿元，远低于全省平均水平（16.52 亿元）。金融机构对中小企业贷款存在诸多顾虑，对中小企业发展前景缺乏信心，认可的企业担保物和抵押物相对较少，而且抵押物也越来越不值钱。

三　加快河南民营经济高质量发展的政策建议

在建设社会主义现代化河南的新征程上，实现“两个确保”目标，需要推动全省民营经济高质量发展，发挥优势、抢抓机遇、迎难而上，发挥更大作用、实现更大作为、承担更大担当。

坚定不移增信心广宣传重保护。一是正确解读宏观经济形势。可通过举办民营企业座谈会、新闻发布会、“经济专家进千企、进基层”活动等，充分释放坚持“两个毫不动摇”的坚定信号，充分阐明“共同富裕不是劫贫济富、不是平均主义”“全国统一大市场建设不是计划经济回潮”“民营企业产权多元化不是国进民退”“防止资本无序扩张不是不扩张”等民营企业最为困惑的问题，唱响中国经济、河南经济“光明论”，稳定和改善投资预期。二是多渠道、广范围宣传助力民营企业发展政策实施。在广播电视、党报党刊开辟民营企业专栏，综合运用现代传媒手段，高密度宣传相关具体措施，保持对民营企业予以大力支持的舆论态势。三是切实加强产权保护。推动省、市法院开展产权保护案例宣传活动，用实际行动体现政府依法保护投资者权益的决心，切实保护民营企业和企业家合法财产，发挥涉政府产权纠纷治理长效机制作用，依法严厉打击各类侵占民营企业和企业家合法资产行为，让民营企业、企业家吃上“稳心药”，一心一意做实业、做主业。

坚定不移促创新重投入强培育。一是支持民营企业创新发展。鼓励民营企业坚持以市场需求驱动创新，推动民营企业深度融入产业数字化、数字产业化进程。鼓励民营企业参与重大科研攻关项目，发挥民营企业在落实“揭榜挂帅”制度中的重要作用，提高“卡脖子”技术的立项精准度，增加民营企业出题的攻关榜单数和民营企业承担的攻关项目数。二是支持加大投入。完善民营企业创新投入激励机制，落实普惠性研发补助政策。支持企业加大研发投入，通过科技项目支持、高新技术企业申报培育、创新政策扶持、政府投资基金引导等多种激励方式，引导民营企业持续加大研发投入，让民营企业真正成为创新决策、研发投入、科研项目实施的主体。三是支持培育壮大市场主体。坚持梯度培育，引导创新发展。围绕民营企业做大做强发展方向，着力构建优质企业梯度培育体系和成长帮扶机制，促进各类企业由小变大、由弱变强、带动提升；整合各部门数据资源，建立全省民营企业信息数据库，每年从数据库中遴选一批符合河南产业规划、具有一定规模、成长性强的民营企业，进行重点培育扶持；积极培育“专精特新”中小企业、单项冠军企业、隐形冠军企业，加快培育一批瞪羚企业和独角兽企业。

坚定不移减负担通卡点降壁垒。一是进一步减轻民营企业负担。对因受疫情冲击而生产经营困难的民营企业，允许其缓交或免交社保支出，做好信贷还款展期工作；继续实施结构性减税政策，加快小微企业留抵退税政策实施进度。二是进一步破解“融资难”“收款难”问题。应高度重视民营企业应收账款问题，发挥清理和防止拖欠账款长效机制作用，鼓励银行类金融机构为产业链终端民营企业提供供应链信贷支持。三是进一步放宽市场准入。严格落实市场准入负面清单制度，严格实施公平竞争审查制度，支持民间资本进入清单以外的行业和领域，让民营企业同等享受政策支持、平等获得要素支撑、公平参与市场竞争，着力破解“玻璃门”“弹簧门”“旋转门”等隐形门槛。

坚定不移强队伍优环境畅渠道。一是更好地发挥企业家作用。加强对民营企业家特别是年轻一代民营企业家的理想信念教育，坚持正确政治方向不动摇，坚定不移听党话、跟党走，自觉把企业发展同国家繁荣、民族兴盛、人民幸福紧密结合在一起；支持帮助民营企业家实现事业新老交接和有序传承，展现新豫商的精神气质。二是不断优化营商环境。切实放宽准入门槛，建议根据形势发展需要对省内各行业各门类进行重新分析评估，在现有清单的基础上，尽量缩短条目，放宽市场准入门槛，让民企与国企在同一起跑线上竞争；切实提高服务效能，深入推进“放管服”改革，在“一网通办”基础上全面推进“双随机、一公开”监管，真正做到“放”的力度更大、

“管”的体系更全、“服”的质量更高。三是持续开展“万人助万企”活动。发挥“万人助万企”工作专班、各工作组和督促督办、考评奖惩机制作用，发挥工商联和商会组织的桥梁纽带作用，完善民营企业诉求响应平台功能，收集企业反映的问题和意见建议，协调解决企业面临的突出瓶颈制约问题。

参考文献

任晓猛、钱滔、潘士远等：《新时代推进民营经济高质量发展：问题、思路与举措》，《管理世界》2022 年第 8 期。

高璇：《支持民营企业发展　激发市场主体活力》，《光明日报》2022 年 7 月 8 日。

袁家军：《坚持“两个毫不动摇”　推动新时代民营经济新飞跃》，《政策瞭望》2022 年第 3 期。

Abstract

2022 is the year of the 20th National Congress of the Communist Party of China, the key year for the implementation of the "14th Five-Year Plan", and the beginning of Henan's anchoring of the "two guarantees" and the implementation of the "Ten Major Strategies". Over the past year, under the guidance of Xi Jinping Thought on Socialism with Chinese Characteristics for a New Era, the whole province has conscientiously implemented the major decision-making and deployment of "the epidemic should be prevented, the economy should be stabilized, and the development should be safe", efficiently coordinated the prevention and control of the epidemic and economic and social development, made efforts to stabilize the economy, and implemented a package of policies and continuation measures for the stable economy, so that the economic operation of the province stabilized and rebounded, and the overall social situation remained stable.

This year's "Henan Economic Development Report" is compiled under the auspices of the Henan Academy of Social Sciences, the whole book systematically and deeply analyzes the main trends of Henan's economic operation in 2022 and the trend of Henan's economic development in 2023, comprehensively and multi-angle studies and discusses Henan's measures and results in stabilizing the economic market, and puts forward countermeasures and suggestions for the new stage of Henan's anchoring "two guarantees" and fully implementing the "Ten Strategies". The book deeply integrates the spirit of General Secretary Xi Jinping's important speech and instructions, in order to provide high-quality decision-making reference for the provincial party committee and the provincial government and the public. The book is divided into four parts: general report, investigation and evaluation, analysis and prediction, and special research.

One of the general reports of this book is the annual analysis report on Henan economic operation, written by the research group of Henan Academy of Social Sciences, which represents the basic point of view of this book on the analysis and forecast of Henan economic situation from 2022 to 2023. According to the report, in 2022, the whole province will comprehensively implement the major decision and deployment of "epidemic prevention, economic stability and development should be safe", take the initiative, face up to the difficulties, and firmly shoulder the mission of "big economic provinces should courageously take the lead." efficiently co-ordinate epidemic prevention and control and economic and social development, implement a package of policies and measures to stabilize and stabilize the economy, and stabilize the economic operation of the province. On the whole, it presents a development trend of "accelerating recovery, stabilizing and improving". In 2023, the domestic and foreign economic environment is more complex, Henan economic growth faces both positive and unfavorable factors, but the overall macroeconomic environment is favorable, the province's economy is expected to continue to recover, showing a stable trend. In the face of the new situation, new tasks and new requirements, we should go all out to stabilize growth and promote development, continue to write a more brilliant chapter in the Central Plains, and suggest to do a good job in the following work: first, to focus on the word "stable" and make every effort to stabilize economic growth; second, to highlight the word "new". Strengthen the supporting capacity of scientific and technological innovation; third, focus on the word "quasi" to improve the overall effectiveness of regulation and control policies; fourth, implement the word "excellent" to create a high-quality business environment. Fifth, pay attention to the word "live" to stimulate the new driving force of reform and opening up; sixth, focus on the word "protection" and strive to improve people's livelihood and well-being. The second general report of this book summarizes the achievements and experiences of Henan's economic and social development since the 18th CPC National Congress, and systematically combs the practical exploration, brilliant achievements and valuable experience accumulated in Henan's economic and social development in the past decade. The report holds that based on ten years of practice, Henan has explored a series of valuable practical experiences in serving the overall situation, driving innovation, opening up to the outside world, deepening reform and leading party building. It provides experience and reference for anchoring the grand goal of "two guarantees" and continuing to write a more brilliant chapter in the Central Plains.

The investigation and evaluation part of this book, mainly through the establishment of relevant index system and quantitative model, using the research methods of the combination of quantitative analysis and qualitative analysis, this paper makes a comprehensive evaluation on the comprehensive economic competitiveness of provincial municipalities in Henan Province, the economic development at the city level and the high-quality development of county economy in 2022. The research group believes that the cities under the Henan Provincial Government should implement the spirit of the 11th Party Congress of the Henan Provincial Party Committee, anchor the "two guarantees" and implement the "Ten Strategies", insist that development is the first priority, innovation is the first driving force, and firmly promote high-quality development. constantly enhance the comprehensive competitiveness of the economy. The research group suggests that cities under Henan provincial jurisdiction should define the economic orientation of the city level, expand and strengthen the urban economy, expand the urban development space, gather all kinds of high-end elements, strengthen the core competitiveness of the city level, and create a development environment suitable for living and industry. the research group points out that the high-quality development of county economy in Henan still needs to anchor two guarantees, implement ten strategies, transform structure, tap potential, promote reform and improve efficiency.

The analysis and forecast of this book is mainly based on the current situation analysis of the development of different fields, different industries and different industries in Henan economy, as well as the forecast for 2023, and then puts forward the ideas and corresponding measures to stabilize the economic market and speed up high quality. The special research section of this book invites well-known experts and scholars from relevant scientific research institutes and government departments to stabilize the overall economic market and speed up modernization, aiming at the different requirements for various departments and industries. this paper studies and analyzes the problems of stabilizing the economic market, stimulating consumption vitality, improving economic resilience and developing the private economy, and puts forward from different angles to promote the economic stabilization and recovery of the whole province and accelerate the recovery. Countermeasures and suggestions for moving towards the construction of modern Henan.

Keywords: Stabilizing the economy; Modernization; Henan Province

Contents

Ⅰ General Reports

Abstract: In 2022, the whole province will comprehensively implement the major decision and deployment of "epidemic prevention, economic stability and development should be safe", take the initiative, face up to the difficulties, and firmly shoulder the mission of "big economic provinces should courageously take the lead". We will efficiently co-ordinate epidemic prevention and control and economic and social development, implement a package of policies and measures to stabilize the economy, and stabilize the economic operation of the province. On the whole, it presents a development trend of "accelerating recovery, stabilizing and improving". In 2023, on the basis of the effective control of the epidemic situation of COVID－19, the economic operation of the whole province will continue to maintain a stable recovery trend, and the GDP growth rate of the whole province is expected to be higher than the national average. In the face of the new situation, new tasks and new requirements, Henan goes all out to stabilize growth and promote development, continues to write a more brilliant chapter in

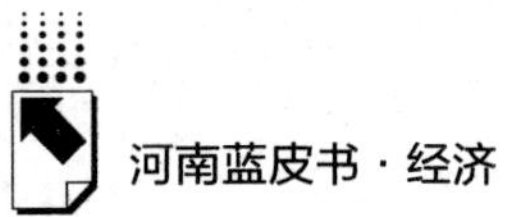

the Central Plains, and proposes to do a good job in the following work: First, to focus on the word "stable" and make every effort to stabilize economic growth. Second, to highlight the word "new". Strengthen the supporting capacity of scientific and technological innovation. Third, focus on the word "quasi" to improve the overall efficiency of regulation and control policies. Fourth, implement the word "excellent" to create a high-quality business environment. Fifth, pay attention to the word "live" to stimulate the new driving force of reform and opening up. Sixth, focus on the word "protection" and strive to improve people's livelihood and well-being.

Keywords: Henan Province; Economic Operation; New Momentum

B.2 Extraordinary Ten Years of Henan New Development of Brilliant Central Plains

—Achievements and Experience of Henan's Economic Development since the 18th National Congress of the Communist Party of China

Research Group of Henan Academy of Social Sciences / 023

Abstract: Since the 18th National Congress of the Communist Party of China, faced with a complicated external environment, arduous tasks of reform, development and stability, especially the double impact of the COVID－19 epidemic and serious floods, Henan takes the new development concept as the guide, takes deepening the supply side structural reform as the main line, integrates into the new development pattern, pays attention to the overall deployment, strengthens the policy guarantee, highlights the project driving, focuses on the element support, optimizes the development environment, and focuses on high-quality development, strive to play the "four cards", and made significant strides in high-quality development; The three major battles have achieved remarkable results, and rural revitalization has been launched in an all-round way; Adhere to the strategy of opening to the outside world and highlight the achievements of inland opening highlands; Adhere to green and low-carbon development, and make new achievements in ecological governance; Insisting on deepening reform, we made new progress in reform and opening up, made a series of landmark achievements, and wrote a brilliant chapter in the Central Plains. Based on ten years of practice, a series of valuable practical experiences have been explored from the perspectives of serving the overall situation, innovation driven, opening up, deepening reform, and leading party building, providing experience for anchoring the grand blueprint of "two guarantees" and continuing to write a more brilliant chapter in the Central Plains.

Keywords: Henan Province; Extraordinary Ten Years; Brilliant Central Plains

Ⅱ Survey and Evaluation

B.3 Evaluation of Comprehensive Economic Competitiveness of Cities in Henan (2022)

Abstract: In October 2021, the 11th Henan Provincial Party Committee proposed anchoring the "two guarantees" and implementing the "Ten Strategies", which drew a grand blueprint for Henan Province to move towards the second centenary goal. The cities under the Henan Provincial Government will look ahead for 30 years to build a modern Henan and enhance their economic comprehensive competitiveness. This paper implements the new development concept, constructs the evaluation index system of economic comprehensive competitiveness of cities in Henan, which is composed of 7 first-level indicators and 25 second-level indicators, and makes evaluation using statistical data. Zhengzhou, Luoyang and Nanyang ranked in the top three of the total evaluation results. The cities under the Henan Provincial Government should implement the spirit of the 11th Henan Provincial Party Committee, anchor the "two guarantees" and implement the "Ten Strategies", insist that development is the first priority, innovation is the first driving force, firmly promote high-quality development, and constantly enhance the comprehensive competitiveness of the economy.

Keywords: New Concept of Development; Comprehensive Economic Competitiveness; Henan Province

B.4 Comprehensive Evaluation of City-Level Economic Development in Henan (2022)

Research Group of Henan Academy of Social Sciences / 065

Abstract: The city-level economy is the core area leading the regional economic development, which is of great significance for population agglomeration, innovative development, industrial upgrading and so on. This paper makes a comprehensive evaluation and research on the city-level economic development of Henan provinces, constructs an index system composed of 5 first-level indicators and 17 second-level indicators, and calculates by using statistical data. Zhengzhou, Luoyang and Anyang rank in the top three. It is suggested that the cities of Henan Province should make clear the economic orientation of the city-level economic development, enlarge and strengthen the urban economy, expand the space of urban development, gather all kinds of high-end elements, strengthen the core competitiveness of the city, and create a suitable environment for the development and living.

Keywords: Urban Economy; City-Level Economy; Henan Province

B.5 The Evaluated Report of County Economic High-Quality Development of Henan Province in 2022

Research Group of Henan Academy of Social Sciences / 082

Abstract: Guided by the new developmental theory, followed the measurement framework before, this report constructs the measurement indicator index of county high-quality development. Based on the panel data of economic high-quality development of county from 2018 to 2020, using the panel entropy method, this article evaluated the economic high-quality development level of 102 samples. We found that, cities as Xinzheng, Gongyi, Zhongmou, Yima, Xinmi continuously hold the high-quality developmental advantages, the county developmental pattern changed more or less, with an obviously difference between counties. In the new development stage, restrained by the background of global continuously economic press and bursting COVID-19 pandemic, we should still adhere the two guarantees, implement the ten strategies, transforming the structure, deep development potential, promoting reform, and enhancing the performance, to explore a characteristic road of country economic high-quality development in Henan province.

Keywords: New Concept of Development; County Economy; Henan Province

Ⅲ Analysis and Prediction

Abstract: Promoting the transformation and upgrading of the industrial system is an important task and key link in the high-level construction of modern Henan. Since 2022, Henan's primary, secondary and tertiary industries have all stabilized and rebounded, the adjustment of industrial structure has made new progress, the economic efficiency of enterprises has been further improved, and new progress has been made in industrial transformation and upgrading. At the same time, it should be noted that compared with the developed provinces, the industrial structure of Henan still lags behind, whether it is industry, service industry or agriculture, the situation dominated by traditional industries has not fundamentally changed. In 2023, the industrial development of Henan is facing a complex and changeable domestic and foreign environment, which has both favorable conditions and unfavorable factors. The whole province should, in accordance with the requirements of the 20th CPC National Congress, constantly strengthen the policy guidance for industrial transformation, establish and improve the system and mechanism for industrial transformation and upgrading, promote the province's industrial digital and intelligent transformation, and continue to promote the continuous optimization and upgrading of the business environment. We will promote industrial development to high quality in the new journey of building a modern Henan in an all-round way.

Keywords: Industrial Development; Industrial Transformation; The Transformation of Digitalization and Intelligence

B.7 Analysis and Prospect of Fixed Assets Investment in Henan Province from 2022 to 2023 *Li Bin* / 115

Abstract: From January to August 2022, the investment policies and measures of Henan Province were introduced intensively, major investment projects were launched one after another, and the investment led to significant economic growth. The overall fixed asset investment showed a high-speed growth trend. It is expected that the fixed asset investment of the province will still maintain a high-speed growth in the fourth quarter. In 2023, Henan will promote investment growth from the following aspects: implement the investment promotion strategy and release the investment potential of the province; Implement the concept of "project is king" and accelerate the layout of major projects; Improve the investment guarantee system and comprehensively improve the investment efficiency; Focusing on key investment areas, making up for risks and weaknesses.

Keywords: Investment in Fixed Assets; Investment Efficiency; Investment Structure

Abstract: The Henan consumption market has held a stable and improved tendency in 2022, with an expanded scale and narrowed growth rate. Regionally, Henan province has kept a leading role in the central regions of China from the scale perspective, and the position of growth rate has obviously moved forward accordingly, and the scale and growth rate of different cities of Henan province has changed obviously. Structurally, the growth rate of retail income is significantly faster than that of catering, the bulk commodities has kept a good increase trend, and the development of urban consumption market is better than that of rural regions. Under the background of big volatility of the global energy price and continuously increase of the geopolitical risk, the Henan consumption market will still face with opportunity and challenge, and we preview that the scale of Henan consumption market will continuously enlarge with a rapidly growth rate, and the growth rate of consumption market of Henan province will reach to 4.0% in 2023.

Keywords: Consumption Market; Consumption Structure; Henan Province

Abstract: From January to August, 2022, the overall situation of Henan's foreign trade is as follows: the total import and export volume and growth rate are moving forward in fluctuations, the structure of import and export commodities still needs to be optimized, the vitality of the main body of the foreign trade industry continues to increase, emerging markets are further expanded, and the trade mode is more optimized. Looking forward to the whole year from the fourth quarter of 2022 to 2023, thanks to the support brought by the continuous improvement of the economy, if there is no interference from more special factors in the fourth quarter, the vitality of market players will be effectively stimulated in the process of implementing the package of policies and measures to stabilize foreign trade, and Henan's foreign trade import and export will further steadily speed up and steadily improve quality. To this end, the key to pushing the opening up to a new level is to vigorously promote the institutional opening strategy. Second, we need to improve the cooperation mechanism between Henan and RCEP, guide enterprises to layout a diversified international market, improve cross-border e-commerce system innovation and regulatory services, and promote the pace of technological opening up.

Keywords: Henan Province; Foreign Trade; RCEP

B.10 Analysis and Prospect of Henan Province's Financial Situation from 2022 to 2023 *Guo Hongzhen, Zhao Yanqing* / 150

Abstract: In 2022, Henan's fiscal revenue and expenditure will show a stable and positive trend, providing strong support for the province's economic and social development. However, at the same time, affected by factors such as disasters, the impact of the epidemic, and the weakening of the superimposed base effect, the "tight balance" state of fiscal operations has become more prominent. In 2023, we will adhere to the guidance of Xi Jinping Thought on Socialism with Chinese Characteristics for a New Era, and firmly establish the concept of integrating the government with finance and supporting finance with finance. Active fiscal policies should be more effective, more sustainable, and anchored in the "two "Ensure" and support the implementation of the "Ten Strategies" to demonstrate greater fiscal action.

Keywords: Fiscal Revenue and Expenditure; Reform of Finance; Henan Province

Abstract: Since 2022, Henan has introduced a series of policies and measures to support the development of the logistics industry, focusing on anchoring the "two guarantees" and implementing the "ten strategies", which has accelerated the transformation of the transportation location advantage to the hub economic advantage. In 2022, the logistics industry in Henan Province will continue the development trend of overall stability and progress. With the continuous improvement of epidemic prevention and control and economic development, and the continuous deepening of logistics relief policies, it is expected that the macro environment for the development of Henan's logistics industry will continue to improve in 2023, and the modern logistics operation system of "channel + hub + network" will be more smooth, logistics The integration and development of the industry with advanced manufacturing, modern agriculture, and modern service industries will be more in-depth, the level of high-quality development of the logistics industry will be further improved, and the role of the logistics industry in driving high-quality economic and social development will become more apparent.

Keywords: Modern Logistics Operation System; Hub Economic; Henan Province

Abstract: From January to August 2022, the provincial consumer price index (CPI) rose by 1.4% year-on-year, showing a steady and moderate rise. At the same time, the factors affecting the price are still complex. It is expected that the CPI increase in 2022 will be expanded compared with 2021, and the provincial

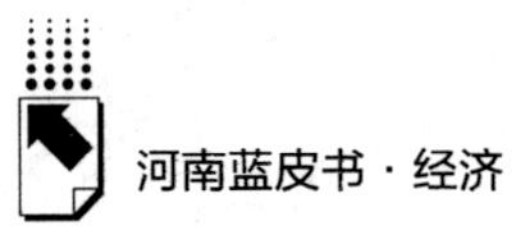

CPI in 2023 will be in a reasonable range. Finally, put forward 2023 Henan to ensure the livelihood of the bottom line, pay attention to the production and market supply of agricultural and sideline products, strengthen the market and price supervision and other policy measures.

Keywords: CPI; Henan Province; Keep Supply and Prices Stable

B.13 Development Index 2022 on the Cross-Border E-Commerce of Henan Province

Research Group of Development Index 2022 on the Cross-Border E-Commerce of Henan Province / 186

Abstract: In 2021, the total volume trade in the cross-border e-commerce of Henan Province reached 201.83 billion Yuan, a year-on-year increase of 15.7%, accounting for 24.6% of Henan Province's total foreign trade import and export. Among them, exports are 147.55 billion Yuan, a year-on-year increase of 15.7%; imports are 54.28 billion Yuan, a year-on-year increase of 16.0%. As a new form of foreign trade, cross-border e-commerce has become a new channel for the transformation and upgrading of foreign trade development in Henan Province and a key sector for high-quality development. This report first analyzes the development of cross-border e-commerce in Henan Province in 2021, and then constructs an evaluation index system from the aspects of its scale, growth rate, environmental support, and economic impact. Based on the comprehensive index and sub-indices by the Entropy method, the development of cross-border e-commerce in Henan Province is divided into three grades: infancy, growth and maturity, so as to understand the development status of cross-border e-commerce in Henan Province and find out problems in its development, and put forward targeted and forward-looking suggestions, such as accelerating the integration of cross-border e-commerce and traditional industries, supporting local enterprises to become bigger and stronger, enhancing the domestic and international popularity of local cross-border e-commerce products, and improving the cross-border e-commerce talent training system, etc.

Keywords: Cross-border E-commerce; Index Evaluation; Henan Province

Ⅳ Special Reports

Abstract: Modernization is a historical process of continuous evolution and evolution, and the connotation and extension of the concept of modernization are constantly enriching and developing. Based on the position of the times and the realistic foundation of Henan, to speed up the construction of modern Henan, effective measures should be taken to make breakthroughs in speeding up the continuous transformation of new and old kinetic energy, promoting the construction of a new development pattern, narrowing the income gap of residents, and promoting balanced economic and social development, which is not only the focus but also the difficulty of the construction of modern Henan. In addition, efforts should be made to strengthen the top-level design, pay attention to the guidance of indicators, deepen reform and opening up, and strengthen the support of talents, so as to ensure the acceleration of the construction of modern Henan.

Keywords: Modern Henan; New Development Pattern; Common Prasperity

Abstract: To build a national innovation highland is Henan's conscious action to implement General Secretary Xi Jinping's important expositions on innovation and development, Henan's mission to bear in mind the trust of our leader and unswervingly follow the path of innovation-driven high-quality development, and a key measure to build a modern Henan and write a more brilliant chapter in the Central Plains in the new era. Focusing on the creation of national innovation highland, we should be based on the actual situation of Henan Province, adhere to planning as the outline, project as the king, originality as the root, transformation as the foundation, elements as the basis, and cooperation as the key, promote the construction of "six first-class", constantly improve the scientific and technological innovation system, and continue to enhance innovation leadership, influence and competitiveness.

Keywords: National Innovation Highland; Six First-class; Modern Henan

B.16 Suggestions on the Implementation of "Four Pulls" in Henan Province *Wang Mengmeng* / 224

Abstract: The implementation of "Four pull" is based on the development of new situation, new requirements of Henan, in order to promote the steady and healthy development of the economy, as scheduled to achieve the "two ensure" goal put forward, has important practical significance. At present, Henan has prominent strategic superposition effect, huge market space, outstanding comparative advantages, complete industrial system, solid foundation support, and the implementation of the "Four pulls" has a solid material foundation and favorable conditions. In the next step, the key and difficult points of the implementation of the "Four pulls" should be clarified, and breakthroughs should be sought in improving the scale and efficiency of investment, stimulating consumption potential, expanding consumption space, promoting foreign trade to become bigger and stronger, and strengthening logistics support, so as to ensure the synergy of the "Four pulls" to achieve the speed and quality development of the province's economy.

Keywords: Henan; Four Pulls; Stabilize the Economy

Abstract: Strengthening the resilience of economic development is an important starting point to deal with risk challenges, a basic guarantee for improving the ability of national governance, and an effective way to promote high-quality economic development in the new era. Thanks to the traditional advantages such as transportation location, industrial base and the scale of domestic demand, Henan economy shows stronrther increased the short-term pressure. For a period of time in the future, Henan should strengthen the resilience of economic development by firmly holding the risk bottom line, forging the long board, and making up the short board, so as to truly transform the toughness advantage into the development advantage.

Keywords: Economic Resilience; Development Quality; Henan Province

Abstract: With the economic development, consumption has become the main driving force of economic development is the highlight of economic development. After the accumulation of social wealth and material base in the early stage, in recent years, Engel's coefficient of Henan is lower than 30%, residents' expenditure has a downward trend, and the restriction of consumption on the economy is gradually revealed. Therefore, promoting consumption growth is an important path for current economic development. To stimulate the consumption vitalality of Henan and promote the consumption growth, we should improve the consumption ability, activate the consumption willingness, match the consumption supply and build a good consumption environment.

Keywords: Consumption Vitality; Vonsumption Growth; Henan Province

Abstract: Tn the face of the complex international and domestic situation, the CPC Central Committee has made clear requirements for "epidemic prevention, economic stability, and safe development", emphasizing the need to persist in stability, strive for progress in the midst of stability, and put stable growth in a more prominent position. As an important measure to stabilize growth, adjust the structure, benefit the people's livelihood and make up for deficiencies, project construction is the key to stabilize the economic market in Henan. At present, Henan should firmly grasp the important window period of economic recovery, plan projects with a high starting point, promote projects with high quality, promote projects with high efficiency, further establish and improve the promotion mechanism, continuously optimize the business environment, and strengthen the protection of project elements. in order to promote the project construction to speed up, improve quality and efficiency, and lay a solid foundation for stabilizing the province's economic market.

Keywords: Project Construction; Economic Market; Henan Province

Abstract: hub economy is an economic model for the integrated development of transportation, industry and cities, which plays an important role in optimizing the layout of regional productive forces, upgrading the energy level of urban development and promoting economic transformation and upgrading. Based on the analysis of the current economic situation and shortcomings of Henan hub, this report puts forward some countermeasures and suggestions for Henan to build a leading economic zone of hub economy, and proposes to take the channel hub as the basis, take efficient logistics as the link, and take the hub preferred industry as the support to promote the agglomeration and layout of all kinds of factor resources to transportation hub. We will speed up the construction of a hub economic system with transportation network, logistics hub, interactive integration and coordinated development of related industries, and create a hub economic leading area with international influence.

Keywords: Henan Province; Hub Economy; Advantage Reengineering

Abstract: Since the 18th CPC National Congress, the CPC Central Committee and the State Council have continuously guided and supported the healthy development of the private economy, and the private economy in Henan has grown rapidly and has gradually become a new force in the economic development of the province. However, based on the analysis of the realistic outline of the development of private enterprises in Henan from the three dimensions of total quantity, structure and power, it is found that their development strength is weak, which requires Henan to further speed up the high-quality development of private economy. unswervingly increase confidence, widely publicize heavy protection, promote innovation, heavy investment and strong cultivation, reduce the burden of pass card points, reduce barriers, and strengthen the team, excellent environment and smooth channels. With the high-quality development of private enterprises, we will contribute to Henan's stable growth expectations, realize the "two guarantees", and strive to write a more brilliant chapter of the Central Plains in the new era.

Keywords: Private Economy; High-Quality Development; Henan Province

皮 书

智库成果出版与传播平台

皮书定义

皮书是对中国与世界发展状况和热点问题进行年度监测，以专业的角度、专家的视野和实证研究方法，针对某一领域或区域现状与发展态势展开分析和预测，具备前沿性、原创性、实证性、连续性、时效性等特点的公开出版物，由一系列权威研究报告组成。

皮书作者

皮书系列报告作者以国内外一流研究机构、知名高校等重点智库的研究人员为主，多为相关领域一流专家学者，他们的观点代表了当下学界对中国与世界的现实和未来最高水平的解读与分析。截至 2022 年底，皮书研创机构逾千家，报告作者累计超过 10 万人。

皮书荣誉

皮书作为中国社会科学院基础理论研究与应用对策研究融合发展的代表性成果，不仅是哲学社会科学工作者服务中国特色社会主义现代化建设的重要成果，更是助力中国特色新型智库建设、构建中国特色哲学社会科学“三大体系”的重要平台。皮书系列先后被列入“十二五”“十三五”“十四五”时期国家重点出版物出版专项规划项目；2013~2023 年，重点皮书列入中国社会科学院国家哲学社会科学创新工程项目。

皮书网

（网址：www.pishu.cn）

发布皮书研创资讯，传播皮书精彩内容

引领皮书出版潮流，打造皮书服务平台

栏目设置

◆ **关于皮书**

何谓皮书、皮书分类、皮书大事记、
皮书荣誉、皮书出版第一人、皮书编辑部

◆ **最新资讯**

通知公告、新闻动态、媒体聚焦、
网站专题、视频直播、下载专区

◆ **皮书研创**

皮书规范、皮书选题、皮书出版、
皮书研究、研创团队

◆ **皮书评奖评价**

指标体系、皮书评价、皮书评奖

◆ **皮书研究院理事会**

理事会章程、理事单位、个人理事、高级研究员、理事会秘书处、入会指南

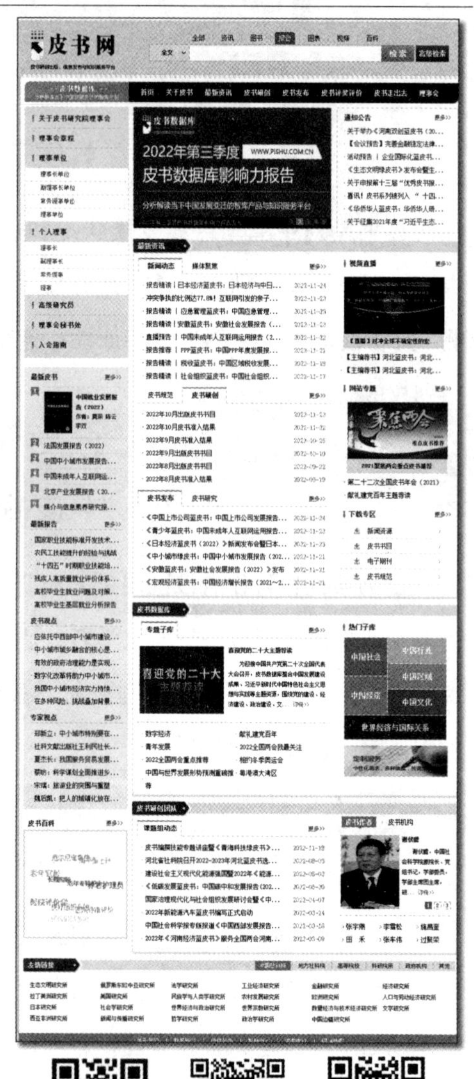

所获荣誉

◆ 2008 年、2011 年、2014 年，皮书网均在全国新闻出版业网站荣誉评选中获得“最具商业价值网站”称号；

◆ 2012 年，获得“出版业网站百强”称号。

网库合一

2014年，皮书网与皮书数据库端口合一，实现资源共享，搭建智库成果融合创新平台。

皮书网

“皮书说”
微信公众号

皮书微博

权威报告·连续出版·独家资源

皮书数据库

ANNUAL REPORT(YEARBOOK) DATABASE

分析解读当下中国发展变迁的高端智库平台

所获荣誉

- 2020年，入选全国新闻出版深度融合发展创新案例
- 2019年，入选国家新闻出版署数字出版精品遴选推荐计划
- 2016年，入选“十三五”国家重点电子出版物出版规划骨干工程
- 2013年，荣获“中国出版政府奖·网络出版物奖”提名奖
- 连续多年荣获中国数字出版博览会“数字出版·优秀品牌”奖

皮书数据库

“社科数托邦”
微信公众号

WWW.PISHU.COM.CN

成为用户

登录网址www.pishu.com.cn访问皮书数据库网站或下载皮书数据库APP，通过手机号码验证或邮箱验证即可成为皮书数据库用户。

用户福利

- 已注册用户购书后可免费获赠100元皮书数据库充值卡。刮开充值卡涂层获取充值密码，登录并进入“会员中心”—“在线充值”—“充值卡充值”，充值成功即可购买和查看数据库内容。
- 用户福利最终解释权归社会科学文献出版社所有。

数据库服务热线：400-008-6695
数据库服务QQ：2475522410
数据库服务邮箱：database@ssap.cn
图书销售热线：010-59367070/7028
图书服务QQ：1265056568
图书服务邮箱：duzhe@ssap.cn

社会科学文献出版社 SOCIAL SCIENCES ACADEMIC PRESS (CHINA) 皮书系列
卡号：994414414751
密码：

S 基本子库
UB DATABASE

中国社会发展数据库（下设 12 个专题子库）

紧扣人口、政治、外交、法律、教育、医疗卫生、资源环境等 12 个社会发展领域的前沿和热点，全面整合专业著作、智库报告、学术资讯、调研数据等类型资源，帮助用户追踪中国社会发展动态、研究社会发展战略与政策、了解社会热点问题、分析社会发展趋势。

中国经济发展数据库（下设 12 专题子库）

内容涵盖宏观经济、产业经济、工业经济、农业经济、财政金融、房地产经济、城市经济、商业贸易等 12 个重点经济领域，为把握经济运行态势、洞察经济发展规律、研判经济发展趋势、进行经济调控决策提供参考和依据。

中国行业发展数据库（下设 17 个专题子库）

以中国国民经济行业分类为依据，覆盖金融业、旅游业、交通运输业、能源矿产业、制造业等 100 多个行业，跟踪分析国民经济相关行业市场运行状况和政策导向，汇集行业发展前沿资讯，为投资、从业及各种经济决策提供理论支撑和实践指导。

中国区域发展数据库（下设 4 个专题子库）

对中国特定区域内的经济、社会、文化等领域现状与发展情况进行深度分析和预测，涉及省级行政区、城市群、城市、农村等不同维度，研究层级至县及县以下行政区，为学者研究地方经济社会宏观态势、经验模式、发展案例提供支撑，为地方政府决策提供参考。

中国文化传媒数据库（下设 18 个专题子库）

内容覆盖文化产业、新闻传播、电影娱乐、文学艺术、群众文化、图书情报等 18 个重点研究领域，聚焦文化传媒领域发展前沿、热点话题、行业实践，服务用户的教学科研、文化投资、企业规划等需要。

世界经济与国际关系数据库（下设 6 个专题子库）

整合世界经济、国际政治、世界文化与科技、全球性问题、国际组织与国际法、区域研究 6 大领域研究成果，对世界经济形势、国际形势进行连续性深度分析，对年度热点问题进行专题解读，为研判全球发展趋势提供事实和数据支持。

法律声明